Weiterführend in der Reihe Executive Edition empfehlen wir:

Stimme: Das Geheimnis von Charisma
ISBN 978-3-8029-3844-3

Kommunikation mit Herz und Verstand
ISBN 978-3-8029-3443-8

Ihre Antrittsrede als Chef
ISBN 978-3-8029-3849-8

100 Tage Zeit
ISBN 978-3-8029-3843-6

Zukunftsstrategien
ISBN 978-3-8029-3838-2

Media Markt
ISBN 978-3-8029-3846-7

Thilo von Trotha

Reden professionell vorbereiten

So gewinnen Sie Ihre Zuhörer

WALHALLA
METROPOLITAN

Bibliografische Information der Deutschen Nationalbibliothek

Die Deutsche Nationalbibliothek verzeichnet diese Publikation in der Deutschen Nationalbibliografie; detaillierte bibliografische Daten sind im Internet über http://dnb.d-nb.de abrufbar.

Zitiervorschlag:
Thilo von Trotha, Reden professionell vorbereiten
Walhalla Fachverlag, Regensburg 2010

Executive Edition

Produktion: Walhalla Fachverlag, 93042 Regensburg
Umschlaggestaltung: grubergrafik, Augsburg/TrendFact AG, St. Gallen
Druck und Bindung: Kessler Druck + Medien, 86399 Bobingen
Printed in Germany
ISBN 978-3-8029-3845-0

Schnellübersicht

Reden schreiben macht Spaß!

Als sich Bernard Weatherill, der Sprecher des britischen Unterhauses, Ende 1994 vom Amt verabschiedete, zog er knapp Bilanz: „An eine gute Rede erinnert man sich vielleicht nicht immer, aber eine schlechte vergisst oder vergibt man nie." Bernard Weatherill ist im deutschsprachigen Raum wenig bekannt; doch wer noch weiß, wie sich am 10. November 1988 der Präsident des Deutschen Bundestages, Dr. Philipp Jenninger, mit seiner Ansprache zum Gedenken der nationalsozialistischen Greuel gegen die jüdische Bevölkerung um Amt und Würden, Kopf, Kragen und Ansehen redete, der weiß: Bernard Weatherill mag so Unrecht nicht haben.

Wir Deutsche sind – was Reden angeht – ein im Vergeben und Vergessen geübtes Volk, müssen es sein. Wenn jede schlechte Rede ähnliche Konsequenzen hätte wie die des Herrn Jenninger, müssten die meisten Ämter bei uns verwaist sein.

Doch wir wissen: Reden können unerhört viel bewirken. Nicht nur die beruhigenden Worte der Mutter, die ihrem Kind die Angst vor dem Gewitter nimmt. Ebenso die heitere Tischrede, die Großvaters Geburtstag erst Glanz und Würde verleiht. Wir alle kennen die völkerbewegende Kraft großer Reden, Reden, die die Welt bewegten (so der Titel eines Buches, das große Reden aus neun Jahrhunderten vorstellt).

Ich meine gute, überzeugende Reden, die den Verstand beglücken, das Herz erquicken, nicht demagogisches Wortgetöse. Demagogie, der Appell an die niederen Instinkte im Zuhörer, dieser wortgewaltige Mangel an Ausgewogenheit und Vernunft mit dem Ziel, das Publikum nicht zu überzeugen, sondern zu betören, kann nicht Gegenstand dieses Buches sein. Hier steht die redliche Meinungsäußerung im Mittelpunkt, die – auf Vernunft und Sachverstand begründet – vom redlichen Zuhörer intellektuell nachvollzogen werden kann, deren Wirkung nicht auf Charisma, sondern auf Argumenten beruht.

Die berühmteste Rede der Weltliteratur ist nie gehalten worden und stammt aus der Feder von William Shakespeare. Cäsar, der Liebling des Volkes, ist soeben ermordet worden, von vielen, vor allem von Brutus, Freund und Günstling des Toten. („Auch du, mein Sohn Brutus.") Brutus beruhigt das aufgebrachte Volk: Die Tat, die er selbst verabscheut, musste sein, um die Freiheit der Römer zu retten, die Cäsar durch die Einführung des Kaisertums beschränken wollte. Da tritt Antonius nach vorne: Er erschüttert die Glaubwürdigkeit des Brutus – durch das ironische „doch Brutus ist ein ehrenwerter Mann" –, schart die Römer im Kampf gegen die Mörder Cäsars hinter sich und bereitet dem ersten Kaiser – Augustus – den Weg.

Aus der jüngeren Geschichte ist die Blut-, Schweiß- und Tränen-Rede des englischen Premierministers Winston Churchill vom 13. Mai 1940 als geschichtsgestaltend in Erinnerung. Schonungslos legt er vor dem englischen Unterhaus die britischen Schwächen bloß, beendet die Appeasement-Politik Chamberlains und stellt im eigentlich kriegsunwilligen England die Weichen, den Kampf mit Hitler aufzunehmen und zu gewinnen.

Ob kleiner, ob großer Anlass – Führen, das heißt anderen Handlungsziele, Orientierung geben, gelingt nur in wenigen Fällen wortlos. Es gibt nur drei Möglichkeiten der Menschenführung: Erstens die Gewalt – sie spielt gottlob in unseren Tagen nur eine untergeordnete Rolle. Zweitens das gute Vorbild – dessen Kraft ist ebenso ungebrochen wie unerkannt. Drittens die Sprache, das Reden.

Je demokratischer und arbeitsteiliger eine Gesellschaft ist, desto wichtiger werden Reden und Sprache. Die Rede ist das zentrale Führungsinstrument der modernen Gesellschaft. Ohne Sprache kommen nur die Piktogramme und einige Comic-Hefte aus.

Die Sprache ist das wichtigste Handwerkszeug der Politiker im Kampf um Gefolgschaft, um Mehrheiten, um Köpfe. Redekunst wird damit zum Markenzeichen der Demokratie. Im alten Griechenland, später in Rom, stand sie immer dann in hoher Blüte, wenn Demokratie lebendig war, und welkte in Zeiten der Tyrannis und der Kaiser.

In Industrie, Handel und Verbänden wächst die Notwendigkeit der Kommunikation nicht nur nach innen in Form von Absprache und Motivation, sondern auch nach außen. Ohne Einverständnis der Nachbarn, ohne gesellschaftlichen Übereinklang ist heute die Existenz nahezu aller großen Unternehmungen gefährdet. Die chemische Industrie hat in den siebziger Jahren den Absturz vermeiden können, weil es ihr gelang, Kommunikation mit der skeptischen Öffentlichkeit zu finden und ihre Ziele und Methoden zu erklären. Das Kommunikationsangebot der Atom-Industrie wurde nicht akzeptiert. Hier war Konsens nicht herstellbar.

Der moderne Mensch will nicht gehorchen, er will überzeugt werden. In der Überzeugungsgesellschaft steht der Kampf um Köpfe permanent auf der Tagesordnung. Er wird zunehmend auch mit Bildern geführt. Doch Wort und Rede stehen im Mittelpunkt. Sie stiften Sinn, geben Führung und Orientierung. Durch Worte schafft der Geist Realität.

Deswegen macht Reden schreiben Spaß. Die meisten erleben es anders, ich weiß. Das ist einer der großen Managementfehler in vielen deutschen Unternehmen: Der Chef will eine Rede halten. Er beauftragt seinen Hauptabteilungsleiter, ihm einen Entwurf vorzulegen. Der Hauptabteilungsleiter beauftragt den Abteilungsleiter, der wiederum seinen Fachbereichsleiter.

So wird die heiße Kartoffel weitergereicht, bis sie bei dem landet, der sich nicht wehren kann: der oder die Jüngste im Unternehmen mit wenig Lebens- und Betriebserfahrungen. Ihm werden erstens kaum gute Texte gelingen – dem Chef ist also wenig gedient –, zweitens wird er das Redenschreiben für den Rest seines Lebens hassen lernen.

So betrieben ist Redenschreiben eine Crux. Dennoch: Wer Reden schreibt, gestaltet Gedanken, Beobachtungen, Wissen. Wer gestaltet, ist Schöpfer. Wer Schöpfer ist, wirkt an der Gestaltung der Welt. Wer die Welt nicht nur erleidet, sondern mitformt, empfindet Freude, Lebensspaß – die Freude des Kreativen. Kreativität wird in der arbeitsgeteilten Gesellschaft, in der immer mehr Menschen von immer weniger immer mehr wissen, zunehmend zur Mangelware. Reden schreiben fordert und fördert Kreativität, schafft also Lebensfreude.

Reden schreiben kann gelernt werden

Der Dichter wird geboren, der Redner wird gemacht. Poeta nascitur, orator fit. Reden schreiben wie Reden halten ist erlernbar. Genie und Talent sind nicht erforderlich. Dass Begabungen nicht hinderlich sind, gilt hier genauso wie bei den Schreinern oder Schneidern.

Was der erfolgreiche Redenschreiber berücksichtigen muss – egal ob er für sich selbst oder für andere schreibt – ist in diesem Band zusammengetragen. Der Schritt zum guten Redner ist nur noch klein und führt über eine einzige Brücke: die Übung. Suchen Sie sich Redeanlässe, damit Sie Übung gewinnen.

Die Welt ist voller Redeanlässe. Vor allem im privaten Bereich – da geht es nicht gleich um die berufliche Existenz. Warum dem Trend zum Zweitbuch folgen, wenn Sie beim Nachbarn zum Geburtstag eingeladen sind? Er liest das Buch vielleicht gar nicht und hat mit großer Wahrscheinlichkeit nach drei Wochen vergessen, wer es ihm geschenkt hat. Stehen Sie bei Tisch auf und richten Sie ein paar Sätze an ihn oder danken Sie der Hausfrau oder sagen Sie etwas zur Kommunion/Konfirmation Ihres Patenkindes – das bleibt lange in guter Erinnerung.

Die kleinste Ansprache – auch wenn sie nicht erstklassig ist – macht großen Eindruck. Denn wenige finden den Mut zur Rede, und was rar ist, steigt in Wert und Wertschätzung. Zugleich haben Sie sich selbst einen Gefallen getan, einen Schritt zu Ihrer Ausbildung zum Redner.

Ich habe diesen Hinweis häufig in Schulen gemacht. Und ich war glücklich, später zu hören, dass der eine oder andere Schüler tatsächlich zu Mutters oder Omas Geburtstag gesprochen hat. Da wurden Anstöße zu rednerischen Karrieren gegeben – einer seltenen Karriere in Deutschland. Doch bitte keine Übertreibung: Nicht überall, wo drei Menschen ahnungslos beisammenstehen, sollten Sie das Wort ergreifen.

Thilo von Trotha

Grundsätze der Redenvorbereitung

1

Der Unterschied zwischen Rede und Vortrag

„Alles schläft und einer spricht, das Ganze nennt man Unterricht", hieß es in der Schule. Viele hören jedoch zu: bei Reden, Vorträgen, Statements, Predigten, Referaten, Erzählungen oder Berichten.

In Seminaren werde ich oft gefragt, wo der Unterschied zwischen diesen Erscheinungsformen der Verkündigung liegt. Ich bin kein Theoretiker, ich weiß es nicht genau. Als Praktiker weiß ich: Der Schwerpunkt bei Rede und Predigt liegt auf der Willensbeeinflussung. Bei den übrigen dominiert die Wissensvermittlung. Dominiert! Auch die biederste Wissensvermittlung ist nicht frei von Willensbeeinflussung, so wie es keine Willensbeeinflussung gibt, ohne Kenntnisse, Eindrücke und Wissen zu vermitteln.

Redeziele

Warum erhebt sich jemand in einer angeregt plaudernden Gesellschaft, schlägt an sein Glas und bittet einen Augenblick um Gehör? Warum tritt jemand an ein Rednerpult und erwartet, dass alle anderen im Saal ihm lauschen? Nur Konvention, eine Pflichtübung, die Lust am Lippenvibrieren? Was ist das Ziel des Redners, die Absicht, die er mit seiner Ansprache verfolgt? Ich kenne vier Redeziele:

- Der Redner will informieren und dadurch die Zuhörer beeinflussen. Zum Beispiel: „Cäsar hat euch, den Bürgern von Rom, ein Testament hinterlassen. So sehr hat er euch geliebt."

  Beeinflussungsziel: Ihr könnt den Mord an Cäsar nicht gutheißen, sondern müsst mich unterstützen, der ich die Mörder strafen will.

Oder: „Die Zahl der Unfälle hat im letzten Jahr um 12 Prozent zugenommen."

Beeinflussungsziel: Es muss etwas für die Sicherheit im Straßenverkehr getan werden.

- Der Redner will seine Zuhörer motivieren. Zum Beispiel: „Wir haben jetzt drei Jahre lang nachgedacht und geplant. Wir haben klare Vorstellungen über die Zukunft unseres Unternehmens. Jetzt gilt es, sie umzusetzen. Also: Tun wir das."

  Beeinflussungsziel: Die innere Bereitschaft erzeugen, in die Handlungsphase einzutreten.

- Der Redner bringt seine persönliche Stimmung zum Ausdruck. Sie steht im Mittelpunkt aller Persönlichkeitsreden. Jubilarrede: „Wie gut, dass der Jubilar so lange bei uns ist." Hochzeitsrede: „Wir wünschen euch Glück und Segen." Geburtstagsrede: „Sie ist eine gute Mutter/Kollegin/Sekretärin." Trauerrede: „Schade, dass er tot ist."

  Beeinflussungsziel: Die Zuhörer sollen sich der Bewertung des Redners anschließen.

- Der Redner unterhält sein Publikum, um dessen Zuneigung zu gewinnen.

  Beeinflussungsziel: Akzeptanz aufgrund von Sympathie und damit die Bereitschaft der Hörer, der Meinung, den Vorschlägen des Redners zu folgen.

Praxis-Tipp:

Die einzelnen Redeziele sollen nicht gegeneinander ausgespielt werden. Sie fließen ineinander, sind in einer guten Rede alle vertreten. So wie die Gesundheit eines Menschen nie vom Herz, von der Lunge oder von der Niere allein ausgeht oder abhängt, sondern erst das Funktionieren aller Organe zum Wohlbefinden führt, so soll eine gute Rede informieren, aktivieren, die Hörer unterhalten und die Stimmung des Redners zum Ausdruck bringen.

Die fünf Startlöcher für ein gutes Manuskript

2

Keine Angst vor Lampenfieber

Die große Aufregung, die als Angst empfunden wird, kommt erst beim Vortrag der Rede selbst. Aber sie ist schon beim Konzipieren des Manuskripts zu spüren. Merke: Das beste Mittel gegen Angst ist eine gute Vorbereitung. Wer weiß, dass er ein gutes Manuskript hat, der weiß auch, dass er vor seinem Publikum bestehen wird. Er mag sich sogar freuen, die Früchte seiner Mühen vortragen zu können.

Achtung: Die Gründlichkeit der Redenvorbereitung entscheidet nicht darüber, ob der Redner Angst hat, aber sicher darüber, ob er Angst haben muss.

Praxis-Tipp:

Das Publikum ist keine Bande blutgieriger Menschenfresser, die sich bei der ersten kleinen Schwäche laut heulend auf den Redner werfen. Die Zuhörer sind zumeist freiwillig im Saal, bangen in der Regel mit dem Redner und hoffen, er kommt gut über die Runden. Bereiten Sie sich also gründlich auf Ihre Rede vor. Gründlich heißt nicht pedantisch. Pedanterie ist unangenehm. Verzichten Sie zum Beispiel auf übertriebene Vollständigkeit und Genauigkeit – sie wirken oft hölzern und verwirren die Hörer.

So fragte mich ein Unternehmer, für den ich die Rede anlässlich einer Betriebsversammlung schreiben sollte, ob er die Umsatzsteigerung des letzten Jahres genau referieren müsse. Sie betrug 3,444 Prozent und war in der Bilanzpressekonferenz so veröffentlicht worden. Er befürchtete Zwischenrufe, wenn er die Zahl unvollständig nennen würde. Ich habe ihm empfohlen, von „fast 3,5 Prozent" zu sprechen. Er hat es getan. Die Leute waren zufrieden.

Seien Sie wie im Leben, so auch in Ihrer Rede: großzügig. Ausnahmen gelten dann, wenn es in Ihrer Gedankenführung auf die genaue Zahl oder auf das präzise Datum ankommt. Doch das wird selten der Fall sein. Eine gute Rede soll Gedanken ausdrücken, die Führungskraft entfalten und nicht die Zahl hinter dem Komma verkünden.

Wichtig: Im Übrigen hilft gegen Angst nur Übung – die Erfahrung, sie zu zähmen. Vertrauen Sie sich selber. Sie haben Aufsätze geschrieben, die Zustimmung fanden. Sie haben in zahllosen Gesprächsrunden bewiesen: Sie können sich ausdrücken.

Den Hörern Spaß machen und nützen

Der römische Dichter Horaz (65 bis 8 v. Chr.) hat die klassische Forderung an jede gute Rede formuliert: Sie muss „delectare et prodesse", dem Zuhörer Spaß und Freude bereiten und ihm nützen. Sie gilt noch heute unverändert. Jede Ihrer Reden muss diesen beiden Forderungen genügen.

Ziemlich undeutsch, dieser Horaz: Er redet von Spaß und Freude, räumt ihnen sogar den ersten Platz ein. Richtig, genau da gehören sie hin. Nicht nur, weil die resignierende Bemerkung Theodor Fontanes stimmt: „Die Menschen wollen lieber unterhalten als unterrichtet werden", sondern weil für die Redenvorbereitung gilt, was wir uns als Zuhörer wünschen und Voltaire so ausgedrückt hat: „Jede Art von Rede ist erlaubt, nur nicht die langweilige. Ein tüchtiger Koch kann aus der zähesten Ledersohle noch ein schmackhaftes Gericht bereiten."

Praxis-Tipp:

- Hüten Sie sich, Langeweile zu verbreiten. So wie Sie selbst die Langeweile verabscheuen, so möchten Ihre Zuhörer vor dieser durch die Ohren verabreichten Schlaftablette geschützt werden.

- Das Gegenteil von Langeweile ist Kurzweil. Unterhalten Sie Ihre Zuhörer. Dann ist Ihnen das Interesse Ihres Auditoriums bis zum Ende der Rede sicher.

Verachtung für Unterhaltung ist zwar kerndeutsch, aber trotzdem falsch. Nicht nur im alten Rom wollten die Menschen belustigt werden – panem et circences, Brot und Spiele, galten als Herzstück der Regierungskunst. Die Unterhaltungsindustrie ist heute eine der größten im Lande. Unterhaltung, das ist nicht nur Kabarett und Zirkus. Stefan Effenberg und Jan Ullrich, Otto Rehagel, Tom Cruise, Michael Schumacher, Goethe, Shakespeare, Beethoven, U- und E-Musik, der Riesenmarkt der Unterhaltungs-Elektronik, von der CD bis zu Produktion von und Handel mit Klavier und Klarinette, Tausende neuer Buchtitel, Parties, Weekendtrip und Urlaubsreise, sie alle dienen der Unterhaltung. Sie ist ein zutiefst menschliches und ganz legitimes Bedürfnis, das nicht zu respektieren sich in Ihrer Rede bitter rächen wird und das umgekehrt anzuerkennen den Erfolg Ihrer Rede enorm beflügelt.

Was nützte es auch, mit vielen Plakaten, Direct Mailing oder teuren Anzeigen mühselig hundert Leute in einen Vortragssaal zu locken, die nach wenigen Redeminuten mit ihren Gedanken abschweifen, nicht bei der Sache sind? Die physische Präsenz der Zuhörer allein genügt nicht; worauf es genauso ankommt, ist die geistige.

Die Qualität Ihrer Argumente allein hilft wenig, wenn Ihnen nicht das Gran Unterhaltung in Ihrer Rede gelingt, das den Zuhörern die Freude am Zuhören erhält.

Dem Hörer mit seiner Rede nützen zu wollen, sollte sich jeder Redner als eiserne Pflichtaufgabe selbst auferlegen. Alles andere halte ich für eine Verfehlung. Wer vor 100 Leuten eine halbstündige Rede hält, beansprucht 50 Stunden menschlicher Lebenszeit. Die Zuhörer können während dieser 30 Minuten nicht ihren Berufspflichten nachgehen, nicht mit ihren Kindern spielen, können weder ihr Auto waschen noch einen Brief an die Freundin schreiben. Sondern sie sitzen schweigend vor dem Redner, der diese Aufmerksamkeit nur mit Fug beanspruchen kann, wenn die Zuhörer wenigstens ein bisschen Honig aus seiner Rede ziehen können: einen Gedanken, eine Information, eine Gelegenheit zum Lachen, einen Anstoß zum Nachdenken.

So wie Goethe nie aus dem Hause Schiller ging, ohne etwas Wertvolles mitzunehmen, so sollten Sie unnachsichtig den Anspruch an sich selbst stellen, Ihren Zuhörern etwas mitzugeben, das ihnen in Erinnerung bleibt, sie bereichert.

Kompliziert denken und einfach reden

Wie schmerzhaft oft erleben wir das Umgekehrte: In langen Schachtelsätzen mit vielen Fremdwörtern, die Eindruck machen sollen, im Habitus wichtigtuerischer Kompliziertheit entströmt – bei genauem Hinsehen – dem Mund des Redners nichts als heiße Luft. Die erfolgreichen Redner wissen: Kluges, präzise Bedachtes, Kompliziertes und Schwieriges in ganz einfachen Worten zu sagen – am besten so, dass jeder Hörer meint, genauso würde ich es auch sagen – ist Voraussetzung des Verstandenwerdens, der Verständigung, ohne die Information und Motivation nicht möglich sind.

Helmut Schmidt hat als Bundeskanzler in jeder, tatsächlich in jeder seiner Reden, selbst in der Weihnachtsansprache vor den Bediensteten des Bundeskanzleramtes, das serviert, was wir als seine Redenschreiber die „Weltwirtschaftsoper" nannten. Weil Helmut Schmidt die Fähigkeit besaß, die verwickelten Mechanismen von Keynesianismus, Deficit-Spending und Terms of trade so schlicht darzustellen, dass sie den Menschen einleuchteten, war die Öffentlichkeit in Deutschland weitgehend in der Lage, nationalökonomischen und weltwirtschaftspolitischen Überlegungen zu folgen, als er 1982 nach acht Jahren Kanzlerschaft aus dem Amt schied. Mitursächlich für den Erfolg war allerdings die rhetorische Begabung, die Gedanken beim 500. Mal so vorzustellen, als spräche er sie zum ersten Mal aus. Zur permanenten Wiederholung der „Weltwirtschaftsoper" hatte er sich übrigens entschlossen – ich bin sicher, es richtig beobachtet zu haben –, als er merkte: Die Presse konnte ökonomische Überlegungen – das Herzstück seiner Politik – nicht transportieren und wollte es später wegen mangelnden News-Wertes auch nicht.

Was lernen wir daraus? Menschenführung und Information durch Reden sind nur erfolgreich durch Wiederholung. Einmal gesagt ist so gut wie keinmal gesagt. Haben Sie keine Angst, sich selbst zu wiederholen. Helmut Schmidt vertrat – im Hinblick auf eigene Reden – den Grundsatz: Plagiare necesse est – Abschreiben muss sein. Was in Kunst und Literatur „Plagiat" ist, heißt in der Welt der Rede und Menschenführung „Kontinuität".

Kompliziert denken und einfach reden. Sommer 1990: Die Wiedervereinigung Deutschlands stand vor der Tür. Noch gab es die DDR. Sie hatte jetzt eine frei gewählte Volkskammer. Ein Abgeordneter dieser Volkskammer sprach in Bonn. Die Öffentlichkeit war zugelassen und der Saal war gedrängt voll. Unter den gerahmten Fotografien von Erich Ollenhauer, Kurt Schumacher und Herbert Wehner trat ein kleiner, schmaler, bleich, fast krank aussehender Mann ans Mikrofon.

Der Mann am Mikrofon hatte nichts Strahlendes, nichts Demagogisches. Später erfuhr ich: Er ist zeitlebens Gärtner gewesen. Kein Gartenarchitekt wie Lenné, der die Parkanlagen von Sanssouci und den Berliner Tiergarten schuf, sondern einer, der Pflanzen setzte. Der mit krummem Rücken arbeitete. Der von Rhetorik nichts verstand. Ein Mann, den der Umschwung aus der Gärtnerei in die Volkskammer katapultiert hatte.

Er hatte 30 Minuten Redezeit. Er sprach von seinen Erlebnissen bei der Wende. Trug seine Eindrücke und Beobachtungen vor, sprach seine Erwartungen aus. Seine Sprache war ohne Glanz, ganz unbemüht, bescheiden. Fast so gebückt wie seine Arbeit.

Doch die 200 Menschen hörten gespannt zu. Sie rückten nicht hin und her, tuschelten nicht. Sie waren im Bann. Die berühmte Stecknadel hätte lärmend zu Boden gehen können: Der Mann aus Leipzig hatte etwas zu sagen. Er brauchte seine Rede nicht aufzubauschen, brauchte keine Worthülsen, kein Getöse leerer Phrasen. Er hatte Aussage-Sinn, den er in schlichter Sprache vortrug. Tief beeindruckt, sehr nachdenklich verließen die Menschen den Raum.

Was lernen wir daraus? Je durchdachter und klarer die Gedanken sind, desto einfacher, verständlicher und schlichter kann unsere Sprache sein. Sie muss einfach sein, erstens, um von allen verstanden zu werden, und zweitens, weil in Schlichtheit Bescheidenheit und Anmut liegen. Nur der Parvenü plustert sich auf. Der wirklich Erfolgreiche hat die Größe, schlicht zu sein. „Einfach" ist nicht „primitiv" oder „simpel". Simpel ist es, den Mangel an Gedanken hinter „großen" Worten zu verstecken. Gedanken, erstens, zu haben und, zweitens, für jeden verständlich vorzutragen – so machen es die Dichter – ist höchste rhetorische Kunst.

Ein Experiment: Machen Sie mit!

Bevor Sie das abgedruckte Gedicht lesen, überlegen Sie sich bitte einige Minuten lang, was Sie zum Thema „Liebe" sagen können. Lassen Sie sich Zeit für dieses kleine Experiment.

Freudvoll und leidvoll,
gedankenvoll sein;
Langen und Bangen
in schwebender Pein.
Himmelhoch jauchzend,
zu Tode betrübt;
glücklich allein
ist die Seele, die liebt.
(Johann Wolfgang von Goethe)

Wir spüren, wie einer tief und gründlich nachgedacht hat, um dann das Genie zu haben, bewegend schlicht zu formulieren. Die Einfachheit der Sprache wird zum vielleicht wichtigsten Ausdrucksinstrument.

Klare Gedanken ausdrücken

„Wenn jemand einen klaren Gedanken hat, kann er ihn auch ausdrücken." Diese Weisheit des französischen Philosophen Michel Eyquem de Montaigne (1533–1592) können wir alle aus eigener Erfahrung bestätigen: Von unseren Hobbys, von unserer Arbeit, von den Dingen, die wir kennen, können wir wortreich sprechen. Wo wir keine Kenntnisse haben, müssen wir schweigen. Die positive Handlungsanleitung bekommen wir aus der umgekehrten Lesart des Gedankens: Wenn jemandem zu seinem Thema nichts einfällt, wenn einer – die berühmte Angst vor dem leeren Blatt – am Stift kaut und sich kein Plan für die Rede einfinden will, liegt es – vielleicht – an mangelnder Kenntnis, an nicht hinreichend gründlichem Nachdenken, am Informationsmangel.

„Deine Sprache verrät dich"

Sagt Matthäus im Neuen Testament. Sie entsinnen sich: Beim letzten Abendmahl sagt Jesus zu seinen Jüngern: „Einer von Euch wird mich verraten." Auf die Frage des Petrus, ob er es sei, antwortet Christus: „In dieser Nacht, ehe der Hahn kräht, wirst du mich dreimal verleugnen." Nach der Gefangennahme Christi mischt sich Petrus unters Volk. „Du bist auch einer von denen", ruft ihm eine Magd zu. Petrus leugnet. Die Menschen am nächtlichen Feuer beharren: „Deine Sprache verrät dich." Da kräht der Hahn.

Der Verrat der Sprache: Wer spricht, verrät über sich und seine Person viel mehr, als er in seiner Rede sagt. Durch Wortwahl und Gestik, durch Betonung und Gedankenführung, durch Körperhaltung und die gesamte Erscheinung gibt er Auskunft über seine Persönlichkeit, über sein Denken und Sein, mögen sich die Worte noch so streng auf ein noch so nüchternes Thema konzentrieren.

Soziologen haben ermittelt: Selbst in unserer überrationalen Epoche finden nur 40 Prozent zwischenmenschlicher Kommunikation über Sprache statt; mehrheitlich teilen sich Menschen nonverbal mit, am meisten durch „sprechende Blicke" und „Körpersprache". „Das Parfüm" von Patrick Süßkind hat die suggestive Kraft des Geruchs wieder bewusst gemacht, die vor allem in der Negation „Ich kann ihn nicht riechen" Eingang in unsere Umgangssprache gefunden hat.

Nonverbale Kommunikation ist unser ständiger Wegweiser im Umgang mit unbekannten Menschen. Ohne sie orientierungslos geworden, könnte sich niemand im Chaos der Beziehungen mit immer neuen Menschen zurechtfinden. Die Fähigkeit, einen Wildfremden während einer Party oder auf einem Kongress schon vor der Begrüßung einschätzen, beurteilen zu können – ein Bruchteil-von-Sekunden-Vorgang –, beruht einzig auf diesem direkten Informationsaustausch und gibt Sicherheit im Umgang mit Fremden. Zumal die Erfahrung lehrt: Bei genauerem Kennenlernen muss dieser erste Eindruck nur selten vollständig revidiert werden.

Wichtig: Der Redner kommuniziert während seiner gesamten Sprechzeit permanent nonverbal mit den Zuhörern, umgekehrt die Zuhörer mit ihm. Rede ist kein Monolog, sie ist ein Dialog, der zum beachtlichen Teil nach den Regeln nonverbaler Kommunikation geführt wird.

Unerfahrene Redner wollen die General-Auskunft über sich selbst nicht, versuchen, den Dialog auf den verbalen Teil ihrer Rede zu reduzieren, indem sie ihre Person verstecken. Verstecken etwa hinter einem Manuskript, von dem sie ablesen und nur von Zeit zu Zeit misstrauisch aufblicken, um zu prüfen, ob das Publikum noch da ist. Verstecken, indem sie sich hinter einem riesigen Pult für die Zuhörer unsichtbar machen. Verstecken, indem sie hundertmal gehörte Gedanken vortragen, von denen sie wissen, niemand kann ihnen widersprechen. Doch dieses Versteckspiel funktioniert nie. Wer nicht den Mut hat, über seine Person als Ganzes Auskunft zu geben, signalisiert vom Rednerpult aus, was er am dringendsten verborgen wissen will: Ich bin ein Feigling.

Der Redner hat gar nicht die Wahl, ob er sich über die Botschaft seiner Rede hinaus als ganzer Mensch vor dem Publikum „entlarven" will oder nicht – er muss es. Dann ist es nur folgerichtig und geschickt, während der Rede offensiv mit dem Pfund der eigenen Persönlichkeit zu wuchern – mit Energie und Charme, mit Klugheit und Bescheidenheit, mit Entschlossenheit und Verständnis, mit Gestik und Stimmfärbung.

Praxis-Tipp:

- Sprechen Sie ungekünstelt. Sagen Sie nur Dinge, die zu Ihnen passen. Schlüpfen Sie nicht in eine fremde Rolle – das können nur wirklich gute Schauspieler überzeugend.
- Vertrauen Sie dem Erscheinungsbild und der Wirkung Ihrer Person. Wenn Sie nicht interessant wären, würde niemand eine Rede von Ihnen anhören wollen. Seien Sie, wie Sie sind – Ihre Sprache verrät Sie doch.

Form und Inhalt der Rede

3

Das Verhältnis von Form und Inhalt

In den 2000 Jahren der Rhetorik streiten sich die besten Köpfe darum: Sind Vortrag und Gestik, sind Wortbetonung und Stimmführung, ist die Arbeit am Pult für den Erfolg der Rede entscheidend, oder ist es der Text, die Präzision seiner Gedankenführung, die Bildhaftigkeit der Sprache, die Arbeit also, die getan werden muss, bevor der Redner ans Pult tritt? Für beide Seiten gibt es namhafte Zeugen:

Der Grieche Perikles (gestorben 429 v. Chr.): „Ich verachte den leeren Prunk der Worte, ersonnen, um den Augenblick zu schmücken." Ihm kam es auf den Inhalt der Rede an.

Der Franzose Diderot (gestorben 1784) sah es anders: „Die Wirkung der Rede ist umso größer, je kälter, je besser der Redner seine Effekte und je besonnener er sie einsetzt." Ihm kam es auf die Rhetorik an.

Bis in Goethes Faust zieht sich der Streit. Wir entsinnen uns: Nach dem Prolog im Himmel – nach dem: „Habe nun, ach, Philosophie, Juristerei und Medizin und leider auch Theologie durchaus studiert mit heißem Bemühen. Da sitz' ich nun, ich armer Tor und bin so klug, als wie zuvor . . ." – nach der Beschwörung des Geistes, der Faust zurückweist – „Du gleichst dem Geist, den du begreifst, nicht mir." – klopft es an das Zimmer der Studierstube Fausts, und der weiß sofort, wer Eintritt verlangt: Famulus Wagner, der „trockne Schleicher". Das Streitgespräch zwischen ihnen wendet sich gleich zu Beginn der Frage zu, ob Stil oder Gehalt für den Erfolg einer Rede entscheidend sind. Wagner: „Der Vortrag ist des Redners Glück." Ihm kommt es auf Rhetorik an. Faust antwortet: „Sei er kein schellenlauter Tor, es trägt Verstand und rechter Sinn mit wenig Kunst sich selber vor." – Ihm kommt es auf den Inhalt der Rede an.

Konzentrieren Sie sich auf den Inhalt Ihrer Rede!

Ich halte es mit dem römischen Staatsmann und Schriftsteller Cato dem Älteren: „Rem tene, verba sequentur!“ – Halte dich an die Sache, die Worte werden schon folgen. Der Redner soll sich vor allem auf das konzentrieren, was er sagen will, auf die Übereinstimmung seiner Worte mit seiner Meinung, auf die Durchdachtheit seiner Argumente und weniger auf die Art seines Vortrags, auf seine äußere Wirkung – soll also vernünftig denken und im Übrigen reden, wie ihm der Schnabel gewachsen ist.

Es ist zwar schön, wenn ein Vortrag in entspannter, lockerer Körperhaltung gehalten wird – doch eine Katastrophe ist es nicht, wenn sich der Redner zu fest ans Pult klammert. Es ist zwar gut, Blickkontakt mit dem Publikum zu halten – doch eine gescheite Rede kann auch ohne ihn zum Erfolg werden. Es ist gut, die Rede mit angemessener Gestik zu begleiten – aber wirklich schlimm ist es nicht, wenn sie fehlt. Es ist gut, eine angemessene Sprech- und Atemtechnik zu praktizieren – aber erfolgsentscheidend sind sie nicht. Gute Pausentechnik erhöht gewiss den Reiz einer Ansprache – doch überzeugend, mitreißend kann sie auch ohne sein.

Praxis-Tipp:

- Kümmern Sie sich um das Auftreten, um den Stil – aber nicht zu intensiv, schon gar nicht zentral.
- Konzentrieren Sie sich auf den Inhalt Ihrer Rede. Denn eine olle Wurst bleibt auch in Glanzpapier eine olle Wurst. Und eine gute Wurst bleibt auch in Zeitungspapier eingewickelt eine gute Wurst. Doch es stimmt: Am angenehmsten ist die gute Wurst in weißem Seidenpapier mit Bändern und Schleifen.

Jedes gute Redemanuskript braucht eine klare Botschaft

4

Wie Sie die Botschaft festlegen

Wer eine Reise antritt, muss das Ziel kennen. Wer eine Rede beginnt, muss wissen, was er sagen will. Die Botschaft zu kennen, ist für den Redner unverzichtbar.

Die Botschaft ist die Kernaussage einer Rede, ist, was sich der Hörer merken soll, kurzgefasst in einem Satz; ist die alles zusammenfassende, auf das Wichtigste reduzierte Kurzfassung, die morgen als Headline über dem Zeitungsartikel stehen soll, der über die Rede berichtet.

Konzentrieren Sie den Inhalt Ihrer Rede in einer knappen Aussage – in einem einzigen Satz. Das ist schwer; denn Sie müssen sich festlegen, das Wichtige vom Unwichtigen trennen. Doch es ist zwingend nötig, wenn Sie nicht Gefahr laufen wollen, ziellos und ohne roten Faden Ihr Publikum zu irritieren. Schreiben Sie den Satz auf und legen Sie ihn gut sichtbar auf den Schreibtisch, damit der Blick immer wieder darauf fällt.

Fällt Ihnen eine klare Botschaft nicht ein, hilft nur: Nachfragen, Nachdenken, Gespräche führen, Brainstorming veranstalten. Eine Rede, für die sich überhaupt keine Kernaussage finden lässt, sollte nicht gehalten werden. Merke: „Gesegnet seien jene, die nichts zu sagen haben und den Mund halten." (Oscar Wilde)

Wichtig: Nachfragen, bis das Thema klar ist: Fragen ist keine Schande. Es gibt keine dummen Fragen, nur dumme Antworten. Wer klug fragt, erweist sich als Weiser. Die Neugierde, die sich auf ernsthafte Dinge richtet, heißt „Wissensdrang". „Der Wissende weiß und erkundigt sich, aber der Unwissende weiß nicht einmal, wonach er sich erkundigen soll." (aus Indien)

Koordinaten einer Botschaft

Die Botschaft liegt im Schnittpunkt von vier Koordinaten.

Die Zuhörer:
Der Firmenchef wird vor der Belegschaft anderes in den Mittelpunkt stellen als vor den leitenden Mitarbeitern; etwa: „Die letzte Großinvestition beginnt Früchte zu tragen", dort: „Die Arbeitsplätze bleiben sicher." Er sagt nichts anderes, doch liegen die Schwerpunkte anders. Fragen Sie sich: Was verstehen die Zuhörer von dem Thema? Sind es Fachleute oder Laien? Welche Erwartungshaltung haben sie? Wie kann ihnen die Rede nützen?

Der Redeanlass:
Auf einer Betriebsversammlung erwartet das Publikum zum Beispiel ganz andere Aussagen (etwa: „Wir werden die Krise meistern") als bei einem Jubiläumsfest (z. B.: „Wir haben es 50 Jahre lang gut gemacht") oder einer Einweihung (wie: „Unsere Position am Markt wird durch die neue Anlage noch besser").

Die Position des Redners:
Der Vorstandsvorsitzende wird den Mitarbeitern des Betriebes etwas anderes sagen (seine Botschaft kann heißen: „Wir haben uns gegen harte Konkurrenz am Markt behauptet") als der Betriebsratsvorsitzende, dessen Botschaft sein kann: „Weil wir Arbeitnehmer solidarisch sind, steht der Betrieb gut da."

Die sachliche Einschätzung des Redethemas durch den Sprecher:
Schätzt er die Aussichten des Unternehmens positiv ein, mag die Botschaft lauten: „Es geht wieder bergauf mit uns"; sieht er sie negativ, kann sie heißen: „Wir müssen uns für harte Wetter rüsten."

Ändert sich nur eine der Koordinaten, wird sich auch die Botschaft ändern. Selbst bei unveränderten Koordinaten kann sich bei wiederholtem Redeanlass die Botschaft ändern, z. B. wenn der Chef wieder vor den Betriebsangehörigen anlässlich einer Personalversammlung redet und die Entwicklung des Unternehmens – wie im Vorjahr – positiv einschätzt, das gute Ergebnis aber einmal mit der Qualität der geleisteten Arbeit, das andere Mal mit guter Konjunktur begründet. Die eine Botschaft etwa kann heißen: „Wir waren besser als die Konkurrenz"; die andere: „Es ging überall bergauf, auch bei uns."

Weil die Botschaft so eminent wichtig für das Gelingen der Rede ist, noch ein Beispiel, um Ihre Sensibilität für diesen kreativen Vorgang zu schärfen.

Beispiel:

Der Vorstandssprecher einer Versicherungsgesellschaft verabschiedet die Vorstandskollegin Müller im Rahmen einer Betriebsfeier. Frau Müller geht mit 60 Jahren in den Ruhestand. Die Botschaft ändert sich mit der Rolle, die sie im Vorstand gespielt hat:

- Frau Müller hat ihre zehnjährige Vorstandsarbeit erstklassig gemacht. Sie war zuständig für das Personalwesen und hatte das Vertrauen der Mitarbeiter. Die Botschaft kann heißen: „Mit Frau Müller geht eine gute Chefin." Oder: „Frau Müller hinterlässt eine große Lücke."
- Frau Müller ist als Konzessionsfrau auf Druck der Gewerkschaften in den Vorstand gewählt worden, war aber nett und hat wenig gestört. Die Botschaft kann heißen: „Eine sympathische Frau verlässt den Vorstand."
- Frau Müller hat sich Stufe um Stufe vom Lehrmädel in den Vorstand hinaufgearbeitet, hat dort aber völlig versagt. Die Botschaft kann heißen: „Harte Arbeit lohnt sich."

- Frau Müller hat, von außen kommend, im Unternehmen nie eine besondere Wirkung entfaltet, aufgrund ihrer politischen Kontakte jedoch das Unternehmen nach außen wirkungsvoll vertreten. Die Botschaft kann heißen: „Das Unternehmen wird eine wichtige Repräsentantin vermissen." Oder: „Die Frau Außenminister geht."

Praxis-Tipp:

- Gehen Sie bei der Festlegung der Botschaft besonders sorgfältig vor. Sie ist keine überflüssige Formalie, sondern als Zielbestimmung Ihrer Rede von überragender Bedeutung. Lassen Sie sich Zeit. Prüfen Sie die Richtigkeit, Treffgenauigkeit und Aussagekraft der Botschaft im Gespräch mit anderen – Freunden, Interessierten oder Betroffenen.
- Sie haben wenig Zeit für die Vorbereitung Ihrer Ansprache? Jetzt wird die Botschaft noch wichtiger. Es gibt keinen besseren Zeitraffer für die Redevorbereitung als eine klare Botschaft! Ist sie einmal bestimmt, brauchen die Fakten, Pläne und Überlegungen nur noch in ihrem Licht aufbereitet zu werden.

Die Gefahr widersprüchlicher Aussagen ist gebannt. Die Fülle Ihnen zur Verfügung stehender Fakten, Zahlen und Informationen ordnet sich im Lichte der Botschaft, so wie sich die Eisenspäne im Spannungsfeld eines Magneten richten.

Die Botschaftsprobe

Der Erfolg einer Rede wird landläufig an der Stärke des Applauses gemessen. Ob sie vom Publikum richtig verstanden wurde, ist so allerdings nicht zu ermitteln.

Das geht nur durch Befragen einzelner Zuhörer, die Aufforderung, das Gehörte in einem einzigen Satz zu wiederholen. Je näher diese Aussage bei dem liegt, was als Botschaft beabsichtigt war, und je größer der Anteil derer ist, die gehört haben, was gesagt werden sollte, desto genauer ist die Rede verstanden worden. Umgekehrt mag mit der Größe der Streuungsbreite die Festigkeit des Entschlusses wachsen: Das nächste Mal besser machen.

Die sieben Sterne, nach denen der Redner greifen muss

5

Auf diese sieben Grundregeln kommt es an!

Eine klare Botschaft zu haben ist das eine, sie dem Publikum verständlich zu machen, das andere. Verstanden kann sie werden, wenn die Zuhörer bereit sind, zuzuhören – im Idealfall vom ersten bis zum letzten Satz. Sie hören zu, wenn sie Interesse am Gesagten finden. Interesse entwickeln sie, wenn sie selbst betroffen sind, die Rede frisch, lebendig formuliert ist und gedanklich gut nachvollzogen werden kann. Wenn die Hörer spüren, der Redner meint es ernst, er ist glaubwürdig. Mit einem Satz: Die Botschaft muss klar und ihre Präsentation zuhörergerecht sein – dann ist die Rede gut.

Zuhörergerecht wird sie durch Beachtung von sieben Grundregeln: Nach sieben Sternen muss der erfolgreiche Redner greifen, ihnen möglichst nahe kommen.

Die sieben Grundregeln

1. Die gute Rede muss informativ und interessant sein.
2. Ihre Gedanken sollen klar, verständlich und für den Zuhörer nachvollziehbar formuliert werden.
3. Die Rede soll abwechslungsreich in Gedanken und Vortrag sein.
4. Ihre Sprache soll anschaulich und bildhaft sein – Anekdoten, Geschichte und Schilderung von Erlebnissen beleben eine Rede.
5. Weise dosierter Humor ist das Salz einer guten Rede.
6. Eine Rede gilt zuhörenden Menschen – also spricht der gute Redner nicht primär „zur Sache", sondern zu Menschen, urteilt und ist subjektiv.
7. Die gute Rede muss wahrhaftig sein, der Redner redlich.

In der Praxis gelingt es nur Wenigen, die sieben Grundregeln gleichgewichtig zu beachten. Das ist den ganz großen Rednern vorbehalten – die groß sind, weil sie wissen, wie Menschen zum Zuhören zu bewegen sind, und weil sie es verstehen, ihr Wissen anzuwenden. Doch selbst ihnen gelingt nicht jeder öffentliche Auftritt. Die sieben Grundregeln bleiben Sterne, die nur wenige – selten – erreichen, aber die allen die Richtung weisen.

Welche der Regeln dabei die wichtigste ist, hängt von der Art der Rede ab. Am Rosenmontag ist Humor das Wichtigste. Am Hochzeitstag kommt es entscheidend darauf an, wie der Redner die persönliche Brücke zu den Hörern schlägt. Zwei Sterne freilich sollten stets besonders hell leuchten:

Wichtig: Erstens hat jeder Redner die Pflicht, informativ und interessant zu sein. Zweitens: Je mehr der Redner motivieren will, desto mehr Führungskraft muss er zeigen. Führung fußt auf Vertrauen. Vertrauen ist ohne Glaubwürdigkeit nicht zu gewinnen. Der Redner muss also stets wahrhaftig sein.

Eine Rede muss informativ und interessant sein

Informativ – wie begrüßenswert! Interessant – wie aufregend! Aber was ist informativ und interessant? Gewiss, jeder Mensch setzt seine eigenen Schwerpunkte. Was einer interessant findet, langweilt den anderen. Trotzdem: Es gibt Wege, das Interesse – fast – aller zu gewinnen, einiges ist für alle interessant:

Machen Sie Ihre Zuhörer neugierig!

Zum Beispiel mit Neuem. Neu ist immer faszinierend, die Menschen sind neu-gierig. In der Informationsgesellschaft, deren

Herzstück das Neu-zur-Kenntnis-Nehmen ist, wird Kenntnis des Neuen zur Pflicht. Wer Neues weiß, dem wird zugehört.

Das weiß niemand besser als die Akteure der Werbebranche, die über 50 Milliarden Euro jährlich ausgeben, um Menschen zu führen, zu verführen. Werbung ist angewandte Psychologie. Die Kampagnen werden nach gründlichem Studium der Konsumenten-Seele gestartet. Für jeden, der Interesse wecken will, muss bedeutungsvoll sein: Oft wird nur mit den drei Buchstaben „neu" geworben. Kein Wunder: Für die meisten Menschen ist „neu" das Interessante schlechthin.

Aber was ist „neu"? Das objektiv Neue ist das noch nie Dagewesene, das eben Geborene: Gerade ist Herr Krause vom Hund gebissen worden. Oder: Die Bundesregierung hat heute morgen beschlossen, die Steuern schon wieder zu erhöhen.

Freilich: Wer mit objektiven Neuigkeiten arbeitet, bleibt auf Handlung und Autorenschaft Fremder angewiesen. Den Vorzug, nichts erfinden zu müssen, zahlt er mit dem Nachteil, finden zu müssen, was als Träger seiner Botschaft in Betracht kommt.

Das subjektiv Neue kann vom Redner kraft seiner Phantasie, seines Kopfes selbst geschaffen werden, ist ein schöpferischer Akt, der seine Grenzen allein in den Fähigkeiten des Redners findet. Neues in diesem Sinne entsteht, wenn Gedankenverbindungen überraschend geknüpft werden, etwa indem Begriffe in einen noch nicht bekannten Zusammenhang gebracht werden.

Redebeispiel

Maximilien de Robespierre in einer Rede 1794 vor dem Nationalkonvent über „Die Grundzüge der politischen Moral", auf dem er die revolutionären Tugenden verkündete, deren radikale Durchsetzung zunächst Tausenden und schließlich ihn selbst das Leben kostete:

> „Wenn der Geist der Regierung in Frieden die Tugend ist, ist er während der Revolution Tugend und Terror zugleich: Tugend, ohne die der Terror verderblich ist, Terror, ohne den die Tugend ohnmächtig ist. Terror ist nichts anderes als strenge, unbeugsame Gerechtigkeit. Er ist die Offenbarung der Tugend."

Mit einem kühnen Gedanken werden Tugend und Terror, diese Antipode auf der Werteskala der meisten, in einen sich bedingenden Zusammenhang gebracht. Subjektiv Neues – hochinteressant.

Subjektiv neu und damit interessant ist alles, was noch nicht in allen Zeitungen stand und auf allen Partys gesagt wurde, also jedes eigenständige, originelle geistige Produkt.

Redebeispiel

> „Wäre der Papst ganz logisch, müsste er die umgekehrte Knaus-Ogino-Methode auferlegen: Ihr dürft nur während der wenigen fruchtbaren Tage, an allen anderen ist es Verschwendung." (Heinz Riesenhuber)

Achtung: Nicht alles, was neu und interessant ist, ist zugleich logisch und vernünftig und wird von den Zuhörern gebilligt. Geistige Kühnheit und eigene Wege sind gut – aber die strengen Zügel der Selbstkritik und Skepsis sollten nie aus der Hand gelegt werden.

Redebeispiel

Nach fast 100 Jahren noch neu und interessant – Standardwerk für Politiker – sind die Gedanken, die Max Weber 1919 in seiner berühmten Rede vor Studenten der Universität München zum Thema „Politik als Beruf" vorgetragen hat:

> „Jede Politik kann entweder ehrenamtlich und dann von Unabhängigen, d. h. von vermögenden Leuten geführt werden. Oder aber die Führung der Politik wird Vermögenslosen zugänglich gemacht, und dann muss sie entgolten werden. Der Politiker kann den Cha-

rakter eines Unternehmers annehmen, wie der Amtspächter oder Amtskäufer vergangener Zeiten. In der Vergangenheit waren Lehen, Bodenschenkung, Pfründe aller Art das typische Entgelt von Fürsten, siegreichen Eroberern oder erfolgreichen Parteihäuptern für ihre Gefolgschaft. Heute sind es Ämter aller Art in Parteien, Zeitungen, Genossenschaften, Krankenkassen, Gemeinden und Staaten, die von den Parteiführern für treue Dienste vergeben werden. Alle Parteikämpfe sind nicht nur Kämpfe um sachliche Ziele, sondern vor allem auch: Ämterpatronage. Alle Kämpfe zwischen partikularistischen und zentralen Bestrebungen in Deutschland drehen sich vor allem auch darum, welche Gewalten, ob die Berliner oder die Münchener, Karlsruher, Badener Machthaber die Ämterpatronage in der Hand haben.

Es ist ein abgrundtiefer Gegensatz, ob man unter der gesinnungsethischen Maxime handelt, religiös geredet: ‚Der Christ tut recht und stellt den Erfolg Gott anheim', oder der verantwortungsethischen, nämlich dass man für die (voraussehbaren) Folgen seines Handelns aufzukommen hat.

Wenn die Folgen einer aus reiner Gesinnung fließenden Handlung übel sind, so gilt dem Gesinnungsethiker nicht der Handelnde, sondern die Welt dafür verantwortlich, die Dummheit der anderen Menschen oder – der Wille des Gottes, der sie so schuf. Der Verantwortungsethiker dagegen rechnet mit eben jenem durchschnittlichen Defekt der Menschen, – er hat, wie Fichte richtig gesagt hat, gar kein Recht, ihre Güte und Vollkommenheit vorauszusetzen. Er fühlt sich nicht in der Lage, die Folgen eigenen Tuns, soweit er sie voraussehen konnte, auf andere abzuwälzen. Gesinnungsethik und Verantwortungsethik sind keine absoluten Gegensätze, sondern Ergänzungen, die zusammen erst den Menschen ausmachen, den, der den ‚Beruf zur Politik' haben kann.

Die Politik bedeutet ein starkes, langsames Bohren von harten Brettern mit Leidenschaft und Augenmaß zugleich. Nur wer sicher ist, dass er nicht daran zerbricht, wenn die Welt, von seinem Standpunkt aus gesehen, zu dumm oder zu gemein ist für das, was er ihr bieten will, dass er all dem gegenüber: ‚Dennoch' zu sagen vermag, nur der hat den ‚Beruf zur Politik'."

Rufen Sie längst Vergessenes in Erinnerung!

Das Interesse seiner Hörer findet, wer ihnen längst Vergessenes in Erinnerung ruft, wichtige Details oder Zusammenhänge, die der Konzentration auf Beruf und Alltag zum Opfer gefallen sind. Richard von Weizsäcker hat als Bundespräsident vor Züricher Studenten in zwei Minuten einer insgesamt halbstündigen Rede die Fundamente unserer abendländischen Kultur, das klassische Altertum und das Christentum, in Erinnerung gerufen:

> „Schlüsselbegriff der griechischen Antike wurde die Arete, die Tugend. Sie gehört bei Homer zum Bild einer Persönlichkeit, die bestrebt ist, die Beste zu sein und sich durch Tapferkeit und Stärke vor anderen auszuzeichnen. In Platons Symposion begegnen wir seinen vier zentralen Tugenden: Klugheit, Gerechtigkeit, Tapferkeit und Maß. Bei ihm wird Arete zur sittlichen Vollkommenheit. Der griechische Tugendbegriff bleibt aber dabei, die Züge der Tüchtigkeit des starken Menschen zu beschreiben. Der Adressat dieser Tüchtigkeit wird ausgespart. Mäßigung gegenüber dem Besiegten ist notwendig, jedoch nicht um des Besiegten willen, sondern weil Maßlosigkeit zur Verblendung und damit ins eigene Unheil führt.
>
> Im Christentum geht es zentral um den Adressaten. ‚Was ihr dem Geringsten unter meinen Brüdern getan habt, das habt ihr mir getan.' Es gilt, sich gegenüber dem Schwächeren zu bewähren. Zum Können der Antike tritt das Sollen im Christentum. Tugenden, wenn man sie hier so nennen darf, verpflichten uns im Glauben auf die Liebe. Wir genügen dieser Pflicht nicht im Gesetzesgehorsam, sondern nur in der Liebe. So gesellen sich zu den klassischen Tugenden die biblischen hinzu: Glaube, Hoffnung, Liebe."

Nicht jeder interessiert sich für Arete, für Glaube, Liebe und Hoffnung, nicht jedes Publikum ist geneigt, Grundsätzliches mit Freude aufzunehmen – also interessiert. Deswegen ist es wichtig, gerade Passagen mit abstraktem Inhalt kurz zu fassen. Aber von Studenten konnte erwartet werden, dass sie interessiert gelauscht haben.

Redebeispiel

Selbst Altbekanntes kann durch gescheite Formulierung und genaue Beschreibung wieder im Reiz des Interessanten neu erstrahlen, wie das Beispiel aus einer Rede von Minister a. D. Heinz Riesenhuber zeigt:

> „Die Deutschen neigen dazu, in einer gepflegten Kultur der Verzagtheit in Sack und Asche zu gehen, oder sie können zu anderen Zeiten vor Kraft kaum mehr laufen. Aber was dazwischen ist, das Augenmaß und die Gelassenheit, die Abschätzung und die Zuversicht, das mangelt uns bisweilen."

Informieren Sie genau und präzise

Genauigkeit und Präzision sind interessant. Aber Vorsicht: Dem Hörer keine Fakten-, Wissens- oder Datenwüsten zumuten. Vorsicht vor allem vor den nebulösen Sammelbegriffen, die viele Redner gebrauchen, ohne sie selbst durchdacht oder verstanden zu haben, und die sie deswegen ihrem Publikum nicht vermitteln können. Helmut Schmidt sagte 1979 vor der Deutschen Physikalischen Gesellschaft nicht: „Wir brauchen eine gesellschaftsorientierte Forschung" – ein schwammiger, konturloser Begriff, der allenfalls ahnen lässt, was gemeint sein könnte, sondern er sagte:

> „Was wir brauchen, ist eine vernunftmäßige, besonnene, vernunftkontrollierte, sittlich gegründete Entfaltung der Fähigkeiten, auf denen unsere Gesellschaft beruht, geistig und sozial abgesicherte Forschung und Technik, die den Auftrag erfüllen kann, das Leben menschlicher zu machen."

Präzise Formulierungen dieser Art dauern zwar etwas länger – beim Konzipieren wie im Vortrag – haben aber den Vorteil, dass erstens die Hörer wissen, was der Redner will, und zweitens dieser den Eindruck vermittelt, er habe sein Thema durchdacht und verstehe seine Sache. Nur so kann er sein Publikum überzeugen, also interessieren, motivieren, führen.

Drücken Sie Ihre eigene Meinung aus

Die eigene Meinung des Redners, seine subjektive Bewertung des Themas interessiert die Zuhörer immer. Voraussetzung ist allerdings: Er muss eine eigene Meinung haben. Ein Redner, der diesen Eindruck nicht vermitteln kann, hat wenig Aussichten auf den Respekt seines Publikums.

Die eigene Ansicht braucht nicht mit der Formulierung „Ich bin der Meinung" eingeleitet zu werden. Das sind Floskeln, Helmut Schmidt sagt „Quallenfett". Ein Beispiel für eine ganz von subjektiver Sicht getränkte Rede ohne „Quallenfett": Thomas Mann in seiner eindrucksvollen Rede „Deutschland und die Deutschen" – gehalten im Juni 1945 in der „Library of Congress" in Washington:

> „Ein solches, auf Kompromiss beruhendes Fertigwerden mit dem Leben erscheint dem Deutschen als Heuchelei. Er ist nicht dazu geboren, mit dem Leben fertig zu werden, und er erweist seine Unberufenheit zur Politik, indem er sie auf eine plump-ehrliche Weise missversteht. Der Deutsche als Politiker glaubt sich so benehmen zu müssen, dass der Menschheit Hören und Sehen vergeht – dies eben hält er für Politik. Sie ist ihm das Böse – so meint er denn, um ihretwillen recht zum Teufel werden zu sollen."

Jede Zeile dieser wunderbaren Rede ist schwanger mit eigener Meinung, eigenen Gedanken, mit der Persönlichkeit des Redners. Ich weiß nicht, wie die Amerikaner darauf reagiert haben. Doch kein Deutscher kann diese Rede lesen, ohne – zustimmend oder ablehnend, also zur Stellungnahme herausgefordert – in den Bann der Gedanken des Autors gezogen zu werden.

Provozieren Sie, aber treiben Sie es nicht auf die Spitze

Interessant sind kurz, knapp und konzentriert vorgetragene Gedanken, Zuspitzungen, Provokationen, etwa:

> „Die Grünen sind eine Melonenpartei – außen grün, innen rot" oder „Die Risikoscheu der Deutschen ist das größte Risiko für die Deutschen." (Heinz Riesenhuber)

Der Schweizer Philosoph Hermann Lübbe wies in gründlichen Ausführungen nach, dass in einer Wirtschaft, die sich in immer höherem Tempo erneuert, ein immer kleinerer Teil modernster Geräte in Betrieb ist. Der Gedankengang gipfelt in der Pointe: „Modernisierung macht unmodern."

Achtung: Provokationen provozieren den Widerspruch; sie müssen also sitzen.

Bewerten und beurteilen Sie

Interessant ist die Lagebeurteilung des Redners, eine Übersicht, die er dem Publikum über die Gesamtheit seines Erkenntniskreises oder die Maßstäbe seiner Beurteilung geben kann. Helmut Schmidt fand stets faszinierte Zuhörer, wenn er ein internationales Thema nach der Einleitung: „Es gibt kein Volk in der Welt, das mehr Nachbarn hat als die Deutschen . . ." aus der Sicht unserer neun Nachbarn sowie Amerikas und Russlands plastisch fassbar machte. Die Zuhörer fühlten sich beteiligt am Herrschaftswissen des Bundeskanzlers, der sie zugleich führte, indem er ihnen die Maßstäbe seiner Bewertung zur Übernahme anbot.

Einen Überblick über die europäische Lage gab 24 Jahre vor Ausbruch des Ersten Weltkriegs – 1890 – der preußische Generalfeldmarschall Graf von Moltke in einer Rede von prophetischer Kraft vor dem Reichstag:

> „Es sind die größten Mächte Europas, welche, gerüstet wie nie zuvor, gegeneinander in den Kampf treten. Keine derselben kann in einem oder zwei Feldzügen so vollständig niedergeworfen werden, dass sie sich für überwunden erklärte. Meine Herren, es kann ein siebenjähriger, es kann ein dreißigjähriger Krieg werden – und wehe dem, der Europa in Brand steckt, der zuerst die Lunte in das Pulverfass schleudert!"

Als ob Moltke die erstarkende These moderner Geschichtsschreibung gekannt hätte, die beiden Weltkriege, den Zeitraum von

1914–1945, als den Dreißigjährigen Krieg des 20. Jahrhunderts zusammenzufassen.

Geben Sie Ihre Grundsätze bekannt

Viele Zuhörer bringen grundsätzlichen Ausführungen großes Interesse entgegen. Sie gewähren tiefen Einblick in die Denk- und Entscheidungsstruktur des Redners, sind vertrauensbildend, weil die Zuhörer spüren: Tages- und Detailfragen werden im Licht von Grundsatzentscheidungen entschieden. Sind diese bekannt, ist die Logik jener leichter nachvollziehbar. Bundespräsident Roman Herzog auf dem Weltwirtschaftsforum in Davos im Januar 1995:

> „Worauf es ankommt, ist, dass wir lernen, vorausschauend zu handeln. Auf erkannte Risiken, auch solche, die nicht mit letzter Sicherheit bewiesen werden können, sollten wir nicht wie der Vogel Strauß reagieren. Vorbeugung ist immer besser als Schadensbegrenzung. Risikoscheues Nicht-Handeln kann auf Dauer risikoreicher sein als risikobereites Handeln. Dynamische Unternehmer wissen das. Auch die Staaten und die Staatengemeinschaft sollten es erkennen."

Klüger bezieht Bundespräsident Johannes Rau Stellung in der heiß umkämpften Arena der Genmanipulation. Fragend-vorsichtig äußert er sich in seiner berühmten Rede in der Berliner Staatsbibliothek am 18. Mai 2001:

> „Wenn es die Möglichkeit gibt, Kinder künstlich zu erzeugen oder die genetischen Anlagen eines Embryos zu testen – entsteht dann nicht leicht eine Haltung, dass jede und jeder, der eigene Kinder bekommen will, auch das Recht dazu habe – und zwar sogar das Recht auf gesunde Kinder? Wo bisher unerfüllbare Wünsche erfüllbar werden oder erfüllbar scheinen, da entsteht daraus schnell ein Anschein von Recht. Wir wissen aber doch, dass es ein solches Recht nicht gibt. Noch so verständliche Wünsche und Sehnsüchte sind keine Rechte. Es gibt kein Recht auf Kinder. Aber es gibt sehr wohl ein Recht der Kinder auf liebende Eltern und vor allem das Recht darauf, um ihrer selbst willen zur Welt zu kommen und geliebt zu werden."

Eine Rede muss klar, verständlich und genau sein

Eine Rede kann vom Publikum nicht besser und klarer verstanden werden, als sie vom Redner gedacht und konzipiert wurde. Deswegen: Wer verstanden werden möchte, muss zuerst selbst wissen, was er will.

Wer nicht weiß, was er will, muss nachdenken, Gespräche führen, lesen – bis er Klarheit hat. Sonst ergeht es ihm wie vielen schlechten Rednern, die sich im Treibeis ihrer Sachkenntnisse nicht entscheiden können und so von einer Eisscholle zur anderen hüpfen und am Ende erkennen müssen: Das Publikum ist ihnen bei dieser Springprozession nicht gefolgt. Oder – noch schlimmer – wie jenen Wort-Provokateuren, die ihre Gedanken nicht zu Ende denken und dem Publikum Halbgares vorwerfen, in der Hoffnung, es wüsste schon, was sie meinen, und könnte ergänzen, was zu präzisieren sie selbst „keine Zeit hatten". Reden dieser Couleur überfordern ihre Zuhörer ganz und gar: Auch die Bestmeinenden haben im raschen Fluss der Rede keine Chance, die unterlassene Denkarbeit des Redners zu ersetzen.

Die unklare und unverständliche Rede wird von den Hörern zu Recht als Zumutung und Herabsetzung empfunden: Der Sprecher achtet die vor ihm Sitzenden so gering, dass er sie nicht einmal mit der Mühe einer ordentlichen Vorbereitung seiner Worte auszeichnet. Liebesverweigerung beantworten Menschen mit Liebesentzug; die Folge: Der Redner erreicht den Zweck seiner Rede – zu informieren oder zu motivieren – nicht, seine Rede geht ins Leere.

Gründliches Denken ist also Voraussetzung für die klare und verständliche Rede. Gründlich denkt, wer sich nicht mit der ersten, möglicherweise in der Nähe des Richtigen liegenden Annäherungsantwort zufrieden gibt, sondern durch Nach-Denken bemüht bleibt, mehr Erkenntnis ans Tageslicht des Bewussten zu ziehen, indem er durch Nach-Fragen die Gründe seines Denkens und Handelns erforscht. Praktisch heißt das: Der kluge Redner fragt sich bei jedem Satz, den er in sein Konzept aufnehmen will: Was ist gemeint? Was soll gesagt werden? – und sagt die Antwort seinem Publikum. Wer so vorgeht, wird zunächst sich selbst und dann sein Publikum zur Klarheit führen.

Wichtig: Für die Verständlichkeit einer Rede ist ihr klarer Aufbau hilfreich. In vielen Rhetorik-Seminaren – ein Lehrangebot für die Vorbereitung von Redetexten gibt es meines Wissens nur in der Akademie für RedenSchreiben (ARS) – werden Schemata für den Redeaufbau angeboten.

Achtung: Ich kann mich nicht entschließen, zum Gebrauch dieser Techniken zu raten. Die lebendige Rede darf und kann sich nicht auf Form, Schema oder Formalie stützen. Sie muss ganz der Dynamik ihres Inhalts folgen dürfen, wenn sie nicht lahm werden soll. Weil die Aufmerksamkeit des Redners Gefahr läuft, sich auf das komplizierte Regelwerk der Form statt auf das zuhörergerechte Präsentieren der Botschaft zu konzentrieren, haben Formalien die Tendenz, Inhalte zu ersticken.

Sagen Sie, was Sie sagen wollen

Sagen Sie es so, wie Sie es sagen wollen. Jede Rede braucht ihre eigene Ordnung. Wenn Sie das Thema beherrschen, weiß niemand besser als Sie, welchen Aufbau Ihre Rede braucht.

Der Aufbau der Rede muss klar sein

Der Aufbau einer Rede ergibt sich aus dem Thema, aus der Botschaft. Je einfacher und unkomplizierter, desto besser. Wenn Sie Gliederungselemente einsetzen wollen, dann die einfachen: erstens, zweitens, drittens; These – Antithese – Synthese; wo stehen wir, was wollen wir, was ist zu tun? Vor allem aber gilt der Grundsatz des alten Cato: Rem tene, verba sequentur – halte dich an die Sache, die Worte werden schon folgen (vgl. Seite 32 ff./187).

Wem Klarheit der Rede am Herzen liegt, der darf seine Gedanken und Sprache nicht überfrachten. Im Prinzip gilt: jedem Gedanken einen eigenen Satz. Unerfahrene Redner neigen dazu, im zweiten Teil eines Satzes einzuschränken, was sie im ersten Teil gesagt haben. Das führt zu Verwirrung.

Sagen Sie nicht:

„Die konjunkturelle Entwicklung in Deutschland ist nach oben gerichtet, was jedoch nicht ausschließt, dass hier und da konjunkturelle Impulse noch gefragt sein könnten."

Besser:

„Die konjunkturelle Entwicklung in Deutschland ist gut. In einigen Regionen und Branchen allerdings könnte sie besser sein. Da sind frische Impulse nötig."

Sagen Sie nicht:

„Unsere künftige Strategie ist, obgleich das im Vorstand nicht ganz einheitlich beschlossen wurde, in den neuen Bundesländern kräftig zu investieren."

Besser:

„Wir wollen künftig in den neuen Bundesländern kräftig investieren. Das hat der Vorstand mehrheitlich beschlossen."

Der damalige SPD-Fraktionsvorsitzende Rudolf Scharping sagte 1994 vor der Friedrich-Ebert-Stiftung zum Thema „Reformierung des öffentlichen Sektors": „Wenn die Privatwirtschaft so zentral organisiert wäre wie der öffentliche Dienst, würde sie längst nicht so effektiv arbeiten wie sie sollte, es viele Unternehmen auch tun." In diesem Satz sind zwei völlig unterschiedliche Gedanken untergebracht: Im ersten Teil wird zum Ausdruck gebracht, der Privatwirtschaft ginge es schlecht, wenn sie wie der öffentliche Dienst organisiert wäre. Der zweite Teil des Satzes: „Wie sie sollte, es viele Unternehmen auch tun", ist eine – zur Hälfte wieder zurückgenommene – sozialdemokratische Pflicht-Ohrfeige für den Stand der Unternehmer. Der zweite steht mit dem ersten Gedanken in keiner logischen Verbindung: so als sei es Scharping peinlich, der Privatwirtschaft bessere Ergebnisse attestieren zu müssen als dem öffentlichen Dienst. Das Ergebnis: Die Stringenz der Gedankenführung leidet, ein Gedanke stellt dem anderen ein Bein, die Zuhörbereitschaft des Publikums sinkt und damit die Chance des Redners, das Publikum in seinem Sinne zu überzeugen.

Sollte es Scharping allerdings darauf angekommen sein, beide Gedanken dicht beieinander vorzutragen, kann das so geschehen: „Wenn die Privatwirtschaft so zentral organisiert wäre wie der öffentliche Dienst, könnte sie längst nicht so effektiv arbeiten, wie sie es tut. Wahr ist allerdings auch: Viele Unternehmen sind zwar privat organisiert, arbeiten aber trotzdem nicht ordentlich."

Praxis-Tipp:

Wer verstanden werden will, trage seine Gedanken hörer-orientiert vor und bemühe sich um anschauliche Ausdrucksweise. Hörerorientiert spricht, wer seine Aussagen so zu formulieren und zu begründen versteht, dass sich seine Zuhörer in ihrer eigenen Kenntnis- und Erlebniswelt angesprochen fühlen.

Die sieben Sterne, nach denen der Redner greifen muss

Das Vorstandsmitglied des Deutschen Groß- und Außenhandels Fuchs:

> „Wenn ich meinen Vortrag hier in einer halben Stunde beendet habe, hat der Fiskus 6 Millionen DM allein an Zinsen gezahlt. Wie Sie unschwer errechnen können, kommen mit jeder Stunde 12 Millionen DM an Zinszahlungen der öffentlichen Hand hinzu. Täglich 288 Millionen DM, jede 6. Mark geht in die Bedienung der öffentlichen Schulden. In Abänderung eines Spruches ist man geneigt, zu sagen: ‚Kinder haften für ihre Eltern.' Durch den Schuldenstand der öffentlichen Haushalte hat mittlerweile jeder hier Anwesende knapp 23.000 DM an öffentlichen Schulden. Bei ca. 300 Anwesenden dieser Veranstaltung beläuft sich somit der Schuldenstand auf 6,9 Millionen DM. Gewaltig und gleichzeitig untragbar."

Sagen Sie, was zu tun ist

Eindeutige Handlungsvorgaben erhöhen die Klarheit und Verständlichkeit einer Rede.

US-Präsident Harry S. Truman 1949 in einer Radio-Ansprache über die Ergebnisse der Potsdamer Konferenz:

> „Die deutsche Industrie wird dezentralisiert, um die Zusammenballung der wirtschaftlichen Macht in Kartellen und Monopolen auszuschalten. Die deutsche Wirtschaftsmacht für den Krieg muss ausgeschaltet werden. Die Deutschen dürfen keinen höheren Lebensstandard haben als ihre ehemaligen Opfer, die Völker des ehemals besetzten Europa."

Keine Überforderung der Hörer durch Bandwurmsätze

Der Vorsitzende der SPD-Bundestagsfraktion Herbert Wehner war einer der ganz wenigen Redner, die mit Bandwurmsätzen umzugehen verstehen. Er liebte Sätze von zwei bis drei Minuten Rededauer, schob einen Relativsatz nach dem anderen ein, die allerdings gedanklich direkt zusammengehörten, verband sie durch ein wildes Stakkato scheinbar gerade in den Sinn gekommener, in

Wirklichkeit aber langfristig vorbereiteter „Embryonal-Wörter" und setzte seine Zuhörer in geradezu atemlose Spannung, ob es ihm gelingen würde, die eingeschobenen Schachtelsätze jemals zu Ende zu bringen. Er schaffte es keineswegs immer. Doch viele waren beeindruckt von diesem vulkanischen Gesinnungs-Politiker mit selbstlosen Zuchtmeisterqualitäten, dessen eruptive Leidenschaften gerade in dieser Redeweise Ausdruck fanden: Wer sich nicht schon entsetzt von dem Wehnerschen Sarkasmus abgewandt hatte, verstand seine Aussagen auch dann, wenn die Sätze unvollständig waren. Auch Thomas Mann hatte eine glückliche Hand im Umgang mit überlangen Sätzen. Trotzdem: Kurze Sätze sind langen vorzuziehen, wenn der Redner möchte, dass ihm sein Publikum folgt.

Veranschaulichen Sie mit Beispielen

Verstanden wird der Redner, der knappe, reliefartige Darstellungen macht und mit treffenden Beispielen erläutert, die geeignet sind, abstrakte Vorgänge zu personalisieren. Vorstandsmitglied Fuchs:

> „Ein anderes Ärgernis ist in diesem Zusammenhang das Gesetz der wachsenden Staatstätigkeit, dem das Gesetz der wachsenden Bürokratie folgt. In einer Untersuchung bei 2000 Unternehmen in Schleswig-Holstein 1999 wurde ermittelt, dass alle beteiligten Betriebe für staatliche Hilfsarbeiten durchschnittlich 333 Stunden pro Jahr aufwenden mussten. Davon allein 35 Stunden für die Erhebung von Statistiken und sonstigen Meldungen. Der zeitliche Aufwand kumulierte sich pro Beschäftigten auf 7,3 Stunden pro Jahr. Ein staatlich verordneter Beauftragter jagt in den Unternehmen den nächsten: Der Abfall-Beauftragte stolpert über den Datenschutzbeauftragten, der über den Sicherheitsbeauftragten, der über den Umweltbeauftragten."

Formulieren Sie immer wieder neu

Von vielen Rednern häufig vorgetragene Gedankengänge laufen Gefahr, im durch Ritualisierung erzeugten Desinteresse der Hörer zu versinken. Mit neuer Begründung kann ihnen neuer Glanz verliehen werden. Bundespräsident Richard von Weizsäcker in seiner berühmten Rede zum 40. Jahrestag des Kriegsendes am 8. Mai 1985, warum sich Deutsche der Kriegsgreuel zu erinnern haben:

> „Es geht nicht darum, Vergangenheit zu bewältigen. Das kann man gar nicht. Sie lässt sich ja nicht nachträglich ändern oder ungeschehen machen. Wer aber vor der Vergangenheit die Augen verschließt, der wird blind für die Gegenwart. Wer sich der Unmenschlichkeit nicht erinnern will, der wird wieder anfällig für neue Ansteckungsgefahren. Das jüdische Volk erinnert sich und wird sich immer erinnern. Wir suchen als Menschen Versöhnung. Gerade deshalb müssen wir verstehen, dass es Versöhnung ohne Erinnerung gar nicht geben kann. Die Erfahrung millionenfachen Todes ist ein Teil des Innern jedes Juden in der Welt, nicht nur deshalb, weil Menschen ein solches Grauen nicht vergessen können. Sondern die Erinnerung gehört zum jüdischen Glauben. Das Vergessenwollen verlängert das Exil, und das Geheimnis der Erlösung heißt Erinnerung. Diese oft zitierte jüdische Weisheit will wohl besagen, dass der Glaube an Gott ein Glaube an sein Wirken in der Geschichte ist. Die Erinnerung ist die Erfahrung vom Wirken Gottes in der Geschichte. Sie ist die Quelle des Glaubens an die Erlösung. Diese Erfahrung schafft Hoffnung, sie schafft Glauben an Erlösung, an Wiedervereinigung des Getrennten, an Versöhnung. Wer sie vergisst, verliert den Glauben. Würden wir unsererseits vergessen wollen, was geschehen ist, anstatt uns zu erinnern, dann wäre dies nicht nur unmenschlich. Sondern wir würden damit dem Glauben der überlebenden Juden zu nahe treten, und wir würden den Ansatz zur Versöhnung zerstören."

Vorsicht beim Gebrauch großer Begriffe

„Freiheit", „Gerechtigkeit", „Menschenwürde", „Innovation" sind Begriffe, die ihre Sinnhaftigkeit und inhaltliche Schärfe oft eingebüßt haben, weil sie von zu vielen Rednern (und Schreibern) zu oft und in zu vielen – sogar einander entgegengesetzten – Zusammenhängen und Bedeutungen gebraucht und dadurch in die Nähe von hohlen Phrasen gerückt werden. Dieser Gefahr kann entgangen werden, indem sie der Redner in seinem Verständnis definiert. Nachdenklichkeit, Redlichkeit und Gründlichkeit schützen uns vor dem Abgedroschenen, den hohen-hohlen Begriffen, deren Phrasenhaftigkeit ja nicht in der inhaltlich-begrifflichen Leere liegt, sondern im gedankenlosen Gebrauch durch jedermann, zu jeder Zeit und zu jedem Anlass. Richard von Weizsäcker in seiner 8.-Mai-Rede:

> „Gewaltverzicht heute heißt, den Menschen dort, wo sie das Schicksal nach dem 8. Mai hingetrieben hat und wo sie nun seit Jahrzehnten leben, eine dauerhafte, politisch unangefochtene Sicherheit für ihre Zukunft zu geben. Das heißt, den widerstreitenden Rechtsansprüchen das Verständigungsgebot überzuordnen. Gewaltverzicht bedeutet, allseits das Vertrauen wachsen zu lassen, dass auch ein wieder zu Kräften gekommenes Deutschland daran gebunden bleibt."

Wortspiele und Gegensätze erregen Aufmerksamkeit

Wortspiele sind gut geeignet, das Gewollte für die Hörer verständlich und klar auszudrücken. Ministerpräsident Johannes Rau zum Tode von Karl Schiller: „Er wollte die Politik der Mitte, aber eine Politik des Mittelmaßes war ihm zuwider."

Ebenso Gegensätze, weil ihr Gebrauch zu gedanklicher Präzision zwingt. Friedrich Schorlemer zum Volkstrauertag 1994: „Grenzen werden wieder mit Blut gezogen. Ganz alte Rechnungen führen zu ganz neuem Hass."

Achtung vor zu großen Gedankensprüngen!

Sprünge in der Gedankenführung erschweren Klarheit und Verständlichkeit einer Rede, denn sie verwirren. Der gute Redner nimmt seine Zuhörer „an die Hand" und geleitet sie Schritt für

Schritt auf der Bahn seiner Vorstellungen, entwickelt eine Überlegung aus der anderen und geht so Stufe um Stufe seinem Rednerziel entgegen, sein Publikum zu informieren oder zu motivieren, wobei er keinem anderen Schema als der inneren Logik seiner Gedankenführung folgt. Für Springprozessionen und hektisches Hin und Her ist da kein Platz.

Gliederungselemente erleichtern das Zuhören

Überleitungen von einem Thema zum anderen – etwa „Nachdem ich Ihnen die Haltung meiner Fraktion zur Finanzpolitik dargelegt habe, möchte ich nun zur Schulpolitik kommen . . ." sind Gliederungselemente einer Rede: Der Zuhörer, dessen Gedanken abgedriftet waren, kann einen neuen Einstieg in die Rede finden. Insoweit erleichtert sie wie jedes andere Gliederungselement das Zuhören. Andererseits ist die Überleitung typisches „Quallenfett" (Helmut Schmidt), Wörter, die gestrichen werden können, ohne eine Lücke zu hinterlassen.

Die Rede von Überflüssigem freizuhalten ist vornehme Aufgabe des Redners. Denn der Zuhörer muss in der kurzen Zeit bis zum nächsten Satz dieses „Quallenfett" erstens hören, zweitens verstehen und drittens als überflüssig, der Sache nicht förderlich, erkennen. „Quallenfett" belastet ihn also, mindert seine Konzentration und senkt damit die Chance des Redners, ihn für seine Sache zu gewinnen.

Wer die Zuhörer vor leeren Worten schützen will und trotzdem ein das Hören erleichterndes Gliederungselement beim Übergang von einem Thema zum anderen benutzen möchte, kann statt eines Übergangssatzes entweder eine kleine Pause machen oder die Stimmlage verändern. Eingeschränkt zu empfehlen ist auch eine Zwischenanrede: „Meine Damen und Herren", doch die wirkt steif und ist im Wiederholungsfall störend.

Jedes Thema nur einmal ansprechen

Bei Jahreshauptversammlungen, Haushaltsreden und Rechenschaftsberichten wird oft eine Reihe von Themen nacheinander abgehandelt. Es gilt etwa, Bericht über das Pharmageschäft, über landwirtschaftliche Produkte, über Farben und Lacke zu geben; über Auslands- und Inlandsumsätze. Spricht der Referent eines der Stichworte nach seiner Behandlung noch einmal an, können sich Zuhörer irritiert fragen: Hatten wir das Thema nicht schon einmal? Widerspricht der Redner dem vorher Gesagten? Das kann irritieren. Die Hörer laufen Gefahr, den Anschluss zu verlieren, der Redner hat es schwerer, sein Informations- und Motivationsziel zu erreichen.

Aktiv formulieren, nicht passiv

Umstandssätze wie „Es wird gebeten, Platz zu nehmen" geben dem Hörer Spelzen ins Ohr, wo er Anspruch auf Weizen hat. Besser und knapper: „Ich bitte Sie, sich zu setzen." Schlecht: „Es ist gesagt worden" – besser: „Es wird gesagt" oder „Die Leute sagen".

„In der Kürze liegt die Würze!"

Knappe, kurze Sätze erleichtern dem Publikum Zuhören und Verstehen. Auch wenn sie nicht so militärisch sein müssen wie die, mit denen General Schwarzkopf die amerikanischen Truppen 1991 in den Golfkrieg gegen Irak schickte: „Ihr habt hart trainiert für den Kampf. Ihr seid bereit. Mein Vertrauen in euch ist grenzenlos. Euer Anlass ist gerecht. Jetzt müsst ihr Donner und Blitz des ‚Wüstensturms' sein."

Verben statt Substantive benutzen

Verben sind das pulsierende, lebendige, entwicklungsbereite Element unserer Sprache. Verbenreiches Sprechen suggeriert, der Redner ist offen, verhandlungsbereit und in einer Weise nicht endgültig festgelegt, die dem Gegenüber die Möglichkeit der Mitwirkung einräumt. Es wird vom Hörer als frisch, menschlich und sympathisch empfunden und damit gern gehört.

Substantive beschreiben die fertigen Dinge, sind das Element des Status quo, der Vollendung, Perfektion. Eine Sprache reich an Hauptwörtern signalisiert Abgeschlossenheit, Veränderungsunwillen und das Verweigern der Einflussnahme durch das Gegenüber. Sie wird vom Hörer als starr und unsympathisch empfunden und damit ungern gehört.

Praxis-Tipp:

Der Redner, der niemanden einschüchtern will, der sich nicht etwa unentschlossen, aber flexibel geben will und darauf aus ist, Sympathien für seine Person zu gewinnen, muss widerstehen, Substantive im Übermaß zu gebrauchen. Er muss sich um die Verwendung von Verben bemühen. Das Substantiv ist statisch, das Verb dynamisch. Die Zuhörer sind eher bereit, sich von der Dynamik unterhalten als sich von der Statik langweilen zu lassen.

- Nicht: Wir haben Einigung erzielt, sondern: Wir haben uns geeinigt.
- Nicht: Ich möchte meinem Bedauern Ausdruck verleihen, sondern: Ich bedaure.

Machen Sie keine Mitteilung, sondern teilen Sie mit; geben Sie keine Erklärung ab – erklären Sie schlicht und einfach. Schon weil der Hörer bei einer verbenreichen Sprache weniger Worte als Ohrenspelzen zu verkraften hat.

Julius Cäsar sagte nicht: Nach erfolgter Ankunft und Besichtigung der Verhältnisse war die Erringung des Sieges möglich. Er sagte: Ich kam, sah, siegte.

Direkt denken und sprechen

Ein umständliches Sichzieren und Sichwinden dominiert unsere Sprache mehr und mehr. Es macht sie nicht klarer und verständlicher – im Gegenteil. Nur wenige sagen „Ich meine" oder „Ich denke". Formulierungen wie „Ich würde meinen" sind an der Tagesordnung. Wer so redet, gibt zu erkennen, dass er jetzt noch nicht meint, aber bereit ist, unter bestimmten Konditionen eine Meinung zu entwickeln. Welche sind das? Was muss geschehen, damit er meint? Und wie wird die Meinung aussehen?

Auf die Spitze getrieben wird dieser intellektuelle und charakterliche Sprach-Unsinn durch Formulierungen wie „Ich würde meinen wollen". Meint er oder meint er nicht? Will er oder will er nicht? Lauter Unentschlossenheiten, leeres Gewäsch, von dem sich kein vernünftiger Hörer beeindrucken lässt.

Vermeiden Sie „Man"-Sätze

Der Hörer kann nicht erkennen, ob „man" oder „Mann" gemeint ist. Wenn „Mann", warum dann nicht auch „Frau"? Nennen Sie Ross und Reiter.

„Man" gibt es in der Realität nicht. „Man" ist ein Sammelbegriff, der gerne verwendet wird, um sich nicht entscheiden zu müssen, wer gemeint ist. Mit „Man"-Formulierungen wirft der Redner seinen Hörern die Brocken vor die Füße: „Du wirst schon wissen, was ich meine."

Der gute Redner aber macht seine Aufgaben selbst und schiebt sie nicht anderen zu. Er will die Gedanken seiner Zuhörer nicht umherschwirren lassen, sondern sie genau führen, bis sein Ziel, sie zu motivieren oder zu informieren, erreicht ist. Vermeiden Sie also Sätze wie: „Man kann daraus den Schluss ziehen“. Besser: „Ich ziehe daraus den Schluss“ oder „Meine Partei“ oder „Der Vorstand zieht daraus den Schluss“.

Wichtig: Vermeiden Sie Allerweltsworte wie „Ding“, „Sache“. Worte haben die Aufgabe, Tatbestände voneinander zu trennen und dadurch zu bezeichnen. Diese Unterscheidungsfunktion geht verloren, wenn zu viele Tatbestände in die Schale eines Wortes gelegt werden. Im Sprachgebrauch sind diese Begriffe sehr beliebt, weil sich der Redner an einer genauen Festlegung, was er nun eigentlich meint, vorbeimogeln kann. Das eben über die „Man“-Sätze Gesagte gilt auch hier.

Unsere Sprache ist voll von Schlagworten, die keine genaue Begriffsdefinition mehr liefern, z. B. „Herausforderung“, „Stress“, „Struktur“, „Problembereich“. Der Gebrauch dieser Worte ist nicht immer zu vermeiden. Doch wer sie benutzt, sollte erstens wissen, dass es sich um Schlagworte unscharfen Inhalts handelt, und zweitens bemüht sein, das von ihm Gemeinte genau zu beschreiben, und damit Hörhilfen geben.

Praxis-Tipp:

Die präzise Bezeichnung des Gegenstandes dient der Klarheit der Sprache. Genauer als „Auto“ ist „blauer VW“. Besser als „Haus“ ist „dreistöckiges Mietshaus“. Mit solchen exakten Beschreibungen erleichtern Sie das gedankliche Mitgehen Ihrer Hörer mit Ihrem Text.

Ein Beispiel, wie es nicht gemacht werden soll: Rudolf Scharping, „Reformierung des öffentlichen Sektors“. Schon das Wort „Sektor“ (laut Duden: „Abschnitt, Gebietsteil, Kreis-, Kugelausschnitt“) ist denkbar allgemein und ungriffig. In der Ansprache, in der Scharping für Sozialdemokraten ungewöhnlich progressive Ideen zum Thema „Privatisierung öffentlicher Leistungen" vortrug, wollte er auf praktische Schwierigkeiten bei der Übertragung öffentlich geführter Aufgaben auf Unternehmen hinweisen. Als Beispiel wählte er den Straßen-Streudienst, der nur winters gefragt, in der Sommerzeit aber nicht ausgelastet, deswegen für einen Privatunternehmer reizlos ist. Scharping: „Da müssen Kapazitäten vorgehalten werden, die niemand bereitstellen will." Aus dem Gesamt-Zusammenhang wurde deutlich, dass mit „Kapazitäten vorhalten" die Einstellung von Arbeitnehmern gemeint war. Doch das musste der Zuhörer sich selbst erarbeiten. Solche unpersönliche kühl-abweisende Sprache ist wenig geeignet, die Hörer in Bann zu ziehen.

Doch selbst bei präzisester Wortwahl kann niemand wirklich sicher sein, richtig verstanden zu werden. Es kann auch einem Wortkünstler ergehen wie jenem Richter, in dessen Gerichtsverhandlung ein Mann in altertümlichen Frauenkleidern erscheint. Wütend fährt der Richter ihn an: „Wie kommen Sie zu diesem lächerlichen Aufzug?" Die Antwort: „Sie haben mir selbst geschrieben, ich soll in Sachen meiner verstorbenen Frau Mutter erscheinen."

Wie überall ist es auch bei der Suche nach dem richtigen Wort gut, Glück zu haben. Das hat nicht jeder, wie ein Gnadengesuch an König Albert von Sachsen zeigt:

> „Mit tränender Feder und meinen am 26. Februar 1898 gestorbenen schwächlichen Zwillingen falle ich auf die Füße des Landesvaters. Ich, die am Fuße dieses allerhöchsten Schreibens ergebenst Unterschriebene wollte recht herzlich bitten, mir meinen Mann im Gnadenweg zu erlassen. Majestät! Ich klopfe an Ihr gutes Herz."

Verwenden Sie rhetorische Stilmittel

Ein Blick in den „Brockhaus" lehrt uns: Redefiguren sind rhetorische Stilmittel zur Verdeutlichung oder Ausschmückung einer sprachlichen Aussage. Wer ein Lehrbuch über Redefiguren zur Hand nimmt, ist entweder ein wissenschaftlich begabter Mensch oder legt es gleich wieder zur Seite: Er lernt, eine figurenfreie Rede ist kaum möglich. Offensichtlich haben Sprachforscher herausgefunden, dass wir – bewusst oder unbewusst – permanent Stilmittel einsetzen. Kümmern Sie sich nicht darum!

Ich empfehle fünf Stilmittel, ohne sicher zu sein, ob sie alle Redefiguren im technischen Sinne sind. Doch sie haben den Vorteil, erstens leicht gelernt und zweitens außerordentlich leicht angewandt werden zu können.

Metapher

Ein Begriff wird bildlich aus seinem ursprünglichen Zusammenhang in einen neuen versetzt:

- Ein Meer von Blumen. Das Wogen des Meeres wird auf die im Winde sich biegenden Blumen übertragen.
- Im Rausch des Sieges. Die enthemmende Wirkung des Alkohols wird mit dem Freudenjubel des Sieges verbunden.
- Die Litanei der Politiker. Das Plappern des rosenkranzbetenden Priesters dient als Vorlage, um das leere Gerede der Politiker zu charakterisieren.
- Wie Sand am Meer. Das Bild der unzähligen Sandkörner wird zur Beschreibung einer Übermenge gebraucht.
- Datenautobahn. Das Bild einer verkehrsreichen Autobahn wird auf den Transport von Daten übertragen.

Unsere Sprache ist voller Metaphern – viele sind überstrapaziert und ausgelutscht. Die sollten Sie vermeiden.

Metaphern entstehen durch assoziatives Denken; jeder von uns ist also in der Lage, eine zu erfinden. Sie mag uns bei einer hitzigen Diskussion herausrutschen, wir beachten es kaum. Sie kann uns auch unter der Dusche oder beim Spazierengehen zufliegen. Halten Sie solche Eingebungen fest. Notieren Sie Ihre Erfindung sofort, es sei denn, Sie haben das Gedächtnis eines Computers. Geben Sie Ihren Einfall Ihrem Partner, Kollegen oder Mitarbeiter zu kosten. Sollten diese abwinken, werfen Sie den Zettel weg. Hüten Sie sich vor Selbstverliebtheit; Liebe macht blind.

Sollte Ihnen aber ein Treffer gelingen, können Sie gewiss sein: Ihre Zuhörer werden aufhorchen – und zuhören. Sie haben einen Beitrag zur deutschen Sprachkultur geleistet.

Die nächsten drei Redefiguren stehen in einem inneren Zusammenhang. Die schwerfälligen Namen brauchen Sie sich nicht zu merken, sie sind nur aus Gründen der Vollständigkeit erwähnt.

Anapher

Der Anfang eines Satzes wird Anfang des nachfolgenden Satzes, zum Beispiel:

- Umweltschutz muss sein, damit wir uns nicht vergiften. Umweltschutz muss sein, damit unsere Kinder gesund bleiben. Umweltschutz ist nötig, damit die Menschheit erhalten bleibt.
- Zähneputzen morgens, Zähneputzen mittags, Zähneputzen abends.
- Geld ist nötig. Geld haben wir aber keins. Geld zu beschaffen ist das Wichtigste.

Durch das stakkatohafte Herausheben an der wichtigen Stelle des Satzanfangs heben sich „Umweltschutz", „Zähneputzen" und „Geld" für die Hörer deutlich erkennbar ab und erhalten besondere Aufmerksamkeit.

Eine der berühmten Reden der Weltliteratur ist die des französischen Dichters Émile Zola aus dem Jahr 1898 zur Dreyfus-Affäre. Im Jahr 1895 war der jüdische Hauptmann im französischen Generalstab Dreyfus von einem französischen Kriegsgericht wegen Landesverrats aus dem Heer ausgestoßen und nach Cayenne deportiert worden. Zwei Jahre später erwies sich das einzige Beweisstück als eine Fälschung von der Hand des französischen Majors Esterhazy, eines verschuldeten Offiziers ungarischer Herkunft. Der Fall wurde von der Rechten zum Machtkampf gegen das bürgerlich-demokratische und republikanische Frankreich instrumentalisiert. Dreyfus schien verloren. Da wandte sich Zola mit seinem Protest an den französischen Präsidenten Faure:

> „Ich klage den Oberleutnant du Paty de Clam an, der teuflische Verfertiger des Verbrechens gewesen zu sein und dann sein unheilvolles Werk seit drei Jahren mit den abgeschmacktesten und verwerflichsten Machenschaften verteidigt zu haben.
>
> Ich klage den Major Mercier an, sich mindestens aus Schwäche an einer der größten Ungerechtigkeiten des Jahrhunderts mitschuldig gemacht zu haben.
>
> Ich klage den General Billaut an, die sicheren Beweise für Dreyfus' Unschuld in Händen gehabt und sie unterdrückt und sich mit diesem Verbrechen einer Verletzung der Menschlichkeit und der Gerechtigkeit schuldig gemacht zu haben, in der politischen Absicht, den kompromittierten Generalstab zu retten.
>
> Ich klage das Kriegsministerium an, in der Presse einen abscheulichen Feldzug geführt zu haben, um die öffentliche Meinung irrezuleiten und seine Fehler zu verdecken.
>
> Ich klage endlich das erste Kriegsgericht an, das Recht vergewaltigt zu haben, indem es einen Angeklagten auf ein geheim gebliebenes Schriftstück hin verurteilte, und ich klage das zweite Kriegsgericht

> an, diese Rechtsverletzung gedeckt zu haben, indem es seinerseits das Verbrechen beging, wissentlich einen Schuldigen freizusprechen.
>
> Mein flammender Protest ist nur der Schrei meiner Seele. Man wage es also, mich vor ein Schwurgericht zu stellen und die Untersuchung beim hellen Tageslicht vor sich gehen zu lassen!
>
> Ich warte darauf."

Die Rede wurde meines Wissens nie gehalten, sondern zirkulierte nur als Schriftstück durch die Gesellschaft. Das reichte aus, Zola wegen Beleidigung des Kriegsgerichts zu einem Jahr Gefängnis und 3000 Francs Geldstrafe zu verurteilen. Der Dichter floh nach England, doch er hatte der Wahrheit Beine gemacht. Dreyfus wurde zunächst amnestiert, 1906 endgültig freigesprochen und militärisch rehabilitiert.

Epipher

Das letzte Wort des ersten Satzes wird am Ende des folgenden Satzes wiederholt.

- Gerechtigkeit, die Teilhabe am wachsenden Wohlstand ist notwendig, sonst ist der Friede im Innern gefährdet. Die Teilhabe der armen Regionen der Welt an Fortschritt und Wohlstand ist nötig, sonst ist der äußere Friede gefährdet. Wir müssen lernen, zu teilen und Rücksicht zu nehmen, sonst ist der Friede überall gefährdet. Und wir selbst mit ihm.
- Wir reden von Arbeitsplätzen, meinen aber Menschen. Der Handel redet von Konsumenten, gemeint sind aber Menschen. Die Programmmacher beim Fernsehen reden von Einschaltquoten, gemeint sind Menschen.

US-Präsident Roosevelt 1941 in seiner Rede: „Die vier Freiheiten", in der er die amerikanischen Ziele für den Zweiten Weltkrieg verkündete:

> „Die erste Freiheit ist die Freiheit der Rede und der Meinungsäußerung – überall in der Welt. Die zweite Freiheit ist die Freiheit eines jeden, Gott auf seine Weise zu dienen – überall in der Welt. Die dritte Freiheit ist Freiheit von Not – überall in der Welt. Die vierte Freiheit ist Freiheit von Furcht, das bedeutet weltweite Abrüstung, so gründlich und so weitgehend, dass kein Volk mehr in der Lage sein wird, irgendeinen Nachbarn mit Waffengewalt anzugreifen – überall in der Welt."

Durch die Wiederholung „. . . überall in der Welt" wird der globale Anspruch der amerikanischen Politik überdeutlich. Dabei wird die vierte Freiheit, die Freiheit von Furcht, besonders herausgehoben: Die Definition dessen, was Roosevelt unter „Freiheit von Furcht" versteht, wird vom Publikum mit verstärktem Interesse aufgenommen, weil jedermann auf das zuvor rhythmisch eingeübte „. . . überall in der Welt" wartet.

Anadiplose

Das letzte Wort des ersten Satzes steht am Anfang des folgenden Satzes.

> „Wenn wir mehr investieren, sind wir moderner. Moderner sein heißt, bessere Chancen im Wettbewerb zu haben. Bessere Chancen im Wettbewerb bedeuten höhere Gewinne. Höhere Gewinne garantieren bessere Löhne. Bessere Löhne bedeuten ein sorgloseres und sichereres Leben. Ein sichereres Leben verspricht Glück."

Robespierre 1792 – Prozess gegen Ludwig XVI.:

> „Wer vorschlägt, Ludwig XVI. den Prozess zu machen, stellt die Revolution in Frage. Kann er gerichtet werden, so kann er freigesprochen werden. Kann er freigesprochen werden, so kann er unschuldig sein. Ist er aber unschuldig, was wird aus der Revolution? Ist er unschuldig, was dann sind wir anderes als seine Verleumder? Selbst sein Gefängnis ist dann eine Misshandlung. Bürger, seid auf eurer Hut! Ihr werdet hier von falschen Begriffen getäuscht."

Die Anadiplose war das rhetorische Kernelement der Jesuiten. Sie suggeriert ein besonders hohes Maß an logischer Durchdachtheit, weil sie den Eindruck erweckt – er braucht keineswegs zu stimmen – jeder Gedanke werde aus dem vorher geäußerten destilliert. Wie auf einer Treppe führt der Redner sein Publikum Schritt für Schritt zum Kulminationspunkt seiner Aussage.

Stellen Sie sich eine zehnköpfige Runde vor. Bei einem Spiel, das freilich rasches Reaktionsvermögen voraussetzt, spricht A einen beliebigen Satz, dem B sofort einen zweiten, beginnend mit dem letzten Wort des Vor-Satzes anfügt. C gibt die Stafette in gleicher Weise an D weiter, dieser an E und so fort. Die Demonstration gelingt nur, wenn Schlag auf Schlag ein Satz dem anderen folgt. Dabei hat niemand genügend Zeit, sich einen vernünftigen Satzinhalt zurechtzulegen – jeder ist nur fixiert, sich an das letzte Wort des Vorredners anzukoppeln. Das Ergebnis kann nur ein törichtes und zusammenhangloses Wortgeklirr sein. Gleichwohl kann es wegen der suggestiven Wirkung der Anadiplose den Schein bedeutsamer innerer Logik haben.

Praxis-Tipp:

- Die Anwendung von Anapher, Epipher und vor allem der Anadiplose empfiehlt sich immer dann, wenn ein zentraler Gedanke der Rede besonders herausgehoben und betont werden soll.
- Sie sind aber auch freundliche Helfer, wenn in der Diskussion oder am Podium der Faden reißt oder die Argumente dünn werden. Weil gerade die Anadiplose so außerordentlich leicht anzuwenden ist, kann mit ihrer Hilfe eine kleinere geistige Untiefe des Redners vom Publikum unbemerkt überbrückt werden.

Rhetorische Frage

Die rhetorische Frage ist die Frage, auf die der Redner keine Antwort erwartet:

- Haben wir uns die Kehrseite dieser Politik gut genug überlegt?
- Können Sie sich vorstellen, was das für uns bedeutet?

Hier wird keine echte Frage gestellt, etwa mit dem Ziel, eine Unsicherheit zu überwinden oder eine Information zu erwirken. Der Redner erwartet keine „Aufklärung" durch die Hörer. Die Frage soll vielmehr Zweifel andeuten und die Gedanken des Publikums in eine neue Richtung lenken – vorsichtig, ohne dass sich der Redner selbst festlegen muss.

In der Rede wie in der Gesprächsführung gilt der Grundsatz: Wer fragt, der führt – lenkt die Gedanken seiner Zuhörer in die von ihm gewollte Richtung. Besonders überzeugend ist der Redner, dem es gelingt, seine Hörer gedanklich so fest an die Hand zu nehmen, dass sie sich selbst die richtige Antwort auf die von ihm gestellte Frage geben: Sie erleben den so suggerierten Gedanken als eigenen, an den sie fester glauben als an einen, der ihnen von außen „eingeredet" wurde.

Der Sprecher möchte zum Beispiel die Braustraße in eine verkehrsberuhigte Zone umgebaut wissen:

> 1990 fuhren hier 200 Autos am Tag, heute sind es fast 500. Damals wohnten hier 500 Menschen, heute sind es über 900. Die Zahl der Kinder hat zugenommen, ihr wichtigster Spielplatz ist die Braustraße. Doch es gibt Leute, die tun so, als sei hier noch alles beim Alten. Ich frage: Kommt vernünftigerweise überhaupt eine andere Lösung als der Umbau in eine verkehrsberuhigte Zone ernsthaft in Betracht?

Die stille Hörer-Antwort „Nein" beinhaltet den Entschluss, für den Umbau zu votieren, ist aber nicht „aufgeschwätzt", sondern als eigener gefällt worden.

Besonders suggestiv ist es, die Kernaussagen in Frageform zu kleiden, z. B. der Abgeordnete Peter Conradi im Deutschen Bundestag:

> „Wollen wir denn weiter die Landschaft zubetonieren? Wollen wir diesen flächenfressenden und umweltschädlichen Autoverkehr weiter in der bisherigen Art programmieren? Soll der Siedlungsbrei der Großstädte unkontrolliert wachsen?"

Achtung: Die rhetorische Frage will nicht beantwortet werden. Besonders peinlich, wenn es doch geschieht. Etwa auf die Frage „Wer findet sich durch diesen Wirrwarr noch durch?" Die Antwort kommt: „Na, du Doofkopp bestimmt nicht!"

Praxis-Tipp:

Machen Sie nach der rhetorischen Frage eine kleine Pause, damit sich die Zuhörer eine Antwort geben können. Doch Vorsicht: Keine zu lange Pause, sonst provozieren Sie eine Antwort. Im Bierzelt oder bei zwanglosen Veranstaltungen, bei denen schon kräftig getrunken wurde, nie rhetorische Fragen stellen. Die Gefahr ist zu groß, dass ein Fröhlicher dazwischenkrakeelt.

Eine Rede soll abwechslungsreich sein

In „Der ewige Brunnen", Hausbuch deutscher Dichtung, gesammelt und herausgegeben von Ludwig Reiners, fand ich die vier Zeilen, deren Autor nicht genannt wird:

> Allzeit fröhlich ist gefährlich,
> allzeit traurig ist beschwerlich,
> allzeit glücklich ist betrüglich,
> eins ums andere ist vergnüglich.

Der Dichter hatte gewiss das Leben als Ganzes im Blick. Sein „Eins ums andere ist vergnüglich" gilt jedoch ganz besonders für öffentliche Auftritte, die in Deutschland nur allzu oft von eindrucksvoller Langeweile geprägt sind. Aber auch durch permanente Praxis – der amerikanische Botschafter Vernon Walters: „Ich bewundere die Geduld der Deutschen beim Zuhören von Reden" – ist aus Langweilen-Dürfen noch kein Gewohnheitsrecht entstanden.

Langeweile ist das unveränderte Andauern eines Zustandes über einen als zu lang empfundenen Zeitraum. Alles, auch das zunächst Aufregende, kann auf Dauer langweilig werden. Zwei Stunden im Riesenrad – wer hätte dazu Lust! Nur der Wechsel ist wohltätig. Unaufhörliches Tageslicht ermüdet, wusste Wilhelm von Humboldt. Variatio delectat: Abwechslung macht Spaß, sagten die Römer.

Gegen gleichbleibende Reize stumpfen die Nerven ab – die Folge ist Reizlosigkeit, die als Langeweile empfunden wird und zunehmende Schläfrigkeit sowie abnehmende Aufmerksamkeit nach sich zieht.

Der Redner ist also gehalten, stets neue Reize auszusenden, um die Zuhörbereitschaft seines Publikums zu erhalten, obgleich ihm dazu nur Worte zur Verfügung stehen. Für die Redevorbereitung bedeutet das:

Nicht nur Daten und Fakten aufzählen

Daten und Fakten zusätzlich „übersetzen", also ausdeuten, bewerten, in Zusammenhänge bringen.

Nichts ist für das Publikum ermüdender als Zahlen-, Fakten- oder Namensgräber. Solche überlangen Aufzählungen richten sich einseitig an den Verstand und lassen Phantasie und Emotion verkümmern. Bei ruhiger Körperhaltung aber wird der Blutdruck des Menschen von Emotionen bestimmt.

Praxis-Tipp:

Nichts in Ihrer Rede spricht für sich selbst – keine Tatsache, keine Zahl, kein Name, kein Faktum, kein Zitat. Sie müssen für alles reden, indem Sie die Fakten ausdeuten, in intellektuelle Zusammenhänge stellen und sagen, welche Folgerungen Sie aus dem Ist-Zustand der Realität mit Blick auf die Gestaltung der Zukunft ziehen.

Beispiel:

Sagen Sie nicht: „Wir haben ein Umsatzplus von 8 Prozent erwirtschaftet." Sie wissen, ob das viel oder wenig ist. Aber wissen es auch Ihre Zuhörer? Sagen Sie besser: „Das mache uns erst mal einer nach: 8 Prozent mehr Umsatz." Jetzt weiß jeder: Der Redner hält 8 Prozent für ein gutes Ergebnis – denn darauf kommt es an: Für die Einschätzung des Ergebnisses als „gut" zu werben, nicht auf die 8 Prozent, die lediglich dazu dienen, das Urteil „gut" plausibel zu machen.

Insbesondere Fachleute sind schwer davon zu überzeugen: Zahlen an sich haben in aller Regel keine Aussagekraft. Sie müssen interpretiert werden: Eine Flasche im Keller ist relativ wenig. Eine Flasche im Vorstand eines Unternehmens ist relativ viel.

Es sind zwar nur wenige Hörer in der Lage, sich mehrere Zahlen zu merken. Trotzdem kann der Einbau eines „Zahlenfriedhofs" eine strategische Bedeutung in der Rede haben. Franz Josef Strauß etwa pflegte bei allen Reden sieben oder acht Zahlen in rascher Folge hintereinander aufzusagen. Nicht damit sie sich jemand merken sollte, sondern weil er wusste: Die Leute sind von Zahlenjongleuren beeindruckt. Der botschaftsfördernde Sinn lag nicht im Verkünden der Zahlen selbst, sondern im Gesamteindruck, den er beim Publikum machte: Donnerwetter, was für ein Könner – in der Demonstration von Kompetenz.

Mit direkten Gegensätzen arbeiten

Gegensätze sind das blanke Gegenteil von Langeweile und auf besondere Weise geeignet, Missverständnissen entgegenzuwirken, das Gewollte besonders deutlich zu illustrieren.

Beispiel:

„Wenn ich von Jugend spreche, meine ich weder die wenigen intellektuellen Yuppies noch die wenigen aggressiven Punks. Sondern ich rede von den ganz normalen Jungen und Mädels, die mit Angst und Zuversicht nach vorne schauen, nach bestem Wissen und Gewissen ihr Leben zu meistern versuchen und die eindeutige Mehrheit der Unter-Zwanzigjährigen in Deutschland stellen."

Durch den Gegensatz „Punks" einerseits und „Yuppies" andererseits ist das Spektrum der Jugend an den beiden extremen Rändern von der weiteren Diskussion ausgeklammert. Zugleich wird dadurch ein Hintergrund, ein Passepartout entworfen, vor dem die Definition der Mehrheit der jungen Leute plastisch wirkt: Das „Jugendbild" des Redners wird deutlich, klar und unmissverständlich transportiert. Zugleich schützt er sich vor besserwisserischen Einwänden der Art: „Es gibt aber schlimme Jugendliche."

Hubert Merkel, ehemaliger Präsident der Max-Plank-Gesellschaft, setzt in seiner Rede „Biowissenschaften und Menschenversuche an Kaiser-Wilhelm-Instituten" 2001 den Beginn und das Ende gesellschaftlicher Entwicklungen in krassen Gegensatz:

> „Eben deshalb bleibt aufzuklären, warum gerade in Deutschland, damals mit an der Spitze wissenschaftlicher Zivilisation, aus Meinungen Hetzparolen, aus Vorurteilen Verurteilungen, aus mehr oder

> weniger abstrusen Theorien Taten, aus chauvinistischen Schriften blutige Verbrechen wurden."

Mit direkten Gegensätzen arbeitete Maximilien de Robespierre vor dem Nationalkonvent 1794 in seiner Rede „Über die Grundzüge der politischen Moral":

> „Wir wollen in unserem Land Selbstsucht durch Sittlichkeit ersetzen, Eitelkeit durch Größe der Seele, Liebe zum Intrigenspiel durch Liebe zum Ruhm, feine Gesellschaft durch gute Menschen, Ränke durch Verdienst, Schein durch Wirklichkeit, Überdruss der Lust durch Zauber des Glücks, ein liebenswürdiges, leichtsinniges und elendes Volk durch ein hochherziges, mächtiges und glückliches Volk: Das heißt, wir wollen alle Laster und lächerlichen Züge der Monarchie durch die Tugenden und Wunder der Republik ersetzen."

Die Konstruktion dieses Gegensatzes ist einfach und überschaubar: Hier stehen wir – da wollen wir hin.

Dem amerikanischen Präsidenten Abraham Lincoln wird eine umgekehrt konstruierte Redepassage zugeschrieben, deren Absicht nicht Zielbestimmung, sondern Gefahrenabwehr ist, die Sicherung des Status quo:

> „Ihr werdet die Schwachen nicht stärken, indem ihr die Starken schwächt. Ihr werdet denen, die ihren Lebensunterhalt verdienen, nicht helfen, indem ihr die ruiniert, die sie bezahlen. Ihr werdet keine Brüderlichkeit schaffen, indem ihr den Klassenhass schürt. Ihr werdet den Armen nicht helfen, indem ihr die Reichen ausmerzt. Ihr werdet mit Sicherheit in Schwierigkeiten kommen, wenn ihr mehr ausgebt, als ihr verdient. Ihr werdet kein Interesse an den öffentlichen Angelegenheiten und keinen Enthusiasmus wecken, wenn ihr dem Einzelnen seine Initiative und seine Freiheit nehmt. Ihr könnt den Menschen nicht auf Dauer helfen, wenn ihr für sie tut, was sie selbst für sich tun sollten und könnten."

Am 15. März 1990 besuchte Bundespräsident Richard von Weizsäcker die ČSFR (heute: Tschechien) und wurde vom Präsidenten Václav Havel auf der Prager Burg begrüßt. Václav Havel nahm gleich in seinem ersten Satz Bezug auf das Auftreten Hitlers am 15. März 1939 an gleicher Stelle:

> „Den definitiven Strich unter unseren ersten Versuch eines demokratischen Staates zog am 15. März des Jahres 1939 ein Wahnsinniger in Stiefeln, als er in diese Burg eindrang, um der Welt zu verkünden, dass Gewalt über Freiheit und Menschenwürde siegt.
> Er drang hier ein als Bote des Krieges.
> Als Bote der Grobheit.
> Als Bote der Lüge.
> Als Bote des Stolzes und des Bösen, des Unrechts und der Grausamkeit.
> Ein Massenmörder trat ein. Ein Mörder von Völkern."

In den folgenden zwei Redeminuten untersuchte Havel die Gründe für die damalige Entwicklung, um sich dann dem deutschen Präsidenten zuzuwenden:

> „Heute, da wir am Anfang unseres zweiten Versuches der Demokratie stehen und da wir uns das ins Gedächtnis rufen, was vor 51 Jahren geschehen ist, begrüßen wir auf dieser Burg einen anderen Gast.
> Nämlich einen Vertreter der deutschen Demokratie.
> Einen Boten des Friedens.
> Einen Boten des Anstands.
> Einen Boten der Wahrheit.
> Einen Boten der Menschlichkeit.
> Vor 51 Jahren trat hier ungeladen ein Feind ein. Heute ist auf unsere Einladung ein Freund hier."

Durch Anwendung der Anapher (siehe Seite 63) und die rhythmische Kürze der Sätze wird die Zusammengehörigkeit des Gegensatzpaares auch über diese Distanz hinweg für die Zuhörer erkennbar.

Wechseln Sie kurze und lange Sätze ab

Allerdings nicht nach einem rhythmischen Schema, sondern nach dem Inhalt der Aussage.

Grundsätzlich hat der kurze Satz Vorrang vor dem langen. Er zwingt den Redner zu größerer gedanklicher Konzentration und ist für den Hörer leichter zu verstehen. Doch ein langes Stakkato kurzer Sätze ist seinerseits langweilig und ermüdend; auch hier kommt es auf Abwechslung an (siehe Seite 52 f.).

Nachdenkliche, wägende, um Differenzierung bemühte Gedanken sollen in langen Sätzen und ruhigem Ton vorgetragen werden. Aber: auf keinen Fall lange Schachtelsätze. Je mehr die Gedankenführung auf eine Handlungsanleitung zuläuft, desto kürzer sollten die Sätze werden. Die Handlungsvorgabe selbst ist kurz und knackig:

> „Die Abwägung – die Bildung der eigenen Meinung – muss im Geiste der Toleranz, der Berücksichtigung der Interessen auch anderer, auf der Grundlage eines aufgeklärten Humanismus erfolgen. Doch die einmal getroffene Entscheidung muss klar und deutlich ausfallen. Und entschlossen in die Tat umgesetzt werden."

Wichtig: Rhetorische Fragen sorgen für Abwechslung und wirken Langeweile vor allem bei langen Reden entgegen (vgl. Seite 68). Wechseln Sie Ernst und Humor (zum Humor siehe Seite 82 ff.)

Fördern Sie aktives Zuhören

Um die Zuhörbereitschaft des Publikums während der gesamten Redezeit zu kitzeln, muss neben dem Inhalt auch der Vortrag der Rede nuancenreich und abwechslungsreich sein.

- Reden Sie nicht in monotoner Angestrengtheit, wie in vielen Bundestagsdebatten zu hören, sondern wechseln Sie laut und leise. Wählen Sie – bei passendem Redeanlass – einen lockeren Plauderton. Wer ein Mikrophon hat, braucht nicht in oberer Stimmlage zu schreien.
- Wechseln Sie die Sprechtempi. Schwierige Passagen werden langsam vorgetragen, aufmunternde, mitreißende dagegen schnell.
- Versuchen Sie, Pausen einzulegen. Pausen machen ist schwer. Wer am Pult länger schweigt, meint, das Publikum glaube, er

habe den Faden verloren: und fadenrissverdächtig zu sein ist rufschädigend.

Tatsächlich ist der Hörer dankbar für Pausen, geben sie ihm doch Gelegenheit zum Nach-Denken. Für den Redner läuft die Uhr jedoch anders. Was ihm als furchtbar lange Unterbrechung erscheint, nimmt das Publikum kaum als Pausen wahr.

Beispiel:

Berlin. Die Mauer war gerade gefallen. Der helle Klang von Spitzhacken, mit denen die „Mauerspechte" das Symbol der deutschen Teilung zerlegten und in Brocken verkauften, war weithin zu hören. Es sollte eine Neujahrsansprache vorwiegend für junge Leute werden, live gesendet. Der Termin war hoppla-di-hopp zustande gekommen, meine Vorbereitung entsprechend dürftig. Die Sendung sollte aus drei Teilen bestehen: erst der Film, zu Hause bei mir aufgenommen, dann das Interview, und direkt im Anschluss die Rede. Ich bat um ein Pult, es gab keines. Der Redakteur bot mir als Ersatz einen Eisschrank an. Er war viel zu hoch, reichte mir bis zu den Ohren. Dann die Schminke. Danach hinein ins Studio, dessen bauschige Wände den letzten Klang des Straßenlärms aus meiner Kleidung nahmen. Der Film, das Gespräch auf der Couch, endlich die Neujahrsansprache. Ich trat neben den Eisschrank, auf dem die drei Manuskriptseiten verteilt lagen. In die Kamera sollte ich gucken, hatte die Assistentin gesagt, ich tat es brav. Die Linse einer Fernsehkamera ist ein schwarzes Loch vom Liebreiz eines gierigen Insektenauges. Rede ist Dialog; doch ein Dialog kommt ohne Dialogpartner schwer aus. Eine Fernsehkamera mag alles können, aber Dialogpartner kann sie nicht sein. Mir wurden Zunge und Hals trocken, immer trockener. Ich brauchte ein Echo, eine Reaktion. Von der Kamera links wanderte mein Blick langsam nach rechts, zu der Interview-Partnerin von eben. Sie saß noch auf der

Couch, zeigte mir halb ihr Profil und halb den Rücken. Ihre Körperhaltung signalisierte: Sie hört zu, lacht sogar ein bisschen. Meine Zunge war wieder okay. Und nun zurück zur Kamera. Langsam wanderte der Blick, nur keine Hektik – die Zuschauer sollten schließlich nichts bemerken. Da entdeckte ich auf dem Boden – gerade vor mir – einen riesigen Monitor, der mir entgangen war. Er zeigte ein Gesicht – meines. Die Überraschung war total, der Faden gerissen, die Rede stockte. Unauffällig nahm ich Kontakt mit den drei Seiten auf dem viel zu hohen Eisschrank auf. Ich schob sie hin und her, planlos, fand die richtige Stelle nicht. Gottlob, ich blieb gelassen: beim Fadenriss die Flucht nach vorne antreten. Ich machte eine Bemerkung, irgend etwas Dummes. Der Schock war weg, der Faden wieder da, die Rede ging weiter. Niedergeschlagen verließ ich das Studio: Ich hatte die Sendung verdorben. Draußen kamen mir strahlende Gesichter entgegen: „Eine fabelhafte Rede. Und vor allem die Pause in der Mitte."

Ihre Sprache soll anschaulich und bildhaft sein

Anekdoten, Geschichten und Erzählungen beleben die Rede

Ein Bild sagt mehr als tausend Worte. Der erfolgreiche Redner macht die „Hörer mit den Ohren sehend" (aus Arabien), veranstaltet Kino im Kopf seines Publikums.

Allerdings müssen die Bilder stimmen und das Gewollte wirklich zum Ausdruck bringen. Gestern standen wir am Abgrund – heute sind wir schon einen Schritt weiter, erfüllt dieses Erfordernis nicht recht. Ein schiefes Bild löst Gelächter aus: „Als Napoleon seine nach Ruhm lechzende Zunge bis zu den Eisfeldern Russlands ausstreckte, musste er sich mit verbrannten Fingern zurückziehen."

Treffende Bilder ersparen dem Redner wortreiche Erklärungen und den Hörern deren Verarbeitung, erleichtern also das Verständnis. Zur Begründung des Kriegseintritts der Amerikaner sagte Präsident Roosevelt im Dezember 1940 – England kämpfte schon mit Deutschland, Frankreich war bereits besetzt: „Verliert England den Krieg, werden wir Amerikaner alle unter einem auf uns gerichteten Revolver leben." Dieses Bild verstehen die Bürger eines Landes, in dem das Tragen von Waffen selbstverständlich ist. Darin kommt schlagartig und überzeugend zum Ausdruck, dass Roosevelt die Hilfe für Großbritannien als eine Frage der nationalen Sicherheit Amerikas ansah.

Versuchen Sie, abstrakte Vorgänge in Handlungen und diese in Bilder zu übersetzen. Der Börsenguru André Kostolany, um seinen Gästen zu sagen, sie sollten sich nach dem Kauf einer Aktie nicht vom Auf und Ab des Börsenalltags irritieren lassen, sondern gelassen an ihrer Entscheidung festhalten: „Wenn Sie von der Börse kommen, gehen Sie sofort in die Apotheke. Dort kaufen Sie sich Schlaftabletten, nehmen sie noch in der Apotheke ein und verschlafen zehn Jahre lang alle Nachrichten."

Um auszudrücken, die Kursentwicklung der Börse folgt in der Tendenz der gesamtwirtschaftlichen Entwicklung: „Gesamtentwicklung und Börse sind wie Herr und Hund auf dem Spaziergang. Herrchen geht ruhig seinen Weg, der Hund ist mal vor, mal hinter ihm, schnüffelt im Gebüsch oder hebt am Baum ein Bein. Aber zu Hause kommen sie zugleich an."

Richard von Weizsäcker zum zweiten Jahrestag der deutschen Einheit mit Blick auf ausländerfeindliche Ausschreitungen: „Deutschland ist weder ein Schlagwort noch ein Schlagstock, um Selbstbehauptung gegen Schwächere zu suchen."

Viele Menschen haben ein ausgesprochenes Talent, in Bildern zu sprechen, nicht nur Professionelle wie Journalisten, Politiker oder Dichter: Hinhören, Merken kann sich lohnen! Etwa in Anspielung auf die „Richterskala", mit der Erdbeben gemessen werden, über das Verhalten von Fußballfans: „die nach oben offene Prügelskala". Über den Abbau des Sozialstaates: „Wir werden all die Folgen tragen müssen, wenn wir beim Rückschritt ins 19. Jahrhundert weiter Fortschritte machen." Die Juso-Vorsitzende von Hessen-Süd, Nina Kauer, auf einem SPD-Parteitag: „Wir wollen verhindern, dass unsere Partei im Liegen umfällt und dabei nach rechts kippt."

Die Kompression eines Gedankens zusammen mit der Neuheit der Wortschöpfung sichert dem Redner stets hohe Aufmerksamkeit. Thomas Mann 1940 in seiner Rede „Deutschland und die Deutschen" über Martin Luther:

> „Wer wollte leugnen, dass Luther ein ungeheuer großer Mann war, groß im deutschesten Stil, groß und deutsch auch in seiner Doppeldeutigkeit als befreiende und zugleich rückschlägige Kraft, ein konservativer Revolutionär."

Mann beschreibt den deutschen spießbürgerlichen Universalismus als „Kosmopolitismus in der Nachtmütze".

Der Dichter Ludwig Uhland 1849 in der Frankfurter Paulskirche zur Frage, ob das revolutionäre Parlament einen Erbkaiser als Reichsoberhaupt ernennen solle: „Die Revolution und ein Erbkaiser, das ist ein Jüngling mit grauen Haaren."

Höhepunkte einer Rede können Wortspiele sein. Sie erregen in besonderer Weise die Aufmerksamkeit der Hörer. Zum Beispiel Richard von Weizsäcker: „Der Staat ist nicht der Garant unserer Sättigung und der Adressat unserer Unersättlichkeit."

Dem Journalisten Christoph Peck habe ich folgende Hinweise zu verdanken:

- Ein Bericht über Schlemmerlokale wurde mit „Hummerhilfe" überschrieben (in Anspielung auf Hunger).
- Die Schüler der französischen Eliteschule ENA, die zeitlebens feste Karriere-Seilschaften bilden, wurden als „Enerchie" bezeichnet (in Anspielung auf Anarchie).

Vorsicht vor abgegriffenen Metaphern. Versuchen Sie, neue zu erfinden. Statt: Die wirtschaftliche Entwicklung ging zehn Jahre steil bergauf; besser: Der Lift des unternehmerischen Erfolges stieg ein Jahrzehnt lang ununterbrochen.

Praxis-Tipp:

- Erzählen Sie Geschichten, Anekdoten, Erlebnisse. Kinder lieben es, von Vater oder Mutter abends im Bett Märchen zu hören. In diesem Punkt sind wir alle Kinder geblieben: Geschichten, Erlebnisse, Stories aller Art interessieren stets. Für die Rede sind sie allerdings nur förderlich, wenn sie knapp und kurz erzählt werden.
- Treten Sie als Erzähler auf, aber bitte konzentriert und ohne plaudernde Weitschweifigkeit.

Die beste Fundquelle für Geschichten ist – neben Anekdotensammlungen (siehe Literaturhinweise ab Seite 261 ff.) – das Leben selbst. Fast alle Zeitungen haben eine Spalte „Kuriosa" oder „Wie das Leben spielt" – knappe abenteuerliche Nachrichten, die sich der temperamentvollste Feuerkopf nicht vielfältiger, bunter, verrückter ausdenken kann. Es lohnt sich, diese Phantasmen zu sammeln, um sie jederzeit griffbereit zu haben – ein unerschöpfliches Reservoir an Kuriositäten.

Weniges ist überzeugender als die Suggestivkraft eigener Erlebnisse und Erfahrungen. Helmut Schmidt, ein wahrhaft tiefer und gründlicher Denker, war vor allem dann bereit, Anregungen Dritter zu folgen, wenn das Gewollte mit eigenen Erlebnissen und Beobachtungen plastisch gemacht werden konnte. Etwa im Stile eines Lothar Späth, der 2001 im alten Bundestag in Bonn sagte:

> „Ich war gerade 10 Tage in den USA und habe mit Leuten über dieselben Themen gesprochen – die Halbleiterindustrie – wie in Europa. Der Unterschied ist immer nur der, dass die Amerikaner sagen: ‚Es ist beschissen, ganz beschissen, aber im Oktober geht es wieder los'. Ich habe nicht einen gefunden, der mir begründen konnte, warum es im Oktober wieder losgeht. Wenn ich mit Deutschen und Europäern rede, sagen die: „Es wird ganz schlimm, und noch viel schlimmer

im Herbst". Und ich sage ihnen, was passiert: Im Oktober geht es in Amerika tatsächlich los, weil alle daran glauben. Und bei uns geht es tatsächlich schlechter, weil alle meinen, dass es schlechter wird. Von Ludwig Erhard stammt die These, dass die Hälfte der Wirtschaft Psychologie ist. Und die Hälfte von Psychologie ist Optimismus."

Visualisierung in Reden und Vorträgen

Powerpoint, Folien, Dias und sonstige technische Hilfsmittel, um Kurven, Diagramme oder Trends zu visualisieren, kann ich zur Verdeutlichung des Gewollten bei Vorträgen empfehlen. Bei Reden, die auf Willensbeeinflussung zielen, rate ich davon ab (zum Unterschied zwischen Rede und Vortrag siehe auch Seite 14). Geführt wird von Personen, ihrem Willen, ihrer Vision. Von technischen Hilfsmitteln aller Art wird der Redner jedoch dominiert. Er selbst lenkt die Aufmerksamkeit von sich weg auf ein buntes Bild, macht sich dadurch selbst zur Randfigur und mindert seinen Einfluss auf das Publikum. Überdeutlich wird die Selbst-Rücknahme des Redners und damit die Reduzierung seiner Kompetenz zur Führung bei verdunkeltem Raum, in dem der Redner unsichtbar wird und nur noch als Interpret der auf die Leinwand geworfenen Bilder erlebt wird.

Wer im Kampf um Köpfe führen will, wer Herzen gewinnen will, der muss selbst von dem glühen, was er in anderen zum Brennen bringen will. Kann jemand sein Glühen für ein Ziel im Powerpoint ausdrücken? Kann eine Maschine Begeisterung wecken? Führen zum Guten setzt moralisches Verantwortungsbewusstsein voraus. Kann das der Redner glaubhaft machen, der nicht alles selbst sagt, sondern sagen lässt?

Bei allen Äußerungen, bei denen der Transfer von Wissen im Vordergrund steht, kann die Visualisierung von Fakten, Entwicklungen, Mengen und Trends dagegen sehr hilfreich sein. Sie erspart Worte – für den einen zu sprechen, für den anderen zu hören – und kommt Menschen mit „visuellem Gedächtnis" entgegen.

Achtung: Keine hastig-hektische Bilderfolge. Wird in rascher Reihenfolge die Wirkung eines Bildes durch das nächste erschlagen, kann das Publikum verwirrt statt erhellt werden. Bitte achten Sie darauf, dass jedes Bild passend zum vorherigen ausgewählt wird, damit die – wenigen – Mosaik-Bilder ein abgerundetes Ganzes ergeben.

Praxis-Tipp:

Der häufigste Fehler beim Umgang mit Powerpoint besteht darin, dem Betrachter nicht hinreichend Zeit zu lassen, sich in das Bild einzuschauen. Machen Sie unbedingt eine Sprechpause, damit die Hörer die Aussage des Bildes erkennen können. Erst dann folgen Ihre interpretierenden Worte.

Zeigen Sie Texte, müssen die Hörer die Möglichkeit haben, den Text – in Ruhe – zu lesen, es sei denn, Sie wollen ihn vorlesen.

Vermeiden Sie, selbst auf das Bild zu schauen – dann drehen Sie dem Publikum die Seite oder gar den Rücken zu – Sie manövrieren sich in eine Statistenrolle.

Dank moderner Visualisierungstechnik ist das Abdunkeln von Vortragsräumen heute überflüssig: Der Redner braucht seine Hörer nicht aus dem Auge zu verlieren. Und diese werden vom anschließenden Volllicht weder geblendet noch von einer „Nacht-Welt" in die Realität zurückgeholt, in der Fakten und Wertungen vielleicht anders gesehen werden als noch eben in der Dunkelheit.

Dosierter Humor ist das Salz einer guten Rede

In den „Reden, die die Welt bewegten" kommt Humor so gut wie überhaupt nicht vor. Im Ansatz nur bei Stalin, der 1938 den Pakt Berlin-Tokio-Rom verspottet: „Ein Militärblock? Bewahre, nichts von der Art! Wir haben keinen Militärblock. Alles, was wir haben, ist ein unschuldiges Dreieck zwischen Berlin, Rom und Tokio. Wir haben nun einmal Gefallen an der Geometrie."

Die müde Abart des Humors, den Sarkasmus, mühte der Sozialdemokrat Otto Wels, als er 1933 vor der Verabschiedung des Ermächtigungsgesetzes Hitler entgegenruft: „Das Verhältnis der nationalsozialistischen Partei zum Sozialismus beschränkt sich bisher auf den Versuch, die sozialdemokratische Bewegung zu vernichten."

Ist Humor also ohne Biss, ein zahnloser Drachen? Keineswegs. Eine humorvolle Rede von Bundeskanzler Helmut Schmidt hat die Europäische Gemeinschaft zusammengehalten. 1974 stand die EG (heute: EU) vor einer Wende. Nach langem Zögern war England dem Sechser-Bund beigetreten; nun plante die regierende Labour-Party, Europa wieder den Rücken zu kehren. Auf dem entscheidenden Parteitag hatte sich der Kanzler als Redner angesagt. Die Engländer wussten, er würde sie mit erhobenem Zeigefinger vor dem Austritt warnen. Schließlich hatten die Deutschen vieles beigetragen, den Beitritt Englands zu ermöglichen.

Am Tag vor Schmidts Ankunft in London meldeten die Zeitungen: Labour-Abgeordnete werden aus Protest den Saal verlassen, wenn der deutsche Kanzler als Schulmeister auftreten sollte. Eine Mischung von Spannung bis Feindseligkeit lag in der Luft, als er das Rednerpodium betrat.

Und was geschah? Der Parteitag brach immer wieder in Gelächter aus. Schmidt sagte seine Meinung ungeschminkt – trotzdem wurde seine Rede mit lang anhaltendem Applaus und einer hervorragenden Presseberichterstattung honoriert. England blieb in der EG. Es wäre übertrieben, die EG-Zugehörigkeit Englands auf diese Rede zurückzuführen. Doch sie hat im entscheidenden Augenblick nicht unerheblich dazu beigetragen.

Es wäre auch falsch, die Wirkung der Rede allein mit dem immer wieder aufbrausenden Gelächter der Zuhörer zu begründen. Der Kanzler hat natürlich auch Argumente vorgetragen. Aber sie hätten nichts geholfen, wäre es ihm nicht gelungen, durch typisch britischen Humor die Herzen seiner Zuhörer zu öffnen. Nicht seine Argumente haben Eindruck gemacht, die waren bekannt. Sondern die Tatsache, dass er es schaffte, die Wand der Feindseligkeit und Ablehnung zu überwinden. Die Engländer zollten dem Mann Respekt und Sympathie, der im richtigen Zeitpunkt Mut, Geschick und Humor bewiesen hatte.

Wir alle kennen Beispiele und wissen, wie hoch der Humor in der Rhetorik zu bewerten ist. Er kann gute Argumente nicht ersetzen. Doch er fügt ihnen etwas hinzu, was für den Erfolg wichtiger sein kann als ein guter Gedanke!

Wie Humor wirkt

- Humor baut Spannungen ab und überwindet Ablehnung.
- Humor beeinflusst das Denken und die Grundhaltung der Zuhörer.
- Humor signalisiert Überblick, Distanz und Gelassenheit, also das Gegenteil von Enge und Verbissenheit. Wer gelassen ist, tut kund, er hat seine letzten Kräfte noch nicht mobilisiert, hat noch Pfeile im Köcher.
- Humor ist augenzwinkernde Bereitschaft zum Lachen, Einverständnis zum Mitlachen. Humor schafft Gemeinschaft und Wir-Gefühl.
- Wer im rechten Augenblick Humor beweist, kann vieles bewirken. Alle Menschen lachen gerne. Alle sind dankbar, einen Grund zum Lachen (oder Schmunzeln) zu haben.

noch: Wie Humor wirkt

Wer lacht, fühlt sich wohl. Und wer andere zum Lachen bringt, wirkt als Glücksbringer sympathisch.

- Humor ist die Äußerung eines Menschen, der sich dem Gegenstand seines Interesses liebevoll nähert, mit Sinn für menschliche Schwächen und Eitelkeiten.

Humor und Witz haben das gewisse Etwas, das auch eine kleine Rede zu einem großen Ereignis machen kann.

Es gibt verschiedene Möglichkeiten, das Publikum zum Lachen zu bringen. Der Humor ist nur eine davon, vielleicht die kostbarste. Humor hat nicht etwa, „wer trotzdem lacht", das klingt bitter. Echtem Humor ist die Bitterkeit fern. Das unterscheidet ihn von der Ironie.

Ironie ist abgeleitet aus dem griechischen Wort für „Verstellung". Sie meint eine Rede oder Verhaltensweise, mit der die Aussage eines anderen nur scheinbar ernst genommen und die vorgespiegelte Zustimmung sogleich durch Mimik oder Gegenrede wieder zurückgenommen wird. „Maskierter" Schwebezustand zwischen Zustimmung und Ablehnung, Ernst und Scherz, geht die Ironie (nach Schlegel) auf die Vernichtung ihres Gegenstandes aus.

Beispiel:

Die „Süddeutsche Zeitung" zitiert aus einer offiziell als Fastenpredigt bezeichneten Rede des sozialdemokratischen Münchener Bürgermeisters Ude über den richtigen Umgang mit jüngeren Parteimitgliedern:

„Es kränkt einen manchmal richtig, wenn in der Presse der Eindruck aufkommt, der bayrischen SPD fiele der Misserfolg gleichsam wie eine reife Frucht ohne eigenes Zutun in den Schoß. Welch eiskalte Missachtung all unserer Versammlungen, mit denen wir landauf, landab immer wieder aufs neue gewährleisten, dass wir unter uns bleiben! Zugegeben: Viele ältere Mitglieder sind schon von selber resigniert. Aber mit den jüngeren, mit den Neumitgliedern vor allem ist es wie mit den Frühstückseiern: Sie müssen erst noch abgeschreckt werden!

Zu diesem Zweck veranstalten wir einmal jeden Monat eine Versammlung. Das pünktlich erscheinende Neumitglied muss erst einmal eine Kostprobe seiner Kontaktfreude und technischen Geschicklichkeit liefern und zusammen mit der Kellnerin herausfinden, wie man das Licht im dunklen Nebenzimmer anmacht. Schon eine Viertelstunde später tröpfeln die Repräsentanten des Vorstandes herein, gefolgt von den Stammgästen der Ortsversammlung. Nun hebt eine muntere Konversation an, wobei peinlich darauf geachtet wird, dass der Neue weder angeschaut noch angesprochen wird. Er hat schon mit der Kellnerin gesprochen, das muss für heute abend reichen. Über dem Eingang eines Münchener Bordells steht geschrieben: ‚Sie kommen als Fremder und gehen als Freund.' Über unseren Versammlungslokalen könnte geschrieben stehen: ‚Sie kommen als Mitglied – und gehen als Fremder.' Aber dafür ist es auch billiger."

Was hier im Gewande scheinbar objektiver Zustandsbeschreibung gesagt wird, soll – schwebend zwischen Zustimmung und Ablehnung, Ernst und Scherz – als eine Ohrfeige für parteitypisches Fehlverhalten verstanden werden und zugleich der Bereitschaft zur Änderung der misslichen Zustände auf die Beine helfen. So wird einleitend vorgespiegelt, es käme darauf an, die mitgliedervertreibende Wirkung von Parteiversammlungen endlich öffentlich anzuerkennen. Der Schwebezustand wird erzeugt, indem auf der einen Seite die abschreckende Wirkung dieser Versammlung beschrieben und andererseits ihre das Parteileben schädigende

Auswirkung als wünschenswert behauptet wird. Das reale Denken wird also auf den Kopf gestellt, das Gewollte als nicht wünschenswert, das Ungewollte als Ziel beschrieben.

Sarkasmus

Gesteigerte Schärfe ist dem Sarkasmus zu Eigen. Sarkasmus (griechisch „Sarx" = Fleisch) will trennen, treffen, verletzen, unter die Haut gehen, ins Fleisch schneiden.

Spott

Der Spott wiederum bemäntelt seine zerstörerische Absicht gar nicht mehr mit dem Versuch, ein – im letzten versöhnliches – Lachen zu erzeugen. Vor allem der beißende Spott geht geradewegs auf die Vernichtung des anderen zu, indem er die Lanze – mit spitzer Zunge – in die Schwachstelle des Gegners stößt. Churchill zu Clement Attlee: „Sie sind ein Schaf im Schafspelz."

Witz

Das Schalkhafte, der Witz dagegen – aus dem Mittelhochdeutschen „witze" = Wissen, Verstand, Klugheit, heute im „Mutterwitz" noch enthalten – zielt auf das Unerwartete, setzt auf die Überraschung. Karl Valentin in den dreißiger Jahren in seinem Münchener „Kabinett":

> „Früher haben bei uns die Ultramontanen geherrscht. Und was haben wir gehabt? Bonzen. Dann, nach der Revolution, sind die Marxisten gekommen. Und was haben wir gehabt? Bonzen. Jetzt haben wir die Nationalsozialisten. Und was haben wir heute? Freitag."

Nach zweimaliger Wiederholung denkt der Hörer „Bonzen" mit, doch es kommt nicht – und darin liegt die Hauptbotschaft: Wir dürfen nicht offen reden, weil wir unfrei sind.

Wichtig: Bei aller Ähnlichkeit unterscheiden sich Humor und Witz allerdings in einem Punkt deutlich: Humor ist Entspannung – Witz ist Anspannung. Witz verlangt Aufmerksamkeit. Er erzählt Pointen, Überraschungen, ist quasi dramatisches Theater in Kleinkunstformat.

Das Wort „Humor" kommt aus dem Lateinischen und heißt „Feuchtigkeit", „Saft", „Würze". Gegensatz: trockener Humor. In der mittelalterlichen Medizin bestimmte das Mischungsverhältnis der vier so genannten „humores", Hauptsäfte, das Temperament eines Menschen.

Wenn schon Saft, dann vergorener. Nicht Traubensaft, sondern Wein. Humor setzt geistige Reife voraus. „Vom Baum des Ernstes ist der Humor die Blüte" (der italienische Komponist Ferruccio Busoni) oder: „Humor ist der Schwimmgürtel auf dem Strom des Lebens" (Wilhelm Raabe).

Humor lebt aus der Erfahrung und der Akzeptanz des Widersprüchlichen in der Welt, aus der Paradoxie, deren Gegensätze und Ungereimtheiten mit verständnisvoller Nachsicht erträglich gemacht werden.

Engstirnige Parteilichkeit oder gar ideologische Borniertheit sind dem Humor fremd. Verklemmung ist a priori humorlos. Humor will nicht triumphieren, will niemanden vernichten. Er droht mit der Fliegenklatsche und Narrenpritsche, aber er lässt leben. Er treibt Gegensätzliches nicht auseinander, sondern sucht zu verstehen. Humor ist nachsichtig.

So sehr Sensibilität und Geist Voraussetzungen des Humors sind, so bleibt doch das Herz sein Markenzeichen; ein weites, die Menschen und ihre Schwächen liebendes Herz. Humor ist Toleranz in höchster Form, „Leben und leben lassen". Oder, wie es der rheinische Humorspezialist Heinrich Lützeler augenzwinkernd ausdrückt: Der Humor weiß um die Brüchigkeit des Menschen.

Die Bejahung menschlicher Schwäche schwingt humorvoll im Gebet des Lordkanzlers Heinrichs VIII. und heiliggesprochenen englischen Humanisten Thomas Morus (1378–1435) mit:

> „Schenke mir eine gute Verdauung, Herr, und auch etwas zum Verdauen ... und lass nicht zu, dass ich mir allzuviel Sorgen mache um dieses sich breit machende Etwas, das sich mein ‚Ich' nennt. Herr, schenke mir Sinn für Humor, gib mir die Gnade, einen Scherz zu verstehen, damit ich ein wenig Glück kenne im Leben und anderen davon mitteile."

Wilhelm Busch ist einer der großen Humoristen. Mit dem Titel eines Gedichtbandes hat er eine gute Definition dieser Lebenskunst geliefert. Das Bändchen heißt: „Kritik des Herzens". Nicht der scharfe Verstand kritisiert, sondern das Herz: das Symbol der Zuneigung. Humor ist „Kritik des Herzens".

Praxis-Tipp:

Bei der richtigen Pointe kommt es auf jedes Wort an. Es empfiehlt sich, den Wortlaut exakt parat zu haben – im Kopf oder im Manuskript.

Der Lohn muss nicht grölendes Gelächter sein. Insbesondere der feinsinnige Humor – der eleganteste – wird oft nur mit Schmunzeln zur Kenntnis genommen, einem Schmunzeln des Einverständnisses.

Achtung: Humor ist für die offensive Rede schlecht geeignet. Humor bläst nicht zum Angriff. Im Gegenteil: Er lädt ein ins eigene Lager. Humor wärmt das Herz, signalisiert Freundschaft und Nachsicht. Wer attackieren oder umstürzen will, führt besser die scharfe Klinge von Ironie, Spott und Satire.

Sie sind gut für den Redner im Angriff, etwa für einen, der ein Amt anstrebt, oder den Protagonisten einer neuen Konzeption, der versucht, dem Gegner die Hosen auszuziehen – unter denen die nackte Wahrheit steckt. Der Amtsinhaber oder Verteidiger, der eine Mehrheit hinter sich weiß, der Redner also, der auf Gemeinsamkeit und Abbau von Konfrontation aus ist, wird dem souveränen Humor den Vorzug geben.

Richard Brinsley-Sheridan (1751–1816), der Verfasser der „School for Scandal" und weiterer Komödien, war einer der witzigsten Politiker Englands, gefürchtet als großer Gegenspieler von William Pitt. Er hatte keine hohe Meinung von seinen politischen Kollegen und brachte sie nach eigenen Bekundungen in jeder Situation zum Lachen, um die Erinnerung an das auszulöschen, was vom Vorredner vorgebracht worden war. „Dann setze ich ihnen rasch ein Argument vor, und nichts steht mir mehr im Wege." Sheridan setzte den Witz als Wegbereiter für das Argument ein.

Der Witz eine scharfe Machete? Der Humor ein stumpfes Schwert? Manchmal erscheint der Humor tatsächlich im Gewande der müden Resignation. Galgenhumor, der die Ungereimtheiten dieser Welt nicht bejahen kann, aber zum Kampf um Veränderung nicht mehr antritt.

Praxis-Tipp:

Niemand sollte sich auf dem Trapez des Humors Illusionen machen. Humor ist so einfach wie der dreifache Salto mortale unter der Zirkuskuppel: Je leichter er aussieht, desto schwieriger ist er in Wirklichkeit. Aber gut vorbereitet, werden Sie es schaffen.

Humor erfolgreich einsetzen

- Analyse der Redesituation. Humor passt bei fast allen Redeanlässen. Selbst im Trauerfall ist er nicht völlig verfehlt. Es gilt, feinfühlig die Erwartungen der Zuhörer abzuschätzen.
- Thema genau durchdenken.
- Präzise Formulierung des Textes.
- Lockere und entspannte Vortragsweise.

noch: Humor erfolgreich einsetzen

- Keinesfalls selber lachen.
- Kleine Kunstpause machen, um den „Groschen" fallen zu lassen.

Die häufigsten Stilmittel von Humor und Witz

Wortspiele

- Wir brauchen nicht mehr Miesmacher, wir brauchen mehr Mutmacher. (Norbert Blüm)
- Übelkrähe. (Herbert Wehner über den Abgeordneten Wohlrabe)
- Herr Wehner, wenn Sie Ludwig Erhard zu Ihren Freunden rechnen, wäre das eine Ihrer weiteren Stationen auf dem Weg zwischen zwei Welten, zwischen Marx und Murks! (Franz-Josef Strauß)

Vergleiche

- Ein preußischer Minister hätte unter Bestechungsvorwurf die Pistole genommen. Lambsdorff nimmt nicht einmal den Hut. (Peter Conradi, MdB)
- Das Vorzeigekleid „Modernisierung" des Bauministers ist bestenfalls eine Strampelhose. (Franz Müntefering, ehem. Generalsekretär der SPD)
- Das FDP-Ergebnis hatten wir uns als Inflationsrate gewünscht. (Johannes Rau über das besonders schlechte Abschneiden der FDP bei einer Landtagswahl)

Übertreibung

- Wenn der Malermeister wäre und eine Kirchenuhr streichen müsste, würde ihm der Stundenzeiger den Pinsel aus der Hand schlagen. (Franz-Josef Strauß)

Bilder entwerfen, Geschichten erzählen

- Norbert Blüm zum Thema „Arbeitszeitgesetz und Überstundenregelung“:

  > „Freitag abend, in meinem Keller bricht das Wasserrohr – ein Alltagsfall. Ich rufe den Installateur an. Das Wasser steigt. Der Installateur hat seine genehmigungsfreien Stunden bereits verbraucht, die anderen auch. Es bleibt uns nur die Wahl, bis Montag zu warten – dann beginnt ja die Zählung der Woche neu – und das Arbeitsamt über das Wochenende zu mobilisieren. Ich entscheide mich für die Wochenendlösung. Das Wasser steigt weiter. So wie ich unsere Bürokratie kenne, muss der Installateur den Antrag mindestens in dreifacher Ausfertigung stellen. Der Installateur ist bestenfalls Samstag abend am Ort der Handlung. Meine Kinder fahren inzwischen mit dem Schlauchboot im Zimmer herum.“

- Wie tritt man einer Partei auf die Füße, die auf dem Kopf steht. Es ist schwierig, im Moment die Füße zu orten. (Günter Grass)

Ausnutzen einer Situation

- Ich kann Ihre Zwischenrufe nicht verstehen. Aber wenn ich Ihren Gesichtsausdruck betrachte, vermute ich, dass sie sehr töricht sind.

Anleihen aus der Welt des Sports

- Es bleibt dabei, dass die Slalomkünste, die Sie auf wirtschaftspolitischem Gebiet im Wahlkampf angeboten haben, die Künste des schwedischen Wunderläufers Ingmar Stenmark um ein Vielfaches übertreffen.

Anspielung

- Helmut Schmidt steht das Wasser bis zum Hals. Doch seine Gegner wissen aus seiner Vergangenheit: Bei Flut ist er erst richtig gut.

Selbstironie

- Ich bin wirklich etwas schwerhörig, besonders auf dem linken Ohr. (Helmut Schmidt)
- Ich habe nichts gegen Lehrer. Mein Bruder ist Lehrer, meine Frau ist Lehrerin, sie hat 28 Jahre in der Schule gestanden, mein Vater war Lehrer – da könnt Ihr sehen, warum mein Charakter so verbogen ist. (Helmut Schmidt)

Zum Abschluss eine kleine Kostprobe von einem, der es meisterhaft versteht, humorvolle und witzige Reden zu halten: der ehemalige Oberbürgermeister von Stuttgart, Manfred Rommel. Wie dem Amtsblatt der Landeshauptstadt Stuttgart vom 2. März 1995 zu entnehmen ist, hat er die Teilnehmer eines Autokongresses so begrüßt:

> „Ich bin kein Fachmann. Ich besitze zwar seit über 40 Jahren den Führerschein. Das verdanke ich dem Umstand, dass ich seit 24 Jahren in einem Dienstwagen gefahren werde. Ich weiß nicht, wie die Motorhaube meines Privatwagens aufgeht. Wenn ich das wüsste, würde mir das auch nichts nützen. Ich bin froh, dass ich es nicht weiß. Man hat besser keinen Zugang zu Orten, wo man nur Schaden anrichten kann.
>
> Viele Bürger werfen den Politikern vor, dass andere Bürger auch Auto fahren. Zu Unrecht. Der Autoverkehr ist ein Massenphänomen. Die Menschen fahren Auto, weil sie das wollen und können, und nicht, weil ihnen die Politiker das befohlen hätten. In Ländern, in denen das Volk nicht Auto fahren kann, wird das von diesem als Mangel empfunden. Als die Sowjetunion noch bestand, hat mich ein Russe gefragt, ob ich die marxistische Definition des Autos kenne. Er definierte: ‚Ein Fahrzeug mit vier Rädern, mit dem das Volk, vertreten durch seine Funktionäre, zur Arbeit fährt.' Das Volk will das Auto. Politiker, die das Auto nicht wollen, wollen in Wirklichkeit ein anderes Volk. Sie haben das bloß noch nicht bemerkt.
>
> Das Auto ist eigentlich kein Naturprodukt, sondern ein Erzeugnis der Technik. Das macht es verdächtig. Denn Natur macht gesund und Technik krank. Zwar leben in der technischen Welt die Men-

schen länger und bleiben auch länger jung. Aber was sollen Tatsachen, wenn es um Überzeugungen geht? Jeder fühlt sich heute angelogen. In einer Welt, in der alle davon ausgehen, belogen zu werden, lügt logischerweise der, der die Wahrheit sagt. Neulich hat in Stuttgart einer im offiziellen Auftrag den Benzolgehalt der Luft gemessen. Er hat die Messergebnisse mit einem Zuschlag von 50 Prozent versehen. Dadurch hat er der Wahrheit gedient, weil heute ohnehin nur die Hälfte geglaubt wird.

Große Konzentrationen mancher Substanzen oder Strahlen sind nachweisbar gesundheitsschädlich. Aber der Schluss, dass dann auch sehr kleine Konzentrationen gesundheitsschädlich sein müssen, ist nicht unbedingt zwingend. Es gibt Substanzen, deren Qualität mit abnehmender Konzentration von negativ in positiv umschlägt. Das heißt, sie sind bei der großen Konzentration schädlich, bei kleineren harmlos oder sogar gesund. Wer das leugnet, verhält sich wie ein Lehrer, der folgende Rechenaufgabe stellt: ‚Ein Mann wird von einem Hund gebissen und springt 30 Zentimeter hoch. Wie hoch wäre der Mann gesprungen, wenn ihn zwei Hunde gebissen hätten?'"

Zeigen Sie sich Ihren Zuhörern als Persönlichkeit

In der Kommunikation kommt es primär auf Informationen an! Wirklich? Wer unterhält sich gern mit einer Litfasssäule oder einem Faxgerät, obgleich die doch voller Informationen stecken? Es ist zwar kerndeutsch, nach Objektivität, nach „Zur Sache" zu rufen, doch Info und Fakt sind nicht die einzigen Pferde im Stall dessen, der die Botschaft verbreiten möchte: „Ich will führen." Die anderen heißen „Persönlichkeit" und „Charakter", heißen „Stil" und „Ausstrahlung". Ob wir es wahrhaben wollen oder nicht: Es interessiert nicht nur die Nachricht eines Menschen, es interessiert auch der Mensch selbst.

Der Ruf nach Objektivität, nach Wertfreiheit, nach tendenzfreier Information ist der Ruf nach dem profilfreien Medium, dem Allerwelts-Nachrichtenträger, dem Totallangweiler, der – gottlob! – immer ungehört bleiben wird. Tendenzfreie Information ist so unmöglich wie das Verstecken der Person hinter der Information (siehe auch Seite 25 f.). Der kluge Redner weiß: Er redet zwar zur Sache, aber in erster Linie als Mensch zu Menschen. Weil er sich als Persönlichkeit nicht verstecken kann, nutzt er die nonverbale Kommunikation, die sich unvermeidlich neben der verbalen entwickelt, zur Verstärkung der Gesamtwirkung seines Auftritts – um seine Führungsaufgabe besser erfüllen zu können.

Wichtig: Wer führen will, muss als Mensch erkennbar sein. Führung ist eine Frage der Persönlichkeit. Die Menschen folgen keinen Ideen oder Ideologien, sie folgen Menschen mit Ideen.

Wer allerdings nicht nur sein Kopf-Können, sondern seine ganze Person, sich selbst als Mensch mit der ihm eigenen Prägung – zwingend also auch mit seinen Schwächen, zu denen es öffentlich zu stehen gilt – in die Waagschale der Rede wirft, macht sich verwundbar, weil er Missverständnissen, Ablehnung, persönlicher Diffamierung ausgesetzt ist. Angriffen standhalten zu wollen erfordert Mut, den der nicht braucht, der sich hinter der Mauer erprobter Aussagen und Fakten verbirgt, deretwegen noch keiner – oder schon lange nicht mehr – ins Unrecht gesetzt wurde, die also auch heute nicht zu peinlichem Widerspruch führen werden.

Mut freilich ist eine Tugend, eine der großen Tugenden, und wird – jenseits willensgesteuerter Wahrnehmung – von allen Menschen aller Rassen zu jeder Gelegenheit anerkannt. Die Hörer spüren die Charakterstärke desjenigen, der sich angreifbar macht, weil er nicht nur sein Wissen, sondern auch sein Wesen darbietet. Sie honorieren diese Demonstration der Selbstgewissheit, eben des Mutes, mit Respekt und Achtung auch da, wo sie den inhaltlich-fachlichen Ausführungen oder den Wertsetzungen des Redners nicht zustimmen. Auf die Vorbereitung Ihrer Rede angewandt heißt das:

Persönlichkeit gezielt einsetzen

Urteilen Sie, werten Sie, seien Sie subjektiv. Tucholsky gibt den Rat, in der Rede nichts zu sagen, was im Lexikon steht. Das Lexikon haben Hörer zu Hause. Tucholsky meint – richtig – nicht nur das Lexikon, sondern genauso Zeitungen, Geschäftsberichte und andere Veröffentlichungen. Er will uns sagen: Sprecht nichts aus, was die Leute schon wissen, sondern sagt ihnen, wie ihr als Redner darüber denkt, welche Schlussfolgerungen ihr aus den Fakten zieht. Oder sagt ihnen Neues (vgl. Seite 39 ff.).

Selbstverständlich müssen Meinung, Urteil, Konklusionen auf Fakten, dem Hörer Vertrautes, Nachprüfbares gestützt werden, anders wird die Rede zum Geschwätz. Doch in der guten Rede übernehmen Zahlen und Tatsachen, alles Bekannte lediglich Beweisfunktion, sind sie Basis der Urteile des Redners, machen diese plausibel, haben also nur eine dienende Rolle – herrschen muss das Urteil, die Wertung, die Meinung des Sprechers. Die objektiven Fakten sind da, können von jedem für jeden Zweck genutzt werden – was der Redner daraus macht, will das Publikum wissen.

Achtung: Ganz viele Reden sind schlecht, weil der Redner diese Zusammenhänge nicht beachtet. Er glaubt, die Fakten sprächen für sich – sagt das sogar oft so. Doch er irrt. Fakten und Zahlen sprechen nicht für sich, sie wollen durch Geist, Phantasie und Absicht – Führungswillen – interpretiert, in Zusammenhang gebracht werden. Erst der Geist gibt dem Fakt die Tendenz.

Das Faktum, die Zahl, die objektive Ausgangslage sind der Boden, auf dem die Blume der eigenen Meinung sich zur Schönheit entfaltet. Die Frage, welches von beiden wichtiger sei, der Boden oder die Blume, ist müßig: Sie bedingen einander. Die Blume findet ihren Halt im Boden und der Boden müsste ohne sie ungeschmückt bleiben.

Praxis-Tipp:

Meinung, die nicht auf Fakten basiert, ist Geschwätz. Fakten, die zu keiner Aussage gebündelt werden, sind zumeist uninteressant und langweilig.

Um für den Hörer in jeder Phase der Rede sowohl nachvollziehbar als auch interessant zu sein, muss der kluge Redner Fakt und Meinung zusammen vortragen, am besten in einem Satz. Zum Beispiel: Sagt der Redner unvermittelt: „In Deutschland müssen mehr Straßen gebaut werden", schütteln viele Zuhörer im Hinblick auf damit verbundene Kosten- und Umweltbelastungen verständnislos den Kopf. Sagt der Redner: „Im letzten Jahr sind 1,4 Millionen Autos in Deutschland neu zugelassen worden, das sind 10 Prozent mehr als im Vorjahr", sagen sich viele Zuhörer: „Ist ja schön und gut, aber was soll's!" Sagt der Redner aber: „Weil im letzten Jahr 10 Prozent mehr Autos zugelassen wurden als im Jahr zuvor – stellen Sie sich vor, 1,4 Millionen neue Autos – müssen wir mit dem Straßenbau nachziehen", weiß der Hörer, was der Redner will. Die Hörer mögen ihm nun zustimmen oder nicht – das hängt von ihren Interessen ab, in deren Licht sich ihre Meinung bildet – aber sie wissen, woran sie sind, fühlen sich gedanklich an die Hand genommen, geführt.

Die Blume wird betrachtet, ihr gilt die Freude derer, die sie bewundern. Im Blick auf sie wird das Urteil gefällt: schön oder hässlich, Zustimmung oder Ablehnung. Das grau-dunkle Einerlei der Erde ist nur Hintergrund, Grundlage floristischer Pracht.

Ich wiederhole mich – der Führung beanspruchende Redner weiß: Auf der Basis von Fakten und Kenntnissen muss er werten und urteilen. Doch leichter geraten als getan: Urteilen kann nur, wer eine eigene Meinung hat. Um die muss notfalls gerungen werden – durch Nachdenken oder durch klärende Gespräche mit anderen. Niemand, der sich nicht in der Rolle des Nachredners, des Apparatschiks darstellen will, soll ohne eigene Meinung an ein Pult treten.

Ein wunderbares Beispiel von Subjektivität, von Wertung und Urteil, gibt Thomas Mann in seiner Rede „Deutschland und die Deutschen". Hier eine kleine Kostprobe:

> „Der Hang zur Selbstkritik, der oft bis zum Selbstekel, zur Selbstverfluchung ging, ist kerndeutsch, und ewig unbegreiflich wird bleiben, wie ein so zur Selbsterkenntnis angelegtes Volk zugleich den Gedanken der Weltherrschaft fassen konnte. Zur Weltherrschaft gehört vor allem Naivität, eine glückliche Beschränktheit und sogar Vorsatzlosigkeit. Nicht aber ein extremes Seelenleben wie das deutsche, worin sich der Hochmut mit der Zerknirschung paart."

Thomas Mann sagt kein einziges Mal „Ich bin der Meinung, dass" oder „Ich denke". Er urteilt und denkt und schreibt das Ergebnis seiner Gedanken und Urteile nieder. Jede Zeile dieses Textes ist schwanger mit Wertung, Urteil und subjektiven Gedanken – verrät eine überragende, faszinierende Persönlichkeit. Wer so zu denken, zu urteilen vermag, zieht andere in seinen Bann, wird anerkannt als einer, dem zuzuhören sich lohnt, der also führen kann. Unabhängig davon, ob die Hörer den Aussagen zustimmen oder nicht.

Sprechen Sie von sich selbst

Schildern Sie eigene Eindrücke, Erlebnisse, in denen sich Ihre Zuhörer wiederfinden können, die jedoch unbedingt dem Transport der Botschaft förderlich sein müssen.

Der Redner erhöht die Durchschlagskraft seiner Argumente durch ihre Verbindung mit subjektiven Eindrücken, die vom Hörer mühelos mit eigenen Erlebnissen und Erinnerungen verbunden werden können, also Nähe schaffen. Hier zum Beispiel: William Pitt, englischer Außenminister, Freund Friedrichs des Großen, kommentierte 1777 im Unterhaus eine Rede von Lord Suffolk, der im amerikanischen Befreiungskrieg für einen Kampf Seite an Seite mit Indianern – Heiden – gegen Frankreich eingetreten war. Suffolk hatte diese Koalition als „von Gott und der Natur gewollt" bezeichnet. William Pitt, hoch in den Siebzigern, erwiderte:

> „Ich bin alt und im Augenblick unfähig, mehr zu sagen. Aber meine Empfindung und meine Entrüstung waren zu stark, als dass ich hätte weniger sagen können. Ich hätte diese Nacht nicht schlafen können in meinem Bett, noch den Kopf auf das Kissen legen, ohne meinem ewigen Abscheu über diese grotesken und ungeheuerlichen Grundsätze Ausdruck gegeben zu haben."

Pitt geht es nicht darum, in eitler Manier seine Schlafgewohnheiten zu veröffentlichen. Viele Zuhörer von damals mögen gespürt haben, was wir als Leser empfinden: Es muss Ungeheuerliches sein, das einen Greis abhält, nachts „seinen Kopf auf das Kissen zu legen". Wir werden an die eigenen peinvollen Erfahrungen schlafloser Nächte erinnert. Durch die subjektive Schilderung wird ein für jedermann erfahrbares Ausmaß des Entsetzens beschrieben und damit verständlich und nachvollziehbar gemacht.

Erzählen Sie von sich selber, allerdings keine eitle Selbstbespiegelung. Und nur Details, von denen Sie annehmen dürfen, sie seien auch für andere interessant – etwa weil sie typisch sind oder mit den Erfahrungen anderer übereinstimmen. Der Redner darf wissen: An ihm sind die Zuhörer interessiert – sonst wären sie nicht gekommen. Solange er redet, gibt es keine interessantere Person im Saal – und wären der Papst, die Bundeskanzlerin oder Alice Schwarzer im Auditorium.

Der Schriftsteller Martin Walser 1994 in der Universität Heidelberg:

> „Ich habe doch meine ganze Kindheit ausschließlich im Beichtstuhl verbracht. Mir kommt es vor, als hätte ich viel weniger Zeit mit Sündigen als mit Beichten vollbracht. Als ich 15 war, war mein katholisch gepflegtes Gewissen am Ersticken. Die Absolution soll immer abhängig von der Reue sein, die Reue abhängig vom Vor-

> satz – dem Vorsatz nämlich, die und die Todsünde nicht mehr zu begehen. – Der war im Ernst nicht möglich. Durfte ich ihn zum Schein fassen?"

Vor einem evangelischen Publikum mag dieser persönliche Bericht ein recht abstrakter Vorgang bleiben – die Beichte spielt in der evangelischen Erziehung keine bedrohliche Rolle. Je katholischer das Publikum, desto mehr werden sich die Zuhörer in den beschriebenen Ängsten des Redners selber wiederfinden. Sich durch die ganz eigenen Erlebnisse Martin Walsers persönlich angesprochen fühlen. Vielleicht sogar gefesselt werden, wodurch die Glaubwürdigkeit und damit die Wirkung seiner Rede erhöht wird.

Vorsicht vor Eitelkeit

Sie wirkt abstoßend und behindert den Transport der Botschaft. Die Hörer lassen sich von einem „eitlen Fatzken" nichts sagen. Der sympathische Redner vermeidet es, sich selbst als Star, als „großen Zampano" darzustellen, wie es umgekehrt vernünftig ist, bei aller Freude an Selbstbescheidung eine öffentliche Selbstdemontage zu vermeiden. Allerdings hat Understatement in einer Gesellschaft Charme, in der es üblich ist, die kleinste Gesetzesänderung „Reform", die bescheidenste Veränderung „Verbesserung", harmlose Vorgänge „Katastrophe" und unbedeutende Zeichen von Unordnung „Chaos" zu nennen. Wo sich viele, die mühelos die „Bild"-Zeitung lesen können, „Intellektuelle" nennen, kann jemand, der auf Selbstanhimmelung verzichtet, angenehmes Profil zeigen. Dazu gehört in besonderem Maße Mut.

Wo die Grenze zwischen Bescheidenheit und Eigendemontage zu ziehen ist, kann abstrakt nicht gesagt werden. Sie hängt neben vielem anderen von der Persönlichkeitsstruktur des Redners ab und davon, wie seine Hörer ihn sehen. Nicht jeder kann seine Rede eröffnen wie ein Vater, der bei einer Abiturfeier im Namen der Eltern den Lehrern danken sollte:

> „Ich bin der Vater von Wolf und habe die Freude, der Schule und ihrem Kollegium den Dank der Eltern auszusprechen. Wolf ist nicht sitzen geblieben. Im vorigen Jahr hat Max hier sein Abitur gemacht. Er ist auch nicht sitzen geblieben. Sie können sich vorstellen, meine Damen und Herren: Als einer, der selbst zweimal sitzen geblieben ist, ist der Dank an diese Schule, an alle ihre Lehrerinnen und Lehrer riesengroß. Übrigens auch der Respekt vor meinen Söhnen."

Führen Sie einen Dialog

Reden Sie in Ich-Form, sprechen Sie Ihr Publikum direkt an. Die Rede ist kein Monolog, Sie ist ein Dialog. Dialog heißt „Wechselgespräch".

Das Ziel ist niemals Selbstdarstellung, sondern Verstärkung eines Gedankens, einer Meinung durch Betonung des Subjektiven, Eigentümlichen, also des Menschlichen. Victor Hugo 1850 im Streit um die Schulaufsicht im nachrevolutionären Frankreich:

> „Ihr seht nicht einmal den Schritt der Zeit, in der ihr lebt. Ihr seid wie Fremde in eurem Jahrhundert. Ich, der ich Katastrophen und Umsturz hasse, ich wiederhole es euch mit tiefem Schmerz: Wenn ihr keinen Fortschritt wollt, so werdet ihr Revolutionen haben. Den Menschen, die unsinnig genug sind, zu sagen: Die Menschheit stehe still, antwortet Gott, indem er die Erde erzittern lässt!"

Durch Verbindung zwischen persönlichen Gedanken und überpersönlichen allgemeingültigen Überlegungen gewinnt jede Rede Durchschlagskraft sowie inhaltliche Weite und Tiefe. Wie rasch und ungekünstelt der Bogen von einem zum anderen geschlagen werden kann, sollen zwei Beispiele demonstrieren:

Vom Persönlichen zum Übergeordneten

Bundespräsident Theodor Heuss 1952 zur Eröffnung des Mahnmals im Konzentrationslager Bergen-Belsen:

> „Ich habe, als ich gefragt wurde, ob ich heute ein Wort zu sagen bereit sei, ohne lange Überlegung mit „Ja" geantwortet. Denn ein

> ‚Nein' der Ablehnung, der Ausrede wäre mir als Feigheit erschienen. Wir Deutsche sollen, wollen und müssen, will mir scheinen, tapfer zu sein lernen gegenüber der Wahrheit. Zumal auf einem Boden, der von Exzessen menschlicher Feigheit gedüngt und verwüstet wurde."

Am Beispiel der eigenen Entscheidung, den Redetermin wahrzunehmen, macht Heuss die Haltung der Deutschen gegenüber den Verbrechen an Juden deutlich.

Vom Übergeordneten zum Persönlichen

Helmut Schmidt am 3. Oktober 1992 in der Frankfurter Paulskirche zum Tag der Deutschen Einheit:

> „Jener 3. Oktober 1990 war für alle Deutschen ein Tag großer Freude, ein Erlebnis tiefer innerer Befriedigung – und zugleich ein Tag, auf den sich große Hoffnungen auf eine friedliche Zukunft in Einigkeit und Recht und Freiheit gerichtet haben. Für mich selbst ist allerdings der 9. November im Jahr zuvor, als die Mauer fiel und das Brandenburger Tor aufgemacht werden musste, ein Ereignis von noch tiefgreifenderer seelischer Erschütterung gewesen. Nur ein einziges Mal in meinem ganzen vorherigen Leben bin ich in ähnlicher Weise durch tiefe Freude innerlich so erschüttert worden, nämlich, als ich – aus dem Kriege heimkehrend – die Wiedervereinigung mit meiner Frau erlebt habe."

Von den Grundwerten des Grundgesetzes wird der Bogen zum ehelichen Wiedersehen geschlagen und damit das Ereignis vom 9. November herausgehoben und betont.

An dieser Passage will ich zugleich die rednerische Klarheit Helmut Schmidts belegen, wie er dem Publikum ständig Hörhilfen gibt, seine Hörer gedanklich fest an die Hand nimmt und sie auf der Straße seiner Gedanken führt. Der 3. Oktober 1990 ist allen Hörern – als Anlass der Rede – präsent. Anders sieht es mit „dem 9. November im Jahre zuvor" aus. Im raschen Fluss der Rede weiß vielleicht nicht jeder, was sich mit diesem Datum verbindet. Aus Kenntnis seiner Zuhörer, um ihnen zu helfen, erinnert Helmut

Schmidt ganz diskret: „Als die Mauer fiel und das Brandenburger Tor – ach, richtig, das war ja der Tag der Maueröffnung."

Bis ins Kleinste hinein ist die Gedankenführung konsistent. Schmidt hatte vorher die feste Politik des Westens als Ursache der Wiedervereinigung hervorgehoben. Der Anspruch geht bis in die Hörhilfen hinein: „. . . das Brandenburger Tor aufgemacht werden *musste.*" Nicht Gorbatschow hat die Einigung ermöglicht, sondern das Brandenburger Tor musste aufgemacht werden, weil die Nachrüstung die Sowjetunion in die Knie zwang. Hier wird geistige Führung bis in die feinsten Facetten vorexerziert.

Das Subjektive und das Grauen

Der Vorsitzende des Direktoriums des Zentralrats der Juden in Deutschland, Ignaz Bubis, 1995 aus Anlass des 50. Jahrestages der Befreiung des Konzentrationslagers Bergen-Belsen:

> „Zu wenige von uns haben überlebt und zu viele von uns wurden ermordet. Wie soll ich den Tag meiner eigenen Befreiung feiern – es war der 16. Januar 1945 – wenn ich weiß, dass mein Vater, mein Bruder, meine Schwester diesen Tag nicht überlebt haben? Wie sollen wir, die hier versammelten Überlebenden, unsere Befreiung feiern, wenn wir wissen, dass Millionen von uns diesen Tag nicht erlebt haben?"

Vom Tag der eigenen Befreiung über den Tod der Angehörigen des Redners und der Versammelten wird der Bogen zum Leid des jüdischen Volkes insgesamt geschlagen und auf diese Weise erschütternd und erfahrbar auch nach einem halben Jahrhundert erinnert.

Was richtig ist, bleibt richtig ...

... aber bitte sagen Sie es neu. So wie Bundespräsident Johannes Rau am 28. Mai 2001 in der Staatsbibliothek Berlin den Grundsatz „Wehret den Anfängen" neu beschreibt:

„Weil es hier im wahrsten Sinne des Wortes um existenzielle Fragen geht, muss ganz besonders gelten: Wenn wir begründete Zweifel haben, ob wir etwas technisch Mögliches tun dürfen oder nicht, dann muss es so lange verboten sein, bis alle begründeten Zweifel ausgeräumt sind.

Ich kenne den Satz: ‚Die anderen tun es doch auch.' Aber wir sagen doch schon unseren Kindern, dass sie tun müssen, was richtig ist, ganz gleich, was andere machen. Und wir akzeptieren dieses Argument ja auch nicht im Falle von Kinderarbeit, von Sklaverei oder bei der Todesstrafe.

Das Gleiche gilt für das ähnliche Argument: ‚Wenn wir es nicht tun, dann tun es die anderen.' Dieses Argument ist Ausdruck ethischer Kapitulation. Es scheint allerdings dann besonders stichhaltig zu sein, wenn es ökonomisch aufgeladen wird: Wenn wir dies und jenes nicht tun, dann tun es andere – und die setzen sich dann an die Spitze des Fortschritts, die verschaffen sich Standortvorteile, die verdrängen uns vom Markt.

Mit diesem Argument müssten wir zum Beispiel auch unbegrenzten Rüstungsexport betreiben. Das tun wir aber nicht. Zu Recht – und letztlich auch nicht zu unserem Schaden.

Ich wiederhole: Ökonomische Interessen sind legitim und wichtig. Sie können aber nicht gegen die Menschenwürde und den Schutz des Lebens aufgewogen werden. Wer den Schutz des Lebens an seinem Beginn aufgibt, der wird das bald auch für das Ende des Lebens geltend machen können. Dann wird vielleicht gefragt: Können wir uns den hohen Pflegeaufwand am Ende des Lebens leisten? Wäre es nicht ökonomisch vernünftiger, Alte und Kranke willigten rechtzeitig in die Sterbehilfe ein?

Ich weiß, dass niemand so etwas vorschlägt. Aber wir alle wissen auch, dass beste Absichten oft nicht verhindern können, dass schließlich geschieht, was anfangs niemand wollte.

Und ich weiß auch, dass schon heute alte Menschen sich solchen Fragen drangvoll ausgesetzt fühlen."

Interessieren Sie Ihre Zuhörer!

Besonders die Rede ist für den Hörer interessant – ähnlich wie bei einer Fotografie –, in der er sich selbst erkennen kann. Fast jeder, der eine Fotografie in die Hand nimmt, schaut zuerst, ob er selber abgebildet ist. Ist das so, gehört das Foto zu den interessanten, andernfalls oft zu den langweiligen Bildern. Die Spitze der Erwartungslosigkeit ist, Urlaubsfotos der Nachbarn anschauen zu dürfen: Da gibt's nur Fremdes zu sehen, an dem Interesse zu entfalten schwerfällt.

Ähnliche Mechanismen wirken auch beim Hören einer Rede: Der Hörer entwickelt stärkeres Interesse an ihrem Inhalt, wenn er sich selbst, seine Denkweise, seine Erfahrungen, sein Wissen und Meinen – eben seine Person – darin wiederfindet. Das mag als menschliche Schwäche belächeln, wer will: Weil niemand anders kann, als sich im Mittelpunkt der Welt zu sehen, interessieren wir uns vor allem für das, was uns selbst angeht, und erst dann für Fremdes. Der gute Redner hat beides zu verbinden, hat seine Gedanken so zu präsentieren, dass sich der Hörer dafür als eine ihn selbst betreffende Sache interessiert.

Haben Sie den Mut zur Subjektivität

Erst durch Subjektivität wird eine Rede menschlich, wird sie interessant, geht sie unter die Haut. „Die risikofreie Rede ist die sinnlose Rede." (Jean Paul)

Die Hörer lieben das Risiko, die Spannung. So, wie die Zuschauer im Zirkus das Risiko lieben. Sie bangen mit dem Seiltänzer, der das hohe Seil betritt. Sie hoffen, er wird unbeschadet die andere Seite der Kuppel erreichen. Da ist kein Netz, das ihn auffangen kann. Wie gefährlich, ganz alleine in schwindelnder Höhe. Mein Gott, jetzt schwankt er. Hoffentlich geht alles gut. Furchtbar, wenn er abstürzte – aber toll wäre es schon.

Eine Rede soll wahrhaftig, der Redner redlich sein

Charles Maurice de Talleyrand (1754–1838) war der Bischof, der in der französischen Nationalversammlung die Einziehung der Kirchengüter zur Tilgung der Staatsschulden beantragte. Er war Außenminister der Französischen Revolution, Napoleons und Königs Ludwig XVIII. Auf dem Wiener Kongress – tanzen konnte er wegen eines angeborenen Hüftleidens nicht, aber die Welt beneidete ihn wegen der Eleganz seines Hinkens – verstand er es, seinem geschlagenen Vaterland die Position einer Siegermacht zu erstreiten. Die Rheinländer sagen zu Menschen seines Schlages: Ein Schlitzohr par excellence. Von Talleyrand stammt die Weisheit: „Dem Menschen ist die Sprache gegeben, um seine Gedanken zu verheimlichen."

Niemand weiß, ob Talleyrand, dieser Meister der Zweideutigkeit, ernst geschaut oder ironisch gelächelt hat, als er dies sagte. Doch ich bin sicher: Wir sollten es ihm, einem der bedeutendsten Wendehälse der europäischen Geschichte, nicht gleichtun. Unsere Sprache darf nicht der Verheimlichung, sondern muss der Klarheit dienen.

Der dänische Philosoph Sören Kierkegaard hat die Idee Talleyrands interessant weiterentwickelt – doch auch ihn sollten wir nicht als Zeugen aufrufen. „Dem Menschen ist die Sprache nicht gegeben, um seine Gedanken zu verheimlichen, sondern um zu verheimlichen, dass er keine Gedanken hat."

Praxis-Tipp:

Gedankentiefe und Gedankenklarheit in einer Rede sind schön. Wichtiger noch als beides ist die Glaubwürdigkeit des Redners. Als Faustregel kann gelten: Je wichtiger die Rede, desto größer die Bedeutung der Wahrhaftigkeit des Redners.

Bei einer Karnevalsrede kommt es darauf gewiss nicht primär an; bei einer Totenrede vielleicht auch nicht. Otto von Bismarck: „Es wird nie so viel gelogen wie vor der Wahl und nach der Jagd." Doch ein Unternehmer, der seiner Belegschaft erklären will, dass er bis zum Jahresende zehn Prozent der Beschäftigten entlassen muss, ohne glaubhaft machen zu können, dass er alles zur Abwendung dieses Unglücks getan hat, wird einen schweren Stand haben. Je höher der Führungsanspruch einer Rede ist, desto entscheidender wird, ob die Hörer dem Redner vertrauen: Niemand folgt einem anderen, lässt sich von jemandem führen, von dessen Aufrichtigkeit er nicht überzeugt ist.

Aufrichtigkeit teilt sich in der Rede über nonverbale Kommunikation genauso mit wie im Gespräch. Täuschung ist in beiden Fällen möglich – gelingt aber viel seltener, als der Sprecher meint. In schwer zu ergründender und nachzuvollziehender Weise teilt sich der Eindruck fehlender oder vorhandener Wahrhaftigkeit mit, kann fast nie bewiesen werden und ist doch Richtschnur unseres Verhaltens. Ein Beispiel aus der Geschichte: Bei Leuthen – nicht weit von Breslau – siegte Friedrich der Große im Siebenjährigen Krieg am 5. Dezember 1757 durch Anwendung der schiefen Schlachtordnung über das weit überlegene Heer Maria Theresias von Österreich. Am Tag vor der Schlacht trat er vor sein Offizierskorps:

> „Meine Herren, ich habe Sie hierher kommen lassen, um Ihnen erstlich für die treuen Dienste, die Sie seither dem Vaterlande und mir geleistet haben, zu danken. Mich auf Ihren Mut und Erfahrung verlassend, habe ich den Plan zur Bataille gemacht, die ich morgen liefern werde und liefern muss. Ich will gegen alle Regeln der Kunst einen beinahe zweimal stärkeren, auf Anhöhe verschanzt stehenden Gegner angreifen. Ich muss es tun, oder es ist alles verloren. Wir müssen den Feind schlagen oder uns vor ihren Batterien alle begraben lassen. So denke ich; so werde ich auch handeln. Ist einer oder der andere unter Ihnen, der nicht so denkt, der fordere hier auf der Stelle seinen Abschied. Ich werde ihm selbigen ohne den geringsten Vorwurf geben."

Keiner der Offiziere forderte den Abschied. Nicht weil der König so hübsch gesprochen hatte. Sondern weil sie ihm vertrauten, die „unmögliche Schlacht" zu gewinnen. Was lernen wir daraus? Führung, das Ziele-Setzen und Orientierung-Geben, die wirklich wichtige Rede in entscheidender Situation: Ohne Glaubwürdigkeit des Redners wird sie keinen Erfolg haben.

Praxis-Tipp:

Glaubwürdigkeit, Vertrauen zu erlangen und zu bewahren ist insbesondere dann schwierig, wenn der Redner von seinen Zuhörern Taten verlangt – sie motivieren muss. Mit einer einzigen Rede, sei sie noch so aufrichtig, kann Vertrauen nicht errungen, wohl aber verspielt werden. Glaubwürdigkeit und Vertrauen sind die Frucht von Jahren, oft eines ganzen Lebens.

„Der Mensch ist das einzige Wesen, dem man das Fell mehrfach über die Ohren ziehen kann" – hat ein Witzbold formuliert. Richtig ist: Wer einmal lügt, dem glaubt man nicht, und wenn er auch die Wahrheit spricht. So hart sind die Sitten in Sachen Glaubwürdigkeit.

Wichtig: Wer andere bewegen (motivieren) will, muss deren Einverständnis erwirken. Einverständnis ist die Bereitschaft, sich fremdem Willen fügen zu wollen. Fügung kann durch Gewalt oder durch Überzeugung erreicht werden. Überzeugung tritt da ein, wo kein Misstrauen herrscht. Misstrauen kann durch Vertrauen überwunden werden. Vertrauen herrscht, wo die Gewissheit dominiert: Hier kann ich trauen. Es wird nur dem Redner getraut, der lauter ist. Lauterkeit heißt: Offenlegen aller Beweggründe und Absichten. Wer seine Absichten offen legt, ist redlich und ehrlich. Ohne Redlichkeit und Ehrlichkeit kann es kein Vertrauen geben. Wo kein Vertrauen herrscht, kann keine Gefolgsbereitschaft erzeugt werden.

Vertrauen entsteht, wo „die Wahrheit" gesagt wird – so der landläufige Sprachgebrauch. Er ist unglücklich, genau genommen sogar falsch. Fast überall, wo das Wort „Wahrheit" gebraucht wird, müsste „Wahrhaftigkeit" stehen. Wer kennt die Wahrheit? Es gibt nur ganz wenige Wahrheiten – Gott ist eine davon. Aber bei 80 Millionen Deutschen gibt es 80 Millionen Wahrhaftigkeiten.

> Wahrheit ist eine den Menschen vorgegebene,
> ihn umfassende, ganz von ihm gelöste Größe.
> Wahrhaftigkeit ist die subjektive Aufrichtigkeit,
> das Handeln nach und Bekennen
> von inneren Einsichten einer Person.
> Jeder sage, was ihn Wahrheit dünkt,
> und die Wahrheit selbst sei Gott empfohlen.
>
> *Gotthold Ephraim Lessing*

Das subjektiv Wahre ist stets eine zufallsbedingte Mixtur von Erbanlage, Umwelteinflüssen und Interessenlage einer Person. Der Autofahrer hat in Verkehrsfragen eine andere „Wahrheit" als der Fußgänger. Wes Brot ich esse, des Lied ich singe, ist keine schöne Erkenntnis, aber sie stimmt.

Vielleicht ist es einer der Gründe für das schwierige Verhältnis der Deutschen zur Toleranz, dass sie ständig von sich selbst behaupten, die Wahrheit – statt Wahrhaftigkeit – zu sagen, und dies schon von ihren Kindern fordern. Dieses große, schwere Wort versperrt den Blick auf die ganz legitime Tatsache: Die subjektive Wahrheit eines jeden ändert sich permanent, darf und muss sich ändern. Schrecklich, wenn einer mit achtzig die gleichen An- und Einsichten wie mit achtzehn hätte. Konrad Adenauer wird zu Unrecht seine berühmte Aussage vorgeworfen: „Sie könn' mich doch nicht hindern, von Jahr zu Jahr klüjer zu werden!" Es ist gut, dass wir klüger, einsichtiger und weiser werden.

Die Wahrhaftigkeit eines Menschen verändert sich nicht nur von Jahrzehnt zu Jahrzehnt, sie kann schon von einem Tag auf den anderen, auch ohne das „einschneidende Erlebnis", anders heißen. Denn die Meinung entspricht – beim Realisten mehr, beim Idealisten weniger – seinen Interessen, und mit diesen verändert sich jene. Die Interessen ihrerseits sind auf die Befriedigung von Bedürfnissen ausgerichtet. Nur wenigen Heiligen ist es gelungen, auf Dauer den Drang nach Befriedigung ihrer Interessen zu überwinden – deswegen wurden sie geheiligt – und das gelang ihnen vielleicht nur, weil sich ihre Wünsche auf anderes richteten als die der Massen.

„Bedürfnispyramide" nach Maslow

Die menschlichen Bedürfnisse hat der Amerikaner Abraham Maslow mit seiner „Bedürfnispyramide" in eine in der Wissenschaft weithin anerkannte fünfstufige Ordnung gebracht. Danach strebt der Mensch nach der Erfüllung der Ziele einer Stufe die Erfüllung der Interessen einer höheren Stufe an. Bertolt Brecht hat die Maslowsche Bedürfnispyramide schon vor ihrem Entstehen in dem Dichterwort zusammengefasst: „Erst kommt das Fressen und dann die Moral."

Nach Maslow streben die Menschen zuerst danach, die physiologischen Grundbedürfnisse zu befriedigen, die auf Lebenserhalt ausgerichtet sind, etwa Essen und Trinken, Atmung und Schlafen. Ist dies getan, strebt er – zweite Stufe – nach Befriedigung seiner Sicherheitsbedürfnisse, nach Schutz, Vorsorge und Angstfreiheit. Ist ihm auch dies gelungen, sucht er – dritte Stufe – Kontakt zu anderen, soziale Bindung, Zugehörigkeit (soziale Bedürfnisse).

In der vierten Stufe strebt der Mensch nach Maslow nach der Befriedigung von Ich-Motiven, sucht also Anerkennung, Akzeptanz durch andere, Achtung und Prestige. Wird auch diese vierte und höchste Stufe der so genannten „Defizit-Motive" erklommen, ist der menschliche Sinn – so Maslow – auf die Befriedigung der

„Wachstumsmotive“ gerichtet, die er unter dem Stichwort „Selbstverwirklichung durch Selbstentfaltung“ zusammenfasst. Will also von der Pracht der eigenen Persönlichkeit anderen mitteilen, hinaustreten über den Rahmen der eigenen Persönlichkeit. Auf die Befriedigung der Bedürfnisse einer höheren Stufe ist der Mensch aus, wenn die aller darunter liegenden erlangt sind. Insofern ist das Bild der „Pyramide“ irreführend: Es suggeriert starre Festigkeit. Tatsächlich aber verändern sich die Wunschziele ständig. Nicht nur unter extremen Bedingungen, etwa in russischer Kriegsgefangenschaft, wo bestbeleumundete Offiziere um eines Kanten Brots willen ihre Kameraden bestohlen oder verraten haben (physiologische Grundbedürfnisse). Sondern der Einsturz der Pyramide und die Notwendigkeit ihres Neuaufbaus kann unbemerkt und unbeachtet jeden Tag und zu jeder Stunde geschehen. Möglicherweise ist dies einer der Gründe für die Stimmungsschwankungen, denen wir ausgesetzt sind (siehe auch Seite 204 ff.).

Beispiel:

Stellen Sie sich vor, Sie wollen eine Reise nach San Francisco unternehmen. Sie sind dort zu einem Vortrag über Ihr Lieblingsthema eingeladen: Die Zukunft der Binnenschifffahrt. Die Presse dort schreibt seit Tagen über Sie, Ihr Thema und Ihr Kommen. Sie ahnen: Ein Verlag wird Ihnen anbieten, ein Buch zu machen. Vielleicht ist sogar eine Professur in Harvard drin. Höhepunkte der Selbstverwirklichung. Großes Glück.

Der Reiseplan ist knapp bemessen, aber ein Hemdwechsel im Hotel vor dem großen Auftritt ist möglich. Harmonischer Abschied von der Familie, Glückwünsche, Daumenhalten. Das Taxi bringt Sie zum Flughafen. Es ist sehr spät geworden. Vor dem Check-in-Schalter ist schon wieder Ruhe eingekehrt. Die Dame mit der schicken Bluse lächelt Sie an. Der Griff in die Westentasche nach dem Ticket. Nichts. Richtig, Sie hatten sich im letzten Augenblick für ein anderes Jackett entschieden, das Ticket ist zu Hause geblieben.

Die Dame lässt sich auf keine Diskussion ein. Das Flugzeug startet ohne Sie. Das Hochgefühl ist weg. Kein Gedanke mehr an Harvard. Sondern das Gefühl: Ich habe versagt, Freunde vor den Kopf gestoßen, mich blamiert. Wie kann ich den Schaden begrenzen? Eben noch haben Sie an der stolzen Spitze der Pyramide Ihrer Wünsche gearbeitet – auf die Professur hin. Nun bricht die Pyramide bis zur dritten Etage ein: Schadenbegrenzung, Ausbügeln der Blamage steht im Vordergrund.

Praxis-Tipp:

Wahrheit ist etwas Unwandelbares. Menschliche „Wahrheiten" ändern sich mit den Interessen. Was im Sprachgebrauch Wahrheit genannt wird, ist fast immer subjektive Wahrhaftigkeit. Die ändert sich rasch.

In der Sprache Immanuel Kants heißt das:

> „Dass das, was jemand sich selbst oder einem anderen sagt, wahr sei, dafür kann er nicht jederzeit stehen. Dafür aber kann und muss er stehen, dass sein Bekenntnis oder Geständnis wahrhaftig sei, denn dessen ist er sich unmittelbar bewusst."

Praktische Redenvorbereitung

Um Vertrauen und damit Führungskompetenz zu gewinnen, muss die Rede wahrhaftig sein.

Probleme ungeschminkt ansprechen, nichts beschönigen, nichts verharmlosen

Die Übertretung dieses Gebots ist einer der wichtigsten Gründe für den Vertrauensverlust der Politiker. Das Herunterspielen von Problemen, das Um-den-heißen-Brei-Reden und Schönreden offensichtlicher Schwächen sind nicht geeignet, den Eindruck an Wahrhaftigkeit orientierter, sachdienlicher Auseinandersetzung mit einem Thema zu machen und damit Vertrauen zu begründen. Im Gegenteil: Sie vermitteln dem Hörer den Eindruck, an der Nase herumgeführt zu werden.

Dies ist die bitterste Folge von Halbwahrheit und Lüge: Der Belogene mag es hinnehmen, nicht wahrhaftig unterrichtet zu werden, etwa weil er kein Interesse am Thema hat. Doch was tiefsitzend kränkt, ist die Verachtung, die aller Halbwahrheit und Lüge innewohnt, dieses „Du bist nicht gescheit genug, mich zu durchschauen, und diese Dummheit nütze ich aus". Und das „Du bist es mir nicht wert, mich selbst dem Risiko der Aufrichtigkeit auszusetzen, und so sollst du mit dem Abfall meiner Lüge vorlieb nehmen".

Von der sittlichen Unreife abgesehen, liegt der Verachtung des Publikums ein grundsätzlicher Irrtum zugrunde. Die einzelnen Individuen mögen dumm, desinteressiert oder unerfahren sein. Das Wahlverhalten in Deutschland seit 1949, ebenso plebiszitäre Entscheidungen, etwa in der Schweiz, zeigen: Mehrheit hat keineswegs immer recht, doch wohnt ihr eine Weisheit und Abgewogenheit inne, zu der keine Einzelperson – immer zugleich Träger von Sonderinteressen – in der Lage ist, sei es der klügste Professor mit dem höchsten Intelligenzquotienten. Fest steht vielmehr: Das Unterschätzen der Zuhörer, Arroganz gar, sind schlechte Ratgeber.

Ein Beispiel für eine mutige, offene Rede in historisch gefährlicher Situation ist die Antrittsrede von Winston Churchill im Unterhaus nach seiner Ernennung zum Premierminister 1940:

> „Ich habe nichts zu bieten als Blut, Mühsal, Tränen und Schweiß. Wir haben eine Prüfung von der allerschwersten Art vor uns. Wir haben viele, viele lange Monate des Kampfes und Leidens vor uns. Sie werden fragen: Was ist unsere Politik? Ich erwidere: Unsere Politik ist, Krieg zu führen, zu Wasser, zu Lande und in der Luft. Mit all unserer Macht und mit aller Kraft, die Gott uns verliehen hat, Krieg zu führen gegen eine ungeheure Tyrannei."

Ein auf Appeasement erpichter Politiker, der seinen Hörern nicht allzu viel zumuten will, hätte vielleicht eine Landkarte im englischen Unterhaus aufhängen lassen, hätte auf Deutschland einerseits und die Commonwealth-Länder andererseits gezeigt und versichert, dass es bei diesen Größenverhältnissen nur eine Frage weniger Wochen sei, um den Kampf zu entscheiden. Das Gegenteil tut Churchill. Er mutet der kriegsunwilligen Öffentlichkeit Englands etwas zu. Er schenkt reinen Wein ein. Dadurch gewinnt er Vertrauen. Dadurch wird aus dem eben gewählten Führer der wirkliche. Dadurch gewinnt er letztlich den Krieg. Nicht Waffen und Verbündete alleine entscheiden den Krieg – wichtiger ist der Wille, und der muss von den Führungspersönlichkeiten eingeimpft und lebendig gehalten werden.

Ähnlich entschlossen war Wladimir Iljitsch Lenin 1918 vor dem 7. Parteitag der KPdSU nach der Unterzeichnung des Friedens von Brest-Litowsk, der den Ersten Weltkrieg zwischen Deutschland und Russland beendete:

> „Nutzt die Atempause, um den Kontakt mit dem fernen Hinterland herzustellen und dort neue Armeen zu schaffen. Fort mit den Illusionen, für die euch das Leben bestraft hat und noch mehr bestrafen wird. (Die Quelle für Gorbatschow: ‚Wer zu spät kommt, den bestraft das Leben.') Wir sehen vor uns eine Epoche schwerster Niederlagen. Sie ist eine Tatsache. Wir müssen bereit sein zu hartnäckiger Arbeit unter illegalen Verhältnissen, unter Verhältnissen ausgesprochener Versklavung durch die Deutschen. Hier ist nichts zu beschönigen. Das ist wirklich ein Tilsiter Frieden. Wenn wir es verstehen, so zu handeln, werden wir trotz der Niederlage mit absoluter Gewissheit sagen können, dass der Sieg unser sein wird."

Klarheit, Offenheit, Härte müssen keineswegs zur Resignation führen. Lenin beschönigt nichts an der russischen Situation des Jahres 1918. Trotzdem war der Wink mit dem Sieg glaubhaft, und, wie die Geschichte gezeigt hat, auch realistisch. Es mag Zufall sein: In den Reden unserer Tage konnte ich solche Beispiele von Mut und Klarheit nicht finden. Nach jeder Wahl – sie mag noch so erdrutschartige Veränderungen bringen – gibt es nur Sieger, Sieger, Sieger.

Keine Übertreibungen

Verschleiern hat das Bedecken eines Teils von Erkenntnis zum Ziel. Ziel von Übertreibung ist das Aufbauschen eines Teils von Erkenntnis. Beide entsprechen nicht der Wahrhaftigkeit, sind also zur Hälfte oder einem Viertel Lügen. Übertreibung ist umgekehrtes Verschleiern. Übertreibung im Schlechten ist Bosheit. Übertreibung zum Guten ist Schmeichelei. Beide untergraben Vertrauen.

Bezeichnet etwa der Chef die Arbeit eines Mitarbeiters in einer Laudatio als „gut", weiß jeder Hörer: Er ist mit der Arbeit dieses Mannes, dieser Frau zufrieden. Bezeichnet er das Wirken als „außerordentlich, phantastisch und großartig", ist der ersten Aussage kaum etwas hinzugefügt, doch die mithörenden Kollegen entsinnen sich dieses und jenes Fehlers der oder des Gelobten und fragen sich: Wenn schon hier zuviel des Guten gesagt wird, ob nicht auch an anderer Stelle Abzüge gemacht werden müssen. Der Redner hat durch die Übertreibung für diese Passage nichts gewonnen, doch möglicherweise Probleme für spätere Aussagen geschaffen. Wer im Lob übertreibt, ist ein Schmeichler, und dem Schmeichler wird selten recht getraut.

Bundeskanzler Helmut Kohl bildete im April 1989 sein Kabinett um: Zwei Minister wurden ausgetauscht, ein dritter versetzt. Vor dem Bundestag nannte er diesen Vorgang die wichtigste Regierungsneubildung seit 40 Jahren. Waren die Regierungsneubildungen Adenauers, der großen Koalition, der sozialliberalen Koalition und seine eigenen seit 1982 nicht auch recht bedeutsam? Übertreibungen verursachen Glaubwürdigkeitsprobleme – deswegen: weg damit.

Unsicherheiten eingestehen

Niemand muss bei jeder Gelegenheit als Alleskönner auftreten. Wer Nichtwissen oder Unsicherheiten in einer Sachfrage zugibt, signalisiert Selbstsicherheit, die Vertrauen schaffen kann.

Allerdings: Wer seine Schularbeiten nicht gemacht hat, sollte sich nicht erwischen lassen. Das Publikum verlangt vom Redner zu Recht, dass er auf seinem Fachgebiet sattelfest ist. Werden dort Lücken angesprochen, hilft nur: hoffen, dass es niemand merkt. Aber warum soll z. B. der Vorstand eines Chemieunternehmens den Eindruck erwecken, er kenne sich in Fragen der Kernenergie exakt aus?

Bei Publikumsfragen zu Themen, die nicht zum unmittelbaren Aufgabenbereich des Redners gehören, empfehle ich eine Antwort folgender Art:

> „Kommen Sie bitte nachher zu mir, ich werde Ihnen meine Visitenkarte geben. Schreiben Sie mir Ihre Frage. Ich verspreche Ihnen: Sie bekommen eine Antwort. Ich verspreche nicht, dass Ihnen die Antwort gefällt, aber Sie bekommen eine."

Thomas Mann eröffnete seine Rede „Deutschland und die Deutschen" so:

> „Es liegt mir daran, eine geheime Verbindung des deutschen Gemüts mit dem Dämonischen zu suggerieren, die allerdings eine Sache meiner inneren Erfahrung, aber nicht leicht zu vertreten ist."

Er gibt zu: Die folgenden kühnen und sehr lesenswerten Gedankengänge sind nicht zweifelsfrei zwingend – und gewinnt durch dieses Eingeständnis Glaubwürdigkeit für seine Ausführungen.

Auf einer öffentlichen Veranstaltung der Friedrich-Ebert-Stiftung in Bonn 1992 wurde ich Zeuge einer durchschlagenden Wirkung des Eingestehens von Zweifeln. Thema: „Wie geht es mit der wirtschaftlichen Entwicklung in den neuen Bundesländern weiter?" Referenten auf dem Podium: Ingrid Matthäus-Meyer, Finanzsprecherin der SPD-Bundestagsfraktion, und Hans Peter Stihl, Präsident des Deutschen Industrie- und Handelstages. Matthäus-Meyer, eine rhetorisch begabte Vollblut-Politikerin, die mit dem Publikum umzugehen weiß. Stihl, ein kluger, besonnener Mann mit der Ausstrahlung eines Schalterbeamten.

Beide sollten 20 Minuten sprechen und hatten 30 Minuten gesprochen. Nun durfte das Publikum Fragen an die Referenten stellen. Nach einer weiteren Stunde hatten die Leute keine Lust mehr: Sie rutschten hin und her auf ihren Stühlen, blätterten in Papieren, sprachen mit dem Nachbarn. Der Geräuschpegel stieg.

Da stand ein neuer Frager auf, wollte von beiden Referenten wissen, wie sie zum Grundsatz „Rückgabe vor Entschädigung von Vermögen" stehen. Der Geräuschpegel stieg kräftig. Die erfahrene Matthäus-Meyer bekam das Publikum noch einmal in den Griff. Sie sagte ihre Meinung.

Jetzt richteten sich die Blicke aller auf Stihl: Der Geräuschpegel stieg sehr kräftig. Er, leise in das allgemeine Gemurmel hinein: „Ich will Ihnen sagen, ich bin mir auch nicht ganz sicher . . ." Welch ein Effekt! Wie mit dem Lichtschalter ausgeknipst, verstummte das Raunen. Stille. In die hinein Stihl seine Pro- und Kontra-Argumente vortragen konnte. Damit hatte niemand gerechnet: Einer dieser Träger hoher Ämter, einer der Glatten, die immer alles zu wissen vorgeben, sagt: Ich bin mir nicht sicher. Das schlug ein. Das band die Aufmerksamkeit der Zuhörer. Das machte den Redner interessant, weil glaubwürdig, das Zuhören lohnend.

Nebelwörter vermeiden

Worte bezeichnen Gegenstände und Begriffe, um sie voneinander zu unterscheiden. Sie gliedern das Ganze, damit alles begriffen werden kann. Der Baum heißt Baum, das Haus heißt Haus. Worte enthüllen, klären, heben ihren Gegenstand aus der Masse der Namenlosen und schaffen ihm so Identität. In unserer Sprache tauchen jedoch immer öfter Worte auf, deren Zweck auf Vernebelung gerichtet ist, die eine Schein-Identität begründen. Worte, deren Aufgabe es ist, zu verbergen, indem sie vortäuschen. In den Strategie-Küchen von Parteien, Unternehmen und Verbänden arbeiten Alberichs, um Schwerter im Wort-Kampf um Köpfe zu schmieden. Sie haben von George Orwell gelernt, in dessen „1984" die Terror- und Tötungszentrale „Ministerium für Liebe" heißt.

Die „Süddeutsche Zeitung" schrieb:

> „Die Kreativität der Beamten im Bonner Finanzministerium kennt keine Grenzen, wenn es darum geht, einem unpopulären Gesetz einen staatstragenden Titel zu verleihen. So wurde aus dem Haushaltssicherungsgesetz ein wohlklingendes ‚Spar-, Konsolidierungs- und Wachstumsprogramm' – kurz zungenbrecherisch SKWPG genannt."

Ich war jahrelang einverstanden, dass die Polizei mit „Gummigeschossen" auf Demonstranten schoss. Darunter stellte ich mir feste „Flummies" vor, den Übermütigen zur Warnung. Die Verfassung garantiert zwar Demonstrationsfreiheit, doch wo steht geschrieben, dass Meinungsäußerung völlig risikofrei auszuüben ist? In der FAZ war vor einigen Jahren ein Gummigeschoss abgebildet: eine Metallkugel mit einem hauchdünnen Gummiüberzug. Seitdem lese ich die Nachricht „Polizei schießt mit Gummigeschossen auf Demonstranten" ganz anders. Hebelt die Staatsmacht ein Grundrecht aus? Ich war einem Nebelwort aufgesessen.

- Wer kann vernünftigerweise gegen die Einrichtung eines „Entsorgungsparks" stimmen? Ein Park – grüne Idylle. Erst recht einer, der die Sorgen wegnimmt, ent-sorgt. Gegen eine „atomare Mülldeponie" dagegen finden sich leichter Argumente.
- Wer mehr ausgibt, als er hat, ist kein Schurke, sondern erzielt einen „Ausgabenüberschuss".
- Eine „Verklappung" ist die Verseuchung der Meere.
- „Vorwärtsverteidigung" ist eine Umschreibung für Angriff.
- Wer hört schon aus „finaler Rettungsschuss" den gezielten Todesschuss?
- „Ethnische Säuberung" ist eine schmutzig-blutige Vertreibung.

Oft lassen sich „Nebelworte", Euphemismen, nicht vermeiden, viele haben sich schon den Status eines Terminus technicus erarbeitet. Doch wir sollten wissen, was wir tun, wenn wir Worte benutzen, die ihren wahren Sinn mehr verschleiern als aufdecken. Denn die Weisheit der Chinesen stimmt: Zuerst verwirren sich die Worte, dann verwirren sich die Begriffe und schließlich verwirren sich die Sachen. Ihr gedankenloser Gebrauch schlägt auf die gedankliche Klarheit des Benutzers zurück.

Victor Hugo 1850 vor dem französischen Senat im Streit um die Schulhoheit:

> „Das Gesetz der klerikalen Partei ist ein Gesetz, das eine Maske trägt. Es denkt an Unterjochung, die wie Freiheit aussieht, es ist Enteignung, welche sich Schenkung nennt. Ich will das nicht. Das ist so eure Gewohnheit: Wenn ihr eine Kette schmiedet, sagt ihr, sie sei eine Freiheit. Wenn ihr eine Ächtung aussprecht, so ruft ihr, es sei eine Amnestie."

Bekennen Sie Ihre eigene Meinung

Bei fast allen „Sternen, nach denen der Redner greifen muss“, spielt die subjektive, die eigene Meinung eine große Rolle. Wie anders? Der Redner steht als geistiges Wesen, als Charakter im Mittelpunkt der Rede. Wer sich nicht hinter Parteiprogrammen oder Mehrheitsbeschlüssen verkriecht, sondern aus der Deckung geht, sich selbst und seine Meinung „rüberbringt“, der findet Glaubwürdigkeit und Führungskompetenz.

Martin Luther 1521 vor dem Reichstag zu Worms, als er vor Kaiser Karl V. seinen Schriften abschwören sollte: „Das kann und will ich nicht widerrufen, dieweil wider das Gewissen handeln beschwerlich, unheilsam und gefährlich ist. Gott helfe mir! Amen!“

Den Zuhörern nicht nach dem Munde reden

In der Mediengesellschaft gebietet die Vernunft, was vorher bloß der Anstand empfahl: Vor allen Zuhörern inhaltlich die gleichen Aussagen zu machen – jeweils mit anderen Begründungen und anderen Worten – doch nie aus Gefälligkeit sagen, was die Leute hören wollen. Das spricht sich herum, und die Glaubwürdigkeit ist verloren.

Wahrhaftigkeit in der Rede heißt nicht, alle Schwachstellen dem Publikum aufzudecken. Was der Redner sagt, muss wahrhaftig sein. Doch er braucht nicht alles zu sagen, was er weiß.

Weniges ist im Umgang mit anderen schrecklicher, als mit den stolzen Worten „Ehrlichkeit“ und „Wahrhaftigkeit“ gedankenlos Wunden zu schlagen. Es muss nicht immer die „nackte Wahrheit“ sein, und es steht jedem Redner gut an, sie durch hübsche Verpackung – kluge Formulierungen – erträglich zu machen, wenn sie dabei nicht verbogen wird. „Wir lieben Menschen, die frisch heraus sagen, was sie denken, vorausgesetzt, sie denken dasselbe wie wir.“ Wer möchte Mark Twain widersprechen?

„Ein Scheich erwachte aus einem unruhigen Traum und ließ den Deuter rufen. Dieser sprach: ‚O je, großes Unglück steht Euch bevor, o mein Gebieter. Ihr werdet erleben, wie alle Eure Söhne sterben werden.' Der Scheich erschrak, ließ den Wahrsager in Ketten legen und einen anderen holen. ‚Großmächtiger Herr und Gebieter', sprach dieser, ‚großes Glück weiß ich Euch zu künden. Ihr werdet alle Eure Söhne überleben.' Da erfüllte sich das Herz des Besorgten mit Freude, und der weise Mann zog reich beschenkt von dannen." (Zitiert aus Eberhard Puntsch, „Witze, Fabeln, Anekdoten".)

Noch einmal die chinesische Weisheit: Zuerst verwirren sich die Worte, dann verwirren sich die Begriffe und schließlich verwirren sich die Sachen.

Die allerjämmerlichsten Gestalten sind die, die am Ende Opfer ihrer eigenen Unaufrichtigkeit werden.

„Menasse Katzenkopf schaut gelangweilt durch das Fenster, und da eben ein Freund vorübergeht, ruft er zum Spaß hinunter: ‚Auf dem Marktplatz tanzt ein Lachs.' Der Informierte dankt, beschleunigt seinen Schritt, gibt seine Kenntnis weiter, und bald strömt es auf allen Gassen zur Ortsmitte. Da nimmt Menasse seinen Hut. ‚Wo willst Du hin?', fragt seine Frau. ‚Zum Marktplatz', spricht Menasse. ‚Vielleicht tanzt dort wirklich ein Lachs.'" (Zitiert aus Eberhard Puntsch)

Grotesk, aber keineswegs selten, wenn der Lügner selbst Opfer seiner Halbwahrheit oder Lüge wird, weil er – um das eigene Gewissen zu beruhigen – an die eigenen Worte zu glauben beginnt und damit seine Kräfte einschläfert, wahrhaftiger Erkenntnis gemäß zu handeln. Menasse Katzenkopf schaut am Ende selber nach, ob ein Lachs auf dem Marktplatz tanzt. Die unsinnige Behauptung, die Renten seien sicher, hat lange eine angemessene Reform des Rentensystems blockiert. Erst die Green-Card-Debatte hat die Selbstblockade des Satzes „Deutschland ist kein Einwanderungsland" gebrochen, der Jahrzehnte lang einer realistischen Zuwanderungspolitik im Wege stand. Die Behauptung, wir seien Weltmeister im Umweltschutz, verdrängt: Europa hinkt nicht nur in Sachen Auto-Abgasreinigung hoffnungslos hinter Amerika her. Deutschland kann die Grundwassernormen der EG nicht erfüllen und gefährdet, weil vorhandener Handlungsdruck geleugnet wird, auf diese Weise die Umwelt.

Praxis-Tipp:

Wahrhaftigkeit dient nicht nur dem Publikum, sondern dem Sprecher selbst. Er sieht die Welt klarer.

Gefährliche Klippen einer Rede umschiffen

6

Anrede

Nach keinem Einzelthema der Redenvorbereitung werde ich so häufig gefragt wie nach der richtigen Anrede. Hier Fehler zu machen, scheint für viele Redner eine besondere Sünde zu sein.

Grundsätzlich gilt: Die Anrede hat protokollarische Funktionen – sie soll eine freundliche Atmosphäre schaffen, in der die Rede wohlwollend aufgenommen wird. Wie das gelingen kann, ist in keiner Regel festgelegt: Wird jemand durch die Anrede verstimmt, war sie falsch. Sind alle zufrieden, war sie richtig.

Das Wichtigste also: regionale und gruppeneigene Besonderheiten beachten. In Bayern und Österreich ist es üblich, alle Zuhörer zu begrüßen, die sich irgendwie aus dem Gros des Publikums herausheben: den Oberamtsrat, seine Gattin, die Kinder, Hund, Katze. Dort hat sich das Institut des „Begrüßungsredners" eingebürgert, dessen einzige Aufgabe es ist, alle oder die meisten der Anwesenden beim Namen zu nennen.

Der Sinn einer umfassenden Anrede kann ein doppelter sein:

- Es gibt „Prominente", die Einladungen nur deswegen annehmen, weil sie namentlich begrüßt und so dem gesamten Auditorium in Erinnerung gerufen werden. Sie wären außerordentlich enttäuscht, ihren Namen nicht zu hören – der protokollarische Zweck der Anrede wäre verfehlt.
- Der Veranstalter möchte sich mit den anwesenden „Prominenten" schmücken. Den Übrigen wird auf diese Weise mitgeteilt,
  - in welch interessanter Veranstaltung sie sich befinden und
  - wie wichtig der Veranstalter ist, dessen Einladung so viel „Prominenz" folgt.

In der Mitte und im Norden Deutschlands sind die Anreden in der Regel kürzer. Doch auch hier gibt es durch Tradition und Usance bestimmte Unterschiede: in Vereinen, in bestimmten gesellschaftlichen Kreisen (Rotarier reden sich mit „Freund" an). Sind Sie als Gastredner nicht sicher, wie die Bräuche am Vortragsort sind, rufen Sie den Veranstalter an, sprechen Sie die Anrede mit ihm ab.

Praxis-Tipp:

Die objektiv richtige Anrede gibt es nicht. Ich empfehle, sie kurz und knapp zu halten, möglichst wenig Personen hervorzuheben. „Meine Damen und Herren" müsste meistens genügen: Einem dieser Geschlechter werden sich die meisten Ihrer Zuhörer zuordnen.

So wie ein „Zahlen- und Faktengrab" in der Rede ermüdet, so kann auch ein „Namengrab" an ihrem Beginn die Zuhörer langweilen. Wer eine Kanonade ihn nicht interessierender Namen ins Ohr gehämmert bekommt, dessen Zuhörbereitschaft könnte bereits verbraucht sein, bevor der Redner das erste Wort zur Sache gesagt hat.

Je mehr Personen der Redner erwähnt, desto mehr Leute mögen sich fragen: Warum eigentlich ich nicht? Das kann Verstimmung auslösen, dem protokollarischen Sinn der Anrede also entgegenwirken.

Achtung: Bei begrenzter Redezeit verkürzt der Sprecher durch eine langatmige Anrede seine Chance, Gedanken zu entwickeln, Aussagen zu machen, zu motivieren, zu führen. Der Umfang der Anrede sollte auf jeden Fall mit dem Umfang der Rede korrespondieren.

Oft ist freilich nicht zu umgehen, herausgehobene Personen zu erwähnen. Versuchen Sie, deren Anzahl auf drei zu beschränken.

Reihenfolge der Anrede

- Gewählte (in Politik wie in Unternehmen) werden vor Ernannten begrüßt.
- Bundespolitiker rangieren vor Landespolitikern, diese vor Kommunalpolitikern. Ausnahme: Dem Bürgermeister als dem höchsten Repräsentanten der lokalen Öffentlichkeit kann eine besondere Rolle zukommen.
- Mit dem Chef gelten alle seine Mitarbeiter als begrüßt.
- Bei Ranggleichheit ergibt sich die Reihenfolge nach dem Lebens- oder Dienstalter.
- Eine andere Rangfolge kann sich aus dem Zweck der Rede ergeben: Bei einer Geburtstagsrede ist das Geburtstagskind, bei einer Jubilarrede der Jubilar die Ehrenperson.
- Persönliche Beziehungen des Redners zu einzelnen Zuhörern können bei der Rangfolge eine wichtige Rolle spielen, also die Eltern, der Ehepartner oder der Doktorvater.

Durchaus zulässig und zur Abwechslung sogar hübsch ist, die Anrede nicht am Anfang der Rede, sondern nach den ersten Sätzen zu platzieren. Damit kann der Eindruck besonderer Dynamik erzeugt werden: „Das Wichtigste ist, dass wir uns alle wieder zusammengefunden haben. Darüber freue ich mich sehr. Meine sehr verehrten Damen, meine Herren, ganz leicht war der Weg hierher nicht . . .“

Achtung: Besondere Aufmerksamkeit ist durch das Weglassen jeder Anrede zu erreichen. Etwa bei sehr eindringlichen, betont unformellen Ansprachen, zum Beispiel im Trauerfall.

Muss der Redner viele Personen hervorheben, möchte aber ein Namensgrab am Anfang seiner Rede vermeiden, empfehle ich die namentliche Ansprache im sachlichen Zusammenhang der Rede:

> „. . . Wer soviel Risiken einzugehen hat wie wir, kommt ohne zuverlässige Versicherungen nicht aus. Wir haben mit der Pass-Auf-Versicherung einen fairen Partner gefunden, von dem wir wissen: In der Stunde der Not kneift er nicht, sondern steht uns zur Seite. Um das Risiko zu streuen, war es richtig, uns mehrere Versicherungs-Partner auszusuchen, mit denen wir gute Erfahrungen gemacht haben. Stellvertretend für alle begrüße ich Direktor Herbert Vorsicht von der Pass-Auf- . . ."

In der Rede wird die gleiche Sprache wie im normalen Umgang praktiziert. Ein Duz-Freund, -kollege, -chef oder -mitarbeiter wird auch in „offizieller" Rede mit „du" angeredet. Wer einen anderen stets beim Vornamen nennt, sollte das auch vom Pult aus tun.

In offiziellem Kreis nicht nur das Amt ansprechen, sondern den Namen hinzufügen: nicht „Herr Bürgermeister", besser: „Herr Bürgermeister Freundlich".

Akademische Grade sind Namensbestandteil, aber nicht: „Sehr geehrter Herr Professor Dr. Allkann" – „Dr." ist überflüssig.

Praxis-Tipp:

Adelstitel sind ebenfalls Namensbestandteile. „Sehr geehrter Graf Westerholt". Keinesfalls „Herr Graf" oder „Herr Graf Westerholt" sagen. Bei akademischen Graden und Adelstiteln:

- „Sehr geehrter Dr. Graf/Gräfin von Westphalen"
- „Sehr geehrter Dr. Freiherr/Freifrau von Boeselager"
- „Sehr geehrter Herr/Frau Professor von Thadden"

Meine erste Rede für den Vorstandsvorsitzenden eines großen chemischen Unternehmens begann: „Meine sehr verehrten Damen und Herren." Darauf er: „Ich verehre keine Männer." Die Anrede wurde geändert: „Meine sehr verehrten Damen, meine Herren." Noch besser vielleicht, aber noch nicht üblich: „Meine Damen, meine Herren."

Selten, aber mit zunehmender Tendenz ist die in Briefen schon fast gebräuchliche Anrede „Guten Tag, Herr/Frau Fröhlich" auch bei Ansprachen zu hören. Eine interessante Neuerung, weil knapp, vor allem unförmlich.

Achtung: In den neuen Bundesländern ist von „Werte Damen und Herren" die Rede. Davon rate ich ab. Auf dem „Wertesten" sitzen die Leute.

Einstieg

Als ersten Satz nach der Anrede oder „Einstieg vor dem Einstieg" haben sich zwei Unarten breitgemacht:

- „Wir haben uns heute versammelt, um Frau Gehbald zu verabschieden." Es ist unsinnig, den Leuten mitzuteilen, was sie schon wissen. Wer erstens eine Einladung bekommt, sie zweitens annimmt, drittens zur richtigen Zeit am richtigen Ort erscheint und immer noch nicht weiß, warum er gekommen ist, der braucht es jetzt auch nicht mehr zu erfahren. Allen anderen wird nichts Neues gesagt.
- „Ich freue mich, heute vor Ihnen reden zu können." Oft ist das blanke Lüge. Der Redner spricht, weil er entweder muss oder eine Absicht damit verbindet, sich einen Vorteil erhofft oder sich einer Pflicht entledigen will. Freude ist meist nur vorgetäuscht, ist eine Leerformel und deswegen überflüssig. Ist

die Rede aber wirklich eine „Freude" oder „Ehre" für den Redner, muss sie begründet werden, etwa:

> „Ich freue mich, dass so viele Menschen gekommen sind, um mit uns gemeinsam die Fertigstellung des neuen Gebäudes zu feiern. Neue Betriebsgebäude können auch ohne Gäste eingeweiht werden – gewiss. Doch eine richtige Freude, ein gutes Ereignis, das lange in Erinnerung bleibt, wird eine Einweihung erst dann, wenn sie mit Menschen gefeiert wird, die dem Bauherrn nahestehen. Und Sie, unsere Kunden, unsere Freunde, stehen uns nahe."

Oder der Beginn einer Geburtstagsrede:

> „Ich habe jedem von euch und von Ihnen schon die Hand geschüttelt. Trotzdem möchte ich Sie alle von hier aus noch einmal auf das herzlichste begrüßen. Ich freue mich aufrichtig über die Anwesenheit so vieler lieber und vertrauter Gesichter. Sie verleihen meinem Geburtstag Festlichkeit und Glanz. Geburtstag ist der Tag der Geschenke. Ich habe heute viele schöne Dinge bekommen. Doch eines der schönsten Geschenke ist eure und Ihre Anwesenheit. Dank dafür."

Manfred Rommel hat einige Tipps für den Einstieg gegeben:

- Die Rede hat immer einen Anfang und meistens einen Schluss. Was dazwischen liegt, ist nicht so wichtig.
- Der Anfang ist verhältnismäßig leicht:
  - Der Redner kann sich entschuldigen, dass er redet – um es dann doch zu tun.
  - Er kann sagen, dass er von der Sache nichts versteht, und dies sogleich unter Beweis stellen.

Tatsächlich ist der Einstieg eine herausgehobene Position der Rede. Es empfiehlt sich, viel Sorgfalt in seine Vorbereitung zu investieren.

Achtung: Der Einstieg ist der Händedruck des Redners. Wenn wir beim Guten-Tag-Sagen eine schwitzig-schlaffe Fleischmasse in die Hand gedrückt bekommen, sind die Beziehungen zum anderen nicht abgebrochen. Doch es muss einiges geschehen, um diesen unsympathischen ersten Eindruck auszubügeln. Vergleichbar geht es dem Redner, der seine Gedanken lasch, unkonzentriert und fahrig zu entwickeln beginnt.

Die Aufgabe des Einstiegs ist, die Aufmerksamkeit des Publikums zu gewinnen. In der Regel fiebern die Besucher einer Veranstaltung nicht mit hoher Anspannung auf den Anfang der Rede. Sondern der eine folgt seinen Gedanken: „Es gab wieder Krach mit den Kollegen", „Der Sohn droht sitzenzubleiben", oder „Das Auto ist riskant geparkt". Andere blättern in Zeitung oder Programm, machen einen Plausch mit dem Nachbarn. Die individuellen Gedanken und Regungen zurückzudrängen und nach Möglichkeit jeden Zuhörer in den Sog der Gedanken des Redners zu ziehen, ist Aufgabe des Einstiegs.

Der Einstieg begründet eine Hör- und Denkgemeinschaft. Ich stelle mir vor: Die Zuhörer kommen einzeln, jeder in seine Gedankenwelt verstrickt. Doch sie kommen freiwillig – sind an Redner und Thema interessiert, strecken ihm also – bildlich – die Hand entgegen. Aufgabe des Redners ist, die entgegengestreckten Arme zu bündeln und die so begründete Hör- und Denkgemeinschaft durch die Straße seiner Gedanken bis zum Schluss seiner Rede zu führen, ohne unterwegs auch nur eine Hand zu verlieren. Das Bündeln der Hände, das rasche Gewinnen von Aufmerksamkeit für den Sprecher und sein Thema, ist Aufgabe dieser ersten Sätze.

Der „Prolog im Himmel" in Goethes Faust ist ein kleines Theater vor dem Theater. So soll der Einstieg nicht sein. Sondern er sollte kurz, mit reliefartig geschnitzten, unkomplizierten Gedanken direkt in die Mitte des Themas führen. Erst die Botschaft festlegen, dann an den Einstieg gehen! Vermeiden Sie „bremsende" Worte am Anfang der Rede, wie „da", „ob", „wie", adverbiale Umständlichkeiten aller Art, die Sie hindern, gedanklich Fahrt aufzunehmen. Klare, knackige Hauptsätze sind besser.

- Nicht: Wenn ich meinen Blick über die Versammlung schweifen lasse, fällt mir auf, wie viele Freunde und Bekannte hier im Saal sitzen. Besser: Ich sehe viele Freunde und Bekannte unter Ihnen, meine Damen und Herren. Das freut mich.
- Nicht: Als ich meine Vorrednerin sagen hörte, die Kantine würde geschlossen, da dachte ich mir: Aber das kann, darf doch nicht sein. Besser: Frau Höfer sagte: Die Kantine wird geschlossen. Ich sage: Nein, sie muss offen bleiben.

Bei knappen und kurzen Reden kann auf den Einstieg verzichtet werden, der Redner steigt sofort in medias res.

Es gibt unbegrenzt viele Möglichkeiten eines guten Einstiegs, von denen hier nur eine Auswahl vorgestellt werden kann. Wichtig ist letztlich nicht die Methode, sondern das Ergebnis: „Einfangen" der Aufmerksamkeit des Publikums; Begründen von Hörlust; Hörer neugierig machen, sich auf die Gedanken eines Fremden einzulassen.

Der situationsbezogene Einstieg

Der Redner greift etwas für den Anlass Typisches auf: „Programmgemäß komme ich nach den Pastetchen an die Reihe. Solange Sie mich nicht gehört haben, bekommen Sie keinen zweiten Gang. Sie müssen mich also anhören."

Er nimmt das eben gehörte Wort eines Gesprächspartners auf: „Paul sagte eben, Christiane ist eine fabelhafte Frau. Recht hat er. Ich will auch begründen, warum..." Er bezieht sich auf ein Ereignis, das vor aller Augen gerade stattgefunden hat: „Eben sind dem Kellner die Teller zu Boden gegangen. Christiane wäre das nicht passiert. Sie hat auch in turbulenten Zeiten Balance gehalten..."

Der Nachteil dieses Einstiegs: Er ist schwer vorzubereiten. Der Vorteil des Spontanen, Frischen empfiehlt: Falls Ihnen ein solches

Ereignis kurz vor Beginn Ihrer Rede zu Hilfe kommt, werfen Sie den vorbereiteten Einstieg raus.

Redner und Publikum: Gemeinsamkeiten ansprechen

Auf diese Weise wird rasch ein familiäres oder kameradschaftliches Wir-Gefühl erzeugt, das die Bereitschaft der Hörer vergrößert, sich beeinflussen zu lassen. Bei genauem Hinsehen sind überall Gemeinsamkeiten zu finden, regionale, sprachbezogene, branchenbezogene, eventuell auch durch gemeinsame Gegnerschaft:

> „Ich bin Rheinländer, genauer gesagt Kölner. Sie als Bayern wissen: Die Rheinprovinz stand bei den Preußen immer an letzter Stelle. Die Preußen lieben die Rheinländer nicht und die Rheinländer nicht die Preußen. Wahrscheinlich ist das der Grund, warum sich die Bayern und die Rheinländer so prächtig verstehen. . ."

Gag oder Humor

Humor ist immer willkommen (vgl. Seite 82 ff.). Er öffnet Sinne und Herzen, schafft behagliche Gesprächsatmosphäre der Übereinstimmung und begründet Zuhörbereitschaft. Vorsicht vor abgegriffenen Formulierungen. Sagen Sie vor Bankern nie, dass sie sich wie Schirmverleiher verhielten: Verleihen bei Sonnenschein, Rückforderung, sobald es regnet. Dieser alte Hut ist in Banker-Kreisen bis zum Überdruss getragen worden.

Besonders sympathisch wirkt mit Selbstironie verbundener Humor:

> „Ich kann Ihnen versprechen, ich werde eine kurze Rede halten. Aber leider kann ich keine präzise Angabe machen. Ich hatte extra bei der Generalprobe ein Tonband mitlaufen lassen. Dann habe ich mich mit einer Stoppuhr hingesetzt, doch unglücklicherweise bin ich eingeschlafen."

Bundespräsident Roman Herzog März 1995 in Rostock:

> „Ich bin froh, dass ich heute hier als Bundespräsident eine klare Aufgabe habe, nämlich die Zelter- und Pro-Musica-Plakette zu verleihen. Sonst müsste ich hier oben ja etwas vorsingen oder vorspielen. Und das ist, ganz offen gesagt, nicht meine Stärke."

Henry Kissinger benutzte 1986 vor dem Wirtschaftsclub in Detroit folgenden Einstieg:

> „Herr Vorsitzender, meine Damen und Herren, ich bin beauftragt, 45 Minuten zu Ihnen zu sprechen und dann Ihre Fragen entgegenzunehmen. Falls ich den ersten Teil des Auftrags erfülle, können Sie sagen, Sie haben einem historischen Ereignis beigewohnt. Was Punkt zwei angeht, fühlen Sie sich bitte frei, alle Fragen zu notieren, die Sie beschäftigen – ich werde mir dann die Freiheit nehmen, die Fragen zu beantworten, die mich beschäftigen!"

Das war übrigens eine Anspielung auf eine Karikatur, die Charles de Gaulle auf einer Pressekonferenz gezeigt hatte, die er angeblich mit der Frage eröffnet hatte: Möchte jemand zu meiner Antwort eine Frage stellen?

Aktueller Einstieg

Unübertroffen, wenn der Redner gleich zu Beginn eine echte Neuigkeit präsentieren kann, die alle interessiert: „Ich komme gerade von der Stadtratssitzung und kann Ihnen sagen: Die Laternen unserer Straße werden nicht abgeschaltet."

Interessant (vgl. Seite 39 ff.) und aktuell ist der Bezug auf junge Nachrichten, die zwar schon bekannt, aber in ihren Auswirkungen noch nicht ausgelotet sind:

> „Viele von Ihnen haben schon gehört, der Stadtrat plant, die Schule in der Möbiusstraße zu schließen. Ich kann die Folgen dieses unerhörten Planes noch nicht bis in die Einzelheiten überblicken. Aber als Lehrer sage ich . . ."

Entscheidend ist: Die Neuigkeit muss zum Thema der Rede gehören oder direkt dorthin führen. Schöpfen Sie die Neuigkeit aus der Zeitung, halten Sie das Papier hoch: Alle werden es anschauen, eine Blick-Gemeinschaft ist begründet, ein halber Schritt zur Hör- und Denkgemeinschaft.

Beliebt sind aktuelle Nachrichten aus dem Sport: „Die Eintracht Frankfurt hat gestern 3:1 gewonnen. Die Fans der Eintracht sind ganz aus dem Häuschen. Auch wir haben allen Grund zur Zufriedenheit ..." Aber Vorsicht: Erstens wird diese Art des Einstiegs häufig praktiziert, ist also wenig originell; zweitens wirkt sie leicht gekünstelt und konstruiert.

Einstieg mit Anschauungsobjekten

Steht ein Gegenstand im Mittelpunkt der Rede, etwa eine Präsentation, sollte er dem Publikum gezeigt werden (zur Visualisierung siehe Seite 81 f.): „Es gibt 112 000 verschiedene Arten von Schrauben auf der Welt. Diese hat unserer Firma zum Durchbruch verholfen . . ."

Historischer Einstieg

Er verbreitet die Aura des kultivierten Kenners, was nicht zu jedem Redner und Thema passt, oder wird oft aus Büchern abgeschrieben und wirkt damit wenig überzeugend. Gekonnt serviert ist er zu empfehlen, weil er zu gedanklicher Weite und Verknüpfung von Themen – also die Phantasie – anregt. Quellen: Chronik-Kalender und nach den 365 Tagen des Jahres geordnete Nachschlagewerke, in denen herausragende Ereignisse nachzulesen sind, die an diesem Tag vor x, y oder z Jahren stattgefunden haben (siehe Literaturhinweise auf Seite 265). „Heute vor 15 Jahren auf den Tag genau wurde der Film ‚Spiel mir das Lied vom Tod' uraufgeführt. Wir wollen heute unser Geburtstagskind Annette hochleben lassen." Vorsicht, Fingerspitzengefühl: Für eine Annette in den Achtzigern nicht zu empfehlen.

Wichtig: Die historische Begebenheit muss einen Bezug zum Redethema haben. Vor einigen Jahren hatte ich die Rede des Rektors zum Jubiläum seiner Schule zu korrigieren. Sein „historischer Einstieg" war fast zwei Seiten lang: Aus einem Buch hatte er alle Ereignisse abgeschrieben, die dort für das Gründungsjahr der Schule notiert waren. So wird eine hübsche Einstiegsmöglichkeit durch Übertreibung ins Gegenteil gekehrt: Ein Faktengrab, das keine Hör- und Denkgemeinschaft, wohl aber eine Schlafkommune begründet.

Eine historische Tatsache kann am Tage ihrer Erwähnung in der Rede allerdings in ganz anderem Licht erscheinen als zur Zeit der Redevorbereitung. Beim Schreiben der Ansprache für einen Banker hatte ich herausgefunden: Der Vortrag fand am 200. Geburtstag des Dollars statt – ein Geschenk für den Einstieg. Doch es war abzusehen: Dieses Ereignis würde in der FAZ, im Handelsblatt und in der Wirtschaftswoche gefeiert werden, würde damit zu Redebeginn nur eingeschränkt originell sein.

Persönlicher Einstieg

Nichts interessiert den Menschen so sehr wie der Mensch. Wer sich selbst zu Beginn einer Unterhaltung bzw. einer Rede vorstellt, schafft menschliche Nähe und erhöht die Aufnahmebereitschaft seiner Zuhörer.

Der Bildhauer Alfred Hrdlicka 1995 in Dresden:

> „Ich hoffe, ich spreche einigermaßen nicht so Dialekt, dass Sie mich verstehen, und ich werde versuchen, langsamer zu sprechen, denn ich neige dazu, oft sehr schnell zu sprechen, weil ich ja frei spreche, immer irgend etwas assoziiere und oft dem voran bin, was ich gerade formulieren will."

Von diesem sich ungefährlich, fast hilflos gebärdenden Redner geht für keinen Zuhörer Einschüchterung aus, er kann sich ihm also öffnen, von gleich zu gleich begegnen. Dieser Einstieg lädt zum gemeinsamen Sinnen über ein Thema ein. Er ist freilich für den offensiv agierenden Redner, der sich keine „Schwächen" leisten darf, unbrauchbar.

Otto von Bismarck 1878 vor dem Deutschen Reichstag während der Orientkrise, in deren Verlauf er sich den Titel des „Ehrlichen Maklers" erworben hat:

> „Ich bitte zuvörderst um die Nachsicht des Reichstages, wenn ich nicht imstande sein sollte, alles, was ich zu sagen habe, stehend zu sagen. Ich bin nicht so gesund, wie ich vielleicht aussehe."

Dieser persönliche Einstieg hatte zugleich eine strategische Bedeutung: Bismarck, dieser Hüne mit der Fistelstimme, der übersensible eiserne Kanzler, der das Zeug zum Dichter hatte – das zeigen seine Briefe – war der meistgehasste Politiker seiner Zeit. Wer bekennt, nicht so gesund zu sein, wie er aussieht, fordert vielleicht nicht Mitleid, aber Rücksicht heraus und hemmt damit die Bereitschaft seiner Gegner, rhetorisch auf ihn einzuprügeln.

Einstieg mit Ortsbezug

Jeder Vortragssaal hat seine Historie, z. B. das „Audimax" einer Universität: „Gestern hat von dieser Stelle der Bildungsminister Garbsen gesprochen. Vielleicht haben ihn einige von Ihnen gehört. Er hat betont: Wissenschaft verpflichtet. Sie als Studenten wissen: Er hat Recht . . ."

Zur Eröffnung der konstituierenden Sitzung des 13. Deutschen Bundestages begann Alterspräsident Stefan Heym im Oktober 1994 im Reichstag zu Berlin seine Rede:

> „An dieser Stelle vor vier Jahren eröffnete Willy Brandt den ersten gesamtdeutschen Bundestag. An dieser Stelle stand auch, im gefahrvollen Jahr 1932, Klara Zetkin und eröffnete den damals neugewählten Reichstag. Wir wissen, was aus dem Reichstag wurde, dessen Sitzungsperiode diese hochherzige Frau damals auf den

> Weg brachte. Zum Reichstagspräsidenten wurde Hermann Göring gewählt, und der Kanzler, den jener Reichstag ernannte, hieß Adolf Hitler. Fast 200 der Reichstagsmitglieder gerieten in Gefängnisse und Konzentrationslager – über die Hälfte davon starben eines gewaltsamen Todes – und das Reichstagsgebäude, in dem wir uns heute befinden, brannte."

Botschaft der Rede gleich zu Beginn herausstellen

Das ist zu empfehlen, wenn die Rede kurz ist oder der Redner eine besonders interessante und provokative Botschaft hat. Richard von Weizsäcker 1985 in seiner berühmten 8.-Mai-Rede „40 Jahre Kriegsende":

> „Viele Völker gedenken heute des Tages, an dem der Zweite Weltkrieg in Europa zu Ende ging. Seinem Schicksal gemäß hat jedes Volk dabei seine eigenen Gefühle. Sieg oder Niederlage, Befreiung von Unrecht und Fremdherrschaft oder Übergang zu neuer Abhängigkeit, Teilung, neue Bündnisse, gewaltige Machtverschiebungen – der 8. Mai 1945 ist ein Datum von entscheidender historischer Bedeutung in Europa. Wir Deutsche begehen den Tag unter uns, und das ist notwendig. Wir müssen Maßstäbe allein finden. Schonung unserer Gefühle durch uns selbst oder durch andere hilft nicht weiter. Wir brauchen und wir haben die Kraft, der Wahrheit, so gut wir es können, ins Auge zu sehen, ohne Beschönigung und ohne Einseitigkeit."

Wie der Tenor vor der Begründung eines Urteils, wie das Thema des Satzes einer Symphonie, das wieder und wieder variiert und neu präsentiert wird, so steht der Kerngedanke dieser Rede gleich an ihrem Anfang.

Einstieg mit Erinnern an allseits Bekanntes

Bundespräsident Johannes Rau fasst das Staunen aller über die Entwicklung in der Gentechnik am Anfang seiner Rede „Wird alles gut? – Für einen Fortschritt nach menschlichem Maß" vom Mai 2001 zusammen und baut so eine gemeinsame Plattform für Redner und Zuhörer:

> „Fast täglich erreichen uns atemberaubende Meldungen aus Wissenschaft und Forschung. Gerade die so genannten Lebenswissenschaften lassen uns staunen, in welche Bereiche der Natur wir vordringen können. Lange schon hat uns der Fortschritt in Biologie und Medizin nicht mehr so stark bewegt wie heute.
>
> Krankheiten, die wir für unbesiegbar gehalten hatten, scheinen heilbar zu werden. Genetische Defekte lassen sich möglicherweise korrigieren. Neue Pflanzensorten sollen den Hunger ganzer Weltregionen stillen.
>
> Heute scheinen Menschheitsträume wahr zu werden. Wir werden zu Mitspielern der Evolution."

Einstieg mit Geschichten

Parabeln, Anekdoten, Geschichten und Erlebnisse sind für die Hörer interessant (vgl. Seite 77 ff.) und haben – gut ausgewählt – hervorragende Aussagekraft: Sie regen zu bildhaftem Denken an.

Ein Deutscher, ein Chinese und ein Engländer streiten sich, welches die wichtigste Handelssprache der Welt sei. Der Engländer reklamiert dies für seine Sprache: Eine Milliarde Leute reden Englisch. Der Chinese: 1,3 Milliarden Chinesen gibt es. Der Deutsche: Deutschland ist die wichtigste Handelsnation der Welt, also Deutsch die Handelssprache Nummer eins. Da tritt ein Japaner zu den Streithähnen und sagt: „Die bedeutendste Sprache des Welthandels ist: o-kyaku-sama no kotoba – die Sprache meines Kunden."

> „Einen Moment zuvor habe ich noch überlegt, ob es wohl an der richtigen Zeit sei, aufzustehen und meine Rede zu halten. Ich fühlte mich an eine alte Kinoszene erinnert; darin ging es um ein Bankett, auf dem der Lord Mayor von London der Ehrengast war. Das Dessert und der Brandy waren gereicht, da schlich sich der Majordomus hinüber und flüsterte seiner Lordschaft ins Ohr: ‚Es ist Zeit für Sie, mit Ihrer Rede zu beginnen, Sir. Oder ziehen Sie es vor, dass die Anwesenden fortfahren, sich zu vergnügen?'"

Einstieg mit Understatement in Verbindung mit Komplimenten an das Publikum

Komplimente werden stets gerne gehört, öffnen die Herzen. Nur wenige Menschen – frisch gelobt – behaupten, der Sprecher habe sich grundlegend geirrt. Positiv von ihrer Umgebung betrachtet zu werden, halten die meisten für selbstverständlich – es deckt sich mit ihrer eigenen Sicht.

Thomas Jeffersons, dritter Präsident der USA, Verfasser der Unabhängigkeitserklärung von 1776, Antrittsrede bei der Übernahme der Präsidentschaft 1801:

> „Ich bin mir zutiefst bewusst, dass die Aufgabe meine Fähigkeiten übersteigt, und ich trete mit jener bangen und ehrfurchtsvollen Befangenheit an sie heran, die mir die Größe des Auftritts und die Unvollkommenheit meiner Kräfte einflößen. Ich wäre völlig mutlos, wenn mich nicht die Gegenwart so vieler hier Anwesender daran erinnerte, dass ich in den anderen, durch unsere Verfassung vorgesehenen Autoritäten starke Stützen an Klugheit, an Kraft und Eifer finde, auf die ich mich in allen Schwierigkeiten verlassen darf."

Gibt es einen besseren Weg, als diejenigen, die am liebsten an seiner statt gewählt worden wären, zur Mitarbeit zu gewinnen? Wer fühlt sich übergangen, wenn von „Klugheit, Kraft und Eifer" die Rede ist?

Richard von Weizsäcker zum 75. Geburtstag von Bundeskanzler a. D. Helmut Schmidt 1994, bei dem auch Loki Schmidt anwesend war:

> „Der hier versammelte Kreis aus nah und fern sucht desgleichen. Er repräsentiert große Leistungen des Lebens und in den Bereichen, auf die es ankommt: in der Religion und der Wissenschaft, der bildenden und der dichtenden Kunst, der Verwaltung, der Publizistik und schließlich nicht zuletzt der Politik selbst. Wir sind für die illustre Versammlung dankbar. Aber wer wundert sich über sie, da wir doch zu Ehren eines Paares versammelt sind, das seinerseits ohne Beispiel ist."

Die unaufdringliche und wirkungsvolle Anhebung aller Anwesenden auf das unbestrittene Niveau der Schmidts hat gewiss jedem Hörer wohlgetan, seine Hörbereitschaft verbessert. Reizvoll, wie das Illustre des Paares und der Festgäste im Wechselschritt „hochgeschaukelt" wird.

Beim Einstieg zu beachten

- Originell sein. Also Phantasie und Imagination anstrengen. Nachdenken.
- Kreativ sein – locker-assoziativ denken.
- Keinesfalls Bezug auf das Wetter nehmen – das ist völlig ausgelutscht.
- Nicht gespreizt und „staatsmännisch" reden, sondern persönlich, humorvoll, gescheit.
- Kurze, knappe Sätze. Nie mit Umstandswörtern wie „als", „hätte", „wenn" anfangen.
- Die Gedanken knapp und reliefartig darstellen. Geschichten schnörkelfrei erzählen.

Praxis-Tipp:

Ein guter Einstieg ist nicht leicht. Das Publikum spürt, wenn sich der Redner Mühe bei der Vorbereitung gegeben hat und ein kleines Kunstwerk präsentiert. Es dankt ihm mit Zuhörbereitschaft, also der Bereitschaft, sich führen zu lassen.

Schluss

Der Schluss ist nicht der Höhepunkt der Rede, aber er ist ein Höhepunkt. In ihm wirkt der geheimnisvolle Mechanismus des „Ende gut, alles gut". Ehrgeiz des Redners muss sein, der Schlussapplaus soll seinen Ausführungen gelten und nicht der Tatsache, dass er zu reden aufhört.

Am Schluss muss das Ziel der Rede noch einmal besonders aufleuchten: die Handlungsanweisung bei der Motivationsrede, die Kernpunkte der Information bei der Informationsrede, ein Crescendo der Gefühle bei der Stimmungsrede. So wie der 1000-Meter-Läufer vor der Ziellinie noch einmal Tempo aufnimmt, so darf der Redner die letzten Sätze nicht stolpernd, sondern muss sie in Hochform hinter sich bringen.

Praxis-Tipp:

Zögern Sie den Schluss nicht zu weit hinaus. Halten Sie sich an die englische Weisheit: Es kann eine Rede nicht schlecht sein, wenn sie kurz ist.

Es gibt nur wenig Anlässe, die eine Redezeit von mehr als zehn bis 15 Minuten rechtfertigen. Wer zu lange redet, kann sich um den Erfolg reden:

> „Ein Missionar, der eine prachtvolle Stimme hatte, predigte. In ergreifender Schlichtheit schilderte er die Leiden der Neger. Ich war so gerührt, dass ich statt der 50 Cents, die ich zu opfern gedachte, die Spende verdoppeln wollte. Die Schilderungen des Missionars wurden immer eindringlicher, und ich nahm mir vor, meine Gabe weiter zu steigern: auf 2, 3, 5 Dollar. Schließlich war ich dem Weinen nah. Ich fand, alles Geld, das ich bei mir trug, reichte nicht, und ich tastete nach meinem Scheckbuch. Der Missionar aber redete und redete, und die Sache wurde mir allmählich langweilig. Ich ließ die Idee mit dem Scheckbuch fallen und ging auf 5 Dollar

> herunter. Der Missionar redete weiter. Ich dachte: Ein Dollar genügt! Der Missionar redete, und als er fertig war, legte ich ihm 10 Cent auf den Teller." (Mark Twain)

Eine kurze Rede vorzubereiten ist schwieriger als eine lange. Weil in der kurzen Rede nichts weggelassen werden darf, muss sie konzentrierter, verdichteter sein. Bequeme Weitschweifigkeit verbietet sich. Statt dessen muss jedes Wort sitzen, jede Passage auf ihren Kern destilliert werden, was umso besser gelingt, je klarer der Redner nicht unbestimmt ahnt, sondern wirklich weiß, was er will. Kurze Reden zwingen zu Genauigkeit und Präzision. Sie nützen dem Hörer doppelt: Er hört weniger und Besseres.

Eine Rede ist wie eine Liebesaffäre: Jeder Dummkopf kann damit anfangen, aber sie mit Anstand zu Ende zu bringen, das erfordert einige Geschicklichkeit, wird ein Lord Mancroft zitiert. Geschickte Abgänge sind schwer in Kategorien zusammenzufassen: Sie ergeben sich aus der Rede. Hier die gängigsten Arten:

Zusammenfassen des vorher Gesagten

Das ist nur bei längeren Reden sinnvoll und soll sich auf das Wichtigste beschränken. Die Wiederholung von Kernworten oder Kernsätzen hebt dabei das Gewollte besonders deutlich hervor.

Meinrad Miegel, 1994, „Vier Jahre deutsche Einheit":

> „Damit werden auch in zehn Jahren noch spürbare Unterschiede zwischen West- und Ostdeutschland bestehen. Von einem steilen Gefälle wird jedoch nicht mehr gesprochen werden können. West- und Ostdeutschland nähern sich zügig einander an. Sollte diese Annäherung noch rascher vonstatten gehen als hier angedeutet, wäre dies problemlos. Politik, Wirtschaft und Gesellschaft sollten hierauf jedoch nicht bauen. Dadurch könnten allzu leicht Illusionen entstehen, die mittelfristig in Resignation umschlagen könnten."

Zum Handeln auffordern

Dieser Schluss bietet sich bei Motivationsreden, Wahlkampfreden und Angriffsreden an. Er muss eindringlich vorgetragen werden, nach dem Idealziel: Die Hörer warten voll Ungeduld das letzte Wort ab, um schreiend zur Ausführung der Tat zu schreiten.

Der englische Premierminister Benjamin Disraeli 1872 „Über die Größe Britanniens":

> „Sie müssen handeln, als hinge alles von Ihren persönlichen Bemühungen ab. Das Geheimnis des Erfolges ist die Beständigkeit des Wollens. Gehen Sie in Ihren Heimatort, erklären Sie dort diese Wahrheiten, die sich bald dem Bewusstsein des Landes einprägen werden. Handeln Sie in diesem Geiste, und Sie werden erfolgreich sein."

Konsequenzen ziehen

Hier gelten die gleichen Grundsätze wie oben: Konsequenzen ziehen ist eine Handlung. Diese Art des Redeschlusses bietet sich nach analytischen Ausführungen an, in denen Alternativen aufgezeigt werden:

> „Nachdem wir festgestellt haben, dass wir am besten in der Lage sind, das Problem zu lösen, sage ich: Setzen wir uns hin und lösen es – in Teamarbeit, durch Nachdenken, mit Kreativität."

Verwendung eines – passenden – Bildes, um den Kerngedanken der Rede zu „übersetzen"

Gertrud Höhler zum Thema „EXPO 2000", 1994:

> „Damit sie uns nicht entgleitet, behandeln wir die Entwicklung dieser gigantischen globalen Marke ‚EXPO 2000' so, wie wir den Ressourcenhaushalt eines gut geführten Unternehmens behandeln würden. Denken Sie bei der Marke ‚EXPO 2000' an einen Baum. Ein Baum kann seine Krone nur ausbreiten, wenn seine Wurzeln im Boden fest verankert sind. Sie haben alle Chancen, dass ‚EXPO 2000' in Hannover ein Gewinn für alle wird. Nutzen Sie diese einmalige Gelegenheit."

Gegensätze versöhnen

Dies bietet sich an, um die emotionale Wirkung einer Rede mit verletzendem Inhalt einzuschränken. Versöhnlichkeit verleiht die Aura des Staatsmännischen, Gelassenen und ist angezeigt, wo es dem Redner auf Vertrauensgewinn – etwa im politischen Raum – ankommt:

Der russische Präsident Boris Jelzin beendete seine erste Fernsehansprache nach der Niederschlagung des Putsches vom Oktober 1993 mit den Worten:

> „Die Ereignisse am 3. und 4. Oktober sind unser aller Tragödie, unser aller Blut. Welche politische Überzeugung auch jeder Einzelne von uns hat – wir alle sind Kinder Russlands."

Bogen schlagen zum Anfang der Rede

Dadurch wird der Eindruck besonderer Durchdachtheit und logischer Abgerundetheit der Rede erzielt. Dieser Schluss ist geeignet, wenn sich der Redner als „kluger Kopf" vorstellen will. Darüber hinaus ist er, weil leicht anwendbar, gerade für Reden im Familienkreis zu empfehlen: Der einleitende Gedanke wird in Erinnerung gerufen, zitiert und mit einer Zusatzbemerkung ergänzt:

> „Vorhin habe ich gesagt: Bärbel hat eine beachtliche Zukunft vor sich. Jetzt füge ich hinzu: Sie ist schon mitten drin, bietet in der Gegenwart schon Beachtliches. Mein Fazit: Sie ist und wird sein: ganz groß. Unsere Bärbel lebe hoch."

Der Philosoph Hermann Lübbe 1974 zum Thema „Soziale Marktwirtschaft nach 40 Jahren":

> „Damit bin ich dann zum Schluss wieder bei dem Thema ‚Markt und Moral' angekommen. Wir erkennen, dass Moral eine überaus nützliche Sache ist. Für den Markt bedeutet sie im Verhältnis zum sozialen System: Die Moral ist nicht etwa nur bei den in das soziale System integrierten guten Absichten anzutreffen, während sie beim

> Markt fehlte. Im Gegenteil: Die Moral, die dem Markt auch schon als solchem eigen ist, will auch auf das soziale System übertragen sein."

Ausblick in die Zukunft

Dies ist der für die Rede als einem Führungsinstrument, also einem Mittel der Zukunftsgestaltung angemessene und in der Praxis am häufigsten angewandte Schluss. Es gibt kaum eine Rede, wo er unangemessen wäre. Selbst in der Traueransprache hat er sich mit „Friede seiner Seele" und ähnlichen Formulierungen durchgesetzt.

Der Sozialdemokrat Otto Wels begründete 1933 die Ablehnung des Ermächtigungsgesetzes im Reichstag:

> „Auch aus neuen Verfolgungen kann die deutsche Sozialdemokratie neue Kraft schöpfen. Wir grüßen die Verfolgten und Bedrängten. Wir grüßen unsere Freunde im Reich. Ihre Standhaftigkeit und Treue verdient Bewunderung. Ihr Bekennermut, ihre ungebrochene Zuversicht verbürgen eine hellere Zukunft."

Hinweis auf den Zweck der Rede

Alterspräsident Stefan Heym bei der Eröffnung der konstituierenden Sitzung des 13. Deutschen Bundestages 1994:

> „Und just darum plädiere ich dafür, dass die Debatte um die notwendigen Veränderungen in unserer Gesellschaft Sache einer großen, bisher noch nie da gewesenen Koalition werden muss, einer Koalition der Vernunft, die eine Koalition der Vernünftigen voraussetzt.
>
> In diesem Sinne eröffne ich den 13. Deutschen Bundestag und wünsche uns allen Glück für unsere gemeinsame Arbeit."

Lothar Spät, Chef von Jenaoptik, schloss seine Dankesworte für die Verleihung eines Zukunftspreises im Juni 2001:

> „In diesem Sinne nochmals herzlichen Dank für diesen Zukunftspreis! Der CDA, der CDU und den Kräften, die Wertvorstellungen entwickeln für eine moderne deutsche Zukunft in Europa, wünsche ich viel Glück für die Zukunft – und so verstehe ich den Zukunftspreis."

Aufgaben stellen und dabei ins Gewissen reden

Dies ist bei moralisch anspruchsvollen und nachdenklichen Reden angemessen, die ihre Führungsaufgabe mehr im Moralisch-Sittlichen als in der Anleitung zu praktischem Handeln sehen.

Der französische Staatspräsident François Mitterand 1995 bei seiner Abschiedsrede vor dem Europäischen Parlament:

> „Es wurde mir bewusst, als ich Gefangener und auf der Flucht war. Ich traf Deutsche und lebte auch eine Zeitlang in Baden-Württemberg in einem Gefängnis. Und ich stellte fest, dass die Menschen dort, die Deutschen, mit denen ich sprach, Frankreich lieber mochten als wir Deutschland. Ich will nun meinem Land keine Vorwürfe machen; es ist keineswegs das nationalistischste. Aber ich will verständlich machen, dass jeder die Welt von dem Ort gesehen hat, an dem er stand, und dieser Standpunkt war im Allgemeinen ein entstellender. Wir müssen unsere Vorurteile besiegen. Was ich da von Ihnen fordere, ist nahezu unmöglich, denn wir müssen unsere Geschichte besiegen. Doch wenn wir sie nicht besiegen, wird sich eines unweigerlich durchsetzen, meine Damen und Herren: Nationalismus bedeutet Krieg! Krieg ist nicht nur Vergangenheit, Krieg kann auch unsere Zukunft sein. Sie, meine Damen und Herren Abgeordneten, sind nun die Hüter unseres Friedens, unserer Sicherheit und dieser Zukunft!"

Der Vorstandssprecher der Deutschen Bank, Hilmar Kopper, anlässlich des 125-jährigen Bestehens der Bank 1995:

> „Alles menschliche Tun bleibt unzulänglich. Auch das in der Deutschen Bank. Wir machen die Erfahrung, die auch unsere Nachfolger machen werden. Es ist die Erfahrung des Seefahrers. Der Horizont ist kein Ziel, dem wir je auch nur nahekommen. Erfahren werden wir den Horizont nie. Dass das Schiff nicht in Gefahr gerät und sicher den nächsten Hafen erreicht – darauf kommt es an."

Analogie zu Literatur oder anderen Quellen von Dauer

Heinz Riesenhuber, Cicero-Preisträger 1995, in einer Rede über „Chancen von Forschung und Technologie", nahm Bezug auf den Sündenkatalog der Kirche:

> „Eine letzte Bemerkung. Es ist immer sehr interessant, welche Tugenden in einer Zeit gelten. Aber noch interessanter sind natürlich die Sünden. Auf alten Bildern ist die Hölle immer faszinierender als das Paradies. Es ist interessant, welche der Sünden man heute vergessen hat. Viele kennen ja noch aus dem Beichtunterricht die Sieben Sünden, darunter die Superbia, die Avaritia und die Voluptas – ganz schändlich! Da gab es aber noch eine, und die ist vergessen. Von dieser achten Hauptsünde schreibt schon Origines. Augustinus hat es aufgegriffen, und Thomas sagt: ‚Wer dieser Sünde verfällt, der ist verloren in seiner Seele, selbst wenn er in allen anderen Tugenden vollkommen sei.' Das ist die Acedia, die schwarze Schwermut, das Nicht-mehr-Glauben an die Güte Gottes, der Verlust des Vertrauens: Wenn ich alles getan habe und mehr nicht tun kann und nicht weiß, was herauskommt, dann bin ich am Schluss doch in Gottes Hand, und der wird es richten. Und diese begründete Zuversicht, in die Zukunft zu schreiten mit dem, was man kann, und darauf zu vertrauen, dass es gelingt, das ist etwas, was mir in dieser Zeit für unser reiches und lebendiges Land die knappste Ressource zu sein scheint."

Toast ausbringen

Dies ist bei allen Familienfeiern sehr beliebt. Er bringt die Rede schwungvoll zum Abschluss: „Die schönsten Vergrößerungsgläser für die Freuden des Lebens sind die, aus denen wir trinken. Ich erhebe mein Glas auf das Wohl von Max. Wir wünschen ihm Erfolg und Glück." Der Toast hat einen großen Nachteil: Die Hörer erheben das Glas und können nicht klatschen. Applaus aber tut dem Redner gut. Das laue Schlagen der Hände nach Abstellen der Gläser ist kein Ersatz. Deswegen: Die Rede mit einem anderen Schluss-Modell zu Ende bringen – den Toast erst nach dem Applaus aussprechen. Übrigens: „Prosit" ist lateinisch und heißt: „Es möge nützen."

Der schlechteste Redenschluss

Er hat sich fest in Deutschland etabliert. Der Redner sagt unvermittelt „Danke fürs Zuhören". Jetzt wissen die Hörer, die Rede ist zu Ende, nun wird es Zeit zum Klatschen. Dieser Dank ist eine Leerformel, ein akustisches Signal, ein Ohren-Piktogramm, das den Hörern sagen will: „Einen richtigen Schluss habe ich nicht gefunden, aber bitte applaudiert trotzdem."

Dank

Richtig, also überzeugend und glaubwürdig zu danken ist schwer. Goethe meinte sogar: „Leider lässt sich eine wahrhaftige Dankbarkeit mit Worten nicht ausdrücken." Wer Dank ausdrücken will, darf sich vom Pessimismus des Weisen nicht verleiten lassen. Was anderes als Worte hat der Redner?

Überzeugend ist Dank nur, wenn er begründet wird. Das immer und immer wieder zu hörende „Den Mitarbeitern danke ich für ihre guten Leistungen" ist leeres Formelgeklingel, hohle Phrase, nicht aber Ergebnis einer inneren Zuwendung, ohne die Dank nicht möglich ist. „Dankbarkeit ist das Gedächtnis des Herzens", wusste der französische Geistliche Jean Baptiste Massieu. Herz und Gedächtnis wirken beim Dank zusammen: Das Herz liefert die emotionale Zuwendung, die Hinwendung zum anderen, die Freude erzeugende „zwischenmenschliche Direktheit", das Gedächtnis die Tatsachen, die der Heraushebung durch den Dank würdig sind. Erst wenn beide zusammenwirken, entfaltet der Dank seine personalführende Kraft.

Dank ist eines der besten Menschenführungs-Instrumente. Denn Dank ist immer Lob, und wer gelobt wird, will noch mal gelobt werden, will die Heraushebung seiner Person, die Stärkung seines Selbstwertgefühls, die Bestätigung seines Könnens noch einmal erleben, weil sie ihm das Hochgefühl vermitteln, auf dem richtigen Wege zu sein, sein Leben richtig zu gestalten.

Voraussetzung für die Führungswirkung des Dankes ist: Die Adressaten des Dankes müssen genau wissen, wofür ihnen gedankt wird. Je genauer das passiert, desto präziser können sie erkennen, was sie zu tun haben, um das freudige Bedankt-Werden erneut erfahren zu können.

Es liegt also im Interesse des Redners selbst, seinen Dank nicht als allgemeine Floskel vorzubringen. Vielmehr lohnt es sich für ihn, genau herauszuarbeiten, worin das Dankenswerte einer Handlung oder Leistung liegt. Gewiss nicht in stereotypen „guten Leistungen". Leistung erbringt jeder. Welche ist genau gemeint? An was ist gedacht? Fragen über Fragen, aber keine Antwort. So kann nicht gedankt, also geführt werden. Vielmehr gilt es, die das „Normalmaß", also das, was keiner besonderen Erwähnung bedarf, überschreitende Besonderheit einerseits genau und andererseits ohne Übertreibung auszusprechen. In unserem Beispiel etwa so:

> „Bei den Mitarbeitern möchte ich mich erstens für ihre Treue bedanken. Mehr als die Hälfte von ihnen sind schon 15 Jahre oder länger im Betrieb. Das ist in der Zeit des Job-Hoppings keine Alltäglichkeit, sondern außergewöhnlich. Die Statur eines Menschen wird nicht nur von seinen Leistungen, sondern auch von seiner Fähigkeit zur Treue geprägt. Es gibt viele hier im Raum, die diese Fähigkeit besitzen. Doch auch für besondere Leistungen habe ich Dank zu sagen. In unseren Zeiten wachsender Bequemlichkeiten noch jemanden zu Überstunden bewegen zu können, ist nicht leicht. Ich weiß nicht, ob Ihnen das immer Spaß gemacht hat. Aber Sie haben sich zu Überstunden bereit erklärt zum Wohle des Unternehmens. Und letztlich auch zu ihrem eigenen Wohle: Wenn anfallende Arbeiten geleistet werden können, sind die Arbeitsplätze sicherer und das Gespräch über Lohnerhöhungen einfacher."

Jetzt wissen die Zuhörer: Aha, darauf kommt es dem Chef an. Wenn ich erstens weiter hier bleibe und zweitens zu Überstunden bereit bin, habe ich die Chance auf neues Lob. Hier ist durch Anerkennung Führung und Orientierung gegeben worden – wirkungsvoller als in Image-Broschüren und Unternehmensleitlinien.

Präzise begründeter Dank hat darüber hinaus zwei Vorteile für den Redner:

- Die Zuhörer wissen, was er meint, sie können ihm folgen. Er hält also die Denk- und Hörgemeinschaft zusammen.
- Die Zuhörer spüren auf der Schiene nonverbaler Kommunikation, der Redner macht sich Mühe mit ihnen. Sie fühlen sich ernst genommen, der Mühe des Chefs würdig, während die gedankenlose Phrase Missachtung ausstrahlt: „Ihr seid mir der Anstrengung einer klaren Gedankenführung nicht wert!" (vgl. Seite 113). Wer sich ernst genommen sieht, fühlt sich geehrt. Wer sich geehrt fühlt, ist seinerseits bereit, den anderen zu ehren, ihm entgegenzukommen, wird ihm sein Ohr leihen, sein Herz öffnen: wird sich führen lassen.

Besonders schwierig ist die Formulierung eines Dankes an Damen. Ich denke nicht an weibliche Berufstätige – die werden behandelt wie ihre männlichen Kollegen. Sondern etwa an die Ehefrauen der Mitarbeiter bei einer Betriebsversammlung oder an die Frau eines Direktors, dessen Verabschiedung gefeiert wird. Schwierig ist sie, weil hier eine durch die Emanzipationsbewegung verschärfte Verkrampfung im Umgang zwischen den Geschlechtern wirksam wird.

Einige Teilnehmerinnen in meinen Seminaren haben Dankpassagen dieser Art rigoros mit der Begründung abgelehnt, umgekehrt würde dem Mann einer Karrierefrau auch nicht gedankt. Andere hatten den Gleichheitsgedanken so weit verinnerlicht, dass bereits die Erwähnung des Geschlechtes eines Menschen als Ausdruck chauvinistischen Denkens verstanden wurde. Wieder andere hielten es für so selbstverständlich, dass eine Frau Grundlage für den beruflichen Erfolg ihres Mannes ist, dass die Erwähnung einer Infragestellung gleichkomme und deswegen aus feministischer Sicht unerträglich sei. Viele – vielleicht die Mehrheit? – hatten mit Dankpassagen an Ehefrauen überhaupt keine Probleme, fanden sie angemessen, vorausgesetzt, sie werden nicht formelhaft-verächtlich, sondern inhaltlich glaubwürdig formuliert.

„Liebe Frau Meyer, Sie haben Ihrem Mann jahrzehntelang den Rücken freigehalten", ist gewiss solch eine formelhaft-verächtliche Formulierung, die leider zu den häufigsten gehört. Sie ist leer und dumm, weil sie der Frau die passive Rolle einer Wand zuweist, individuelle Leistungen nicht im Ansatz erwähnt und wirkliche Anstrengungen der Ehefrau nicht heraushebt, sondern unter einer Phrase verdeckt.

Auch die in Jahrzehnten geübte Figuration: „Der Mann bekommt einen Orden, seine Frau einen Blumenstrauß" kann das Gerechtigkeitsgefühl nicht befriedigen. Hat die Frau zum beruflichen Erfolg des Mannes nicht beigetragen – oft genug schafft es der Mann nur gegen ihren Widerstand oder trotz ihrer Gleichgültigkeit –, sollte ihr nicht gedankt werden. Wofür auch, der Dank kann nur zu einer Lüge führen oder eine Floskel werden.

Praxis-Tipp:

Recherchieren Sie die Beiträge der Ehefrau zum beruflichen Werdegang ihres Mannes so genau wie irgend möglich. Das mag – diskrete Recherche ist Ehrensache – schwierig sein, verspricht aber, ein besonders hübscher Blumenstrauß der Rede zu werden. Sollten Sie nichts finden – lassen Sie die Frauenpassage weg.

Beispiele für Dankesreden

Dank des Herausgebers eines Magazins an die Anzeigenkunden:

„. . . ich sage Ihnen allen also ganz herzlichen Dank für Ihr Kommen. Und wenn ich Dankeschön sage, will ich noch einen zweiten Dank hinzufügen. Das ‚PR-Magazin' gibt es jetzt seit gut einem Jahr. Es ist auf unserem völlig übersättigten Zeitschriftenmarkt aus dem Stand ein Renner geworden. Es wird Sie nicht überraschen: Ich selbst wundere mich kaum darüber. Denn ich denke, das Magazin ist wirklich professionell und gut gemacht. Gleichwohl ist es nicht nur deswegen erfolgreich, weil darin anschaulich geschriebene Artikel und interessante Bilder abgedruckt sind. Sondern es wurde erfolgreich, weil uns viele von Ihnen mit Anzeigen unterstützt haben.

Für diese Unterstützung möchte ich Ihnen ganz aufrichtig Dank sagen. Der französische Denker Denis Diderot hat gesagt: ‚Dankbarkeit ist eine Last, und jede Last will abgeschüttelt werden.' Ich will dem entgegnen: Meinen Dank für das Vertrauen, das Sie von Anfang an dem Magazin entgegengebracht haben, empfinde ich nicht als Last, sondern begreife ihn als Verpflichtung. Als Verpflichtung dafür, das Blatt auf höchstem Niveau zu halten und auch in Zukunft so zu gestalten, dass es erlesenem Geschmack gerecht wird – damit Ihre Anzeigen zum Erfolg führen."

Dank an Freunde (etwa bei eigenem Geburtstag oder bei Verabschiedung aus dem Berufsleben):

„Wenn wir das Leben als ein Feld sehen, das wir von der Geburt bis zum Tode durchschreiten, so blinken mir auf diesem Feld die bunten Blumen meiner Freunde entgegen. Es sind viele, und das macht mich froh. Seien es Rotary-Freunde, seien es zu Freunden gewordene Mandanten oder Kollegen, seien es Nachbarn oder Freunde aus der Schul- oder Universitätszeit und andere, die den Weg meines Lebens ein kurzes oder ein langes Stück gemeinsam mit mir gegangen sind: Das Feld meines Lebens blinkt von ihren frohen Farben, ihre Vielheit gibt mir Licht, Frohsinn und Halt. Niemand kann allein, auch nicht zu zweit allein, durchs Leben gehen. Vielmehr sind wir eingebunden in ein weites Netz menschlicher Beziehungen. Dieses Netz, dessen Teil wir selbst sind, trägt uns und gibt uns zugleich Gelegenheit zu tragen, Verantwortung zu übernehmen. Der Austausch mit anderen, der ständige Prozess des Gebens und Nehmens gibt unserem Leben Sinn, Breite und Tiefe. Dadurch werden wir reich und, wenn es gutgeht, am Fünfzigsten auch ein bisschen glücklich. Ich danke vielen Freunden für die Freude, die sie mir schenken und geschenkt haben. Sie haben mein Leben reicher gemacht. Reicher als Geld und Erfolg es machen können, auf die ich – wie wir alle – nicht verzichten will, deren relativer Wert in Stunden wie der heutigen jedoch recht deutlich wird."

Dank an aktive und ehemalige Mitarbeiter bei der Jubiläumsfeier eines Unternehmens:

„Vieles muss zusammenkommen, damit ein Unternehmen 100 Jahre überdauern kann. Es muss eine ordentliche Geschäftsführung haben, und es braucht gute Produkte. Es braucht einen erstklassigen Maschinenpark. Aber das alles nützt nichts, wenn es keine guten Mitarbeiter hat. Viele unserer Mitarbeiter sind heute hier, und ich möchte Sie ganz besonders herzlich begrüßen.

Ich möchte Ihnen in dieser Feierstunde Dank sagen. Dank für teilweise langjährige Betriebszugehörigkeit. Wer lange hier ist, erhält die hier gemachten Erfahrungen dem Betrieb – zum Nutzen des Betriebes. Dank für aufopferungsvolle und umsichtige Arbeit. Ich will Dank sagen für viele Verbesserungsvorschläge und für Mitdenken zum Wohle der Firma. In den modernsten Management-Büchern steht: Jeder Mitarbeiter soll in die Rolle eines selbstständig denkenden Unternehmers schlüpfen. Was als neueste Methode verkündet wird, ist hier schon seit alters Übung – nicht bei allen, aber es können ja noch alle werden.

Viele Betriebe machen Pleite, weil die Mitarbeiter schlampig und unzuverlässig sind. Und die wundern sich dann, wenn ihre Arbeitsplätze verloren sind. Hier konnten 100 Jahre lang Arbeitsplätze nicht nur erhalten, sondern vermehrt werden, weil Sie, die Mitarbeiter, begriffen haben: Es gibt einen Zusammenhang zwischen eigener Leistung und eigenem Arbeitsplatz.

Ich danke für Überstunden, auch für die Samstagsarbeit, die manchmal geleistet werden musste. Aber warum eigentlich ‚musste'? Ist es nicht herrlich, dass unsere Leistungen vom Markt so stark nachgefragt werden, dass wir Überstunden machen dürfen? Ein lebensfähiges Unternehmen muss ein lebendiger, ein atmender

Organismus sein. Wenn viele Aufträge da sind, wenn es bergauf geht, dann wird schneller geatmet. Und wenn es mal bergab geht, wenn die Aufträge nachlassen – das ist ganz normal und kein Grund zur Panik – dann wird eben mal weniger gearbeitet.

Die Firma ABC kann stolz sein auf ihre Mitarbeiter. Ein Witzbold hat einmal formuliert: ‚In jeder Firma gibt es Leute, die arbeiten pro Firma, und andere, die arbeiten pro forma.' Bei uns wird fast immer pro Firma gearbeitet, zum Segen aller Beteiligten. Herzlichen Dank dafür.

Dank und herzliche Begrüßung haben nicht weniger die vielen ehemaligen Mitarbeiter verdient, die heute den Weg zu uns gefunden haben. Wenn wir heute voll Stolz und Zufriedenheit auf 100 Jahre des Unternehmens zurückschauen, dann ist das ganz genauso das Verdienst der Ehemaligen wie das Verdienst derer, die heute ihr Bestes für die Firma geben. Viele von Ihnen haben nicht nur treu, hart und ehrlich gearbeitet, sondern dies auch in Zeiten getan, die in vielem unendlich schwerer waren als unsere heutigen.

Liebe ehemalige Mitarbeiter, unsere Leistungen von heute bauen auf Ihren Schultern, Ihren Leistungen von damals auf. Auf den Fundamenten der Gründergeneration haben Sie gewissermaßen die erste Etage unseres Erfolgsgebäudes errichtet, und wir sind dabei, die zweite Etage zu vollenden, der Spätere eine dritte hinzufügen werden."

Dank des Ehemannes an seine Frau – etwa zum Firmenjubiläum oder zur Silberhochzeit:

„Lass mich hier im Kreise unserer Freunde sagen: Du bist eine großartige Frau. Mit deiner kritischen Intelligenz warst du mir immer ein hervorragender Gesprächspartner. Wenn die Pferde mit mir durchgingen – du hast mich gebremst, hast mich mit klugen Ratschlägen auf den rechten Weg zurückgebracht.

Dreißig Jahre lang sind wir verheiratet. Mit Franz, Ernst und Andrea hast du drei herrlichen Kindern das Leben geschenkt. So viele Dreien – das will mir fast symbolträchtig erscheinen. In der Zahlensymbolik früherer Jahrhunderte war die Drei die Zahl des Glücks, der Harmonie, des freudigen ‚Ja' zum Leben.

Das ist es, was ich an dir schätze: Auf der einen Seite gescheit, klar und verständig. Auf der anderen Seite einfühlsam und sensibel. Auf der einen Seite energisch, wenn es gilt, etwas durchzusetzen, auf der anderen Seite klug, eine Fünf auch mal gerade sein zu lassen. Auf der einen Seite ernst, gedankliche Gründlichkeit bis zum philosophischen Tiefgang. Und auf der anderen Seite die Fähigkeit zu einer berstenden, ansteckenden Fröhlichkeit.

Es gibt Leute, für die ist die Familie nicht mehr als ein steuerlich begünstigter Kleinbetrieb zur Fertigung von Steuerzahlern. Für mich ist sie immer wieder Quelle der Freude und das Motiv, Arbeit auch dann auf mich zu nehmen, wenn sie hart und sperrig ist.

Meiner Familie, allen voran dir, liebe Bärbel, Dank zu sagen für ihre bloße Existenz, für das Glück, das sie immer wieder schenkt, liegt mir sehr am Herzen."

Dank an die Ehefrau eines Amtsinhabers – hier Bürgermeisters. Es spricht der Stadtdirektor:

„Ihre beruflichen Erfolge habe ich genannt. Aber auch das Leben eines Bürgermeisters hat eine private Seite: Dort steht Ihre Frau neben Ihnen. Sie, liebe Frau Müller, haben Ihren Mann oft begleitet, sein berufliches Leben mit ihm geteilt.

Wie oft Sie ihn beraten haben, weiß ich nicht. Aber aus eigener Erfahrung weiß ich, dass großer beruflicher Einsatz nur möglich ist, wenn der Ehepartner im Privaten großen Einsatz zu leisten bereit ist. Sie haben den beruflichen Werdegang Ihres Mannes nicht nur unterstützt. Sondern Sie haben ihn gewollt, und durch Ihr Wollen haben Sie den Erfolg Ihres Mannes zu Ihrem eigenen Erfolg gemacht. Somit ist es nur recht und billig, wenn ein großer Teil des Dankes, den wir heute Ihrem Mann sagen, auch Ihnen ganz persönlich zukommt."

Umgang mit Zitaten, Jahrestagen und Fakten

Zitate sind Gedanken auf Flügeln, Konzentrate, Seelen-Komprimate, die einen Sachinhalt im Kern treffen und auf so besonders bildhafte oder witzige und treffende Weise ausdrücken, dass sie oft Jahrhunderte überdauern, ohne an Aktualität einzubüßen.

„Geflügelte Worte" richtig einsetzen

Einer der innigen Wünsche aller, die zu reden oder zu schreiben haben: Möge ihnen ein geflügeltes Wort, eine Formulierung gelingen, die – von anderen erkannt und aufgenommen – zum Zitat wird.

Viele Redner scheuen sich, Anleihen dieser Art anzunehmen. Sei es, weil sie der Umgang mit Fremdem irritiert. Weil sie meinen, das Abstrakte eines Dichterwortes passte nicht in das Konkrete ihrer Geschäftswelt. Oder weil sie den Eindruck vermeiden möchten, mit Bildung protzen zu wollen – ein Argument, das dem Zitat in der Generation der 68er fast den Todesstoß gab: Es wurde zum „Muff von 1000 Jahren unter den Talaren" gezählt und verschwand weitgehend aus der Öffentlichkeit. Tempora mutantur et nos mutamur in illis – die Zeiten ändern sich und wir uns mit ihnen: Heute ist Zitieren wieder gern geübter Brauch.

Ganz zu Recht. Bei aller notwendigen Originalität des Redens: Das Rad muss nicht immer neu erfunden werden. Wenn ein Gedanke anerkannt gelungen formuliert ist, darf er in dem Wunsch benutzt werden, dem Publikum stets das Beste zu präsentieren.

Wichtig: Beim richtigen Gebrauch geflügelter Worte geht es nicht um den Ersatz eigener durch fremde Gedanken, sondern darum, der eigenen gedanklichen Klarheit die Krone einer glanzvollen Formulierung aufzusetzen. Der Umgang mit Literatur kann nie das Fehlen eigener Gedanken ersetzen. Aber sehr wohl Stoff liefern, die Durchschlagskraft der eigenen Gedanken zu erhöhen oder durch Zeugenschaft namhafter Personen plausibler und für die Hörer leichter akzeptabel zu machen.

Literatur kann nur Anregungen geben. Aber was heißt „nur"? Die eigenen – ordentlichen – Gedanken können so zu glänzenden werden! Literatur hilft, die eigene Ausdruckskraft, die Bildhaftigkeit der Sprache, die Präzision der Gedanken zu verbessern. Darin liegt ihr Wert. Wie überhaupt kaum jemand hoffen darf, ein beachtlicher Redner zu werden, der nur die „Bild"-Zeitung liest und dessen Kontakte zu Büchern sich auf Comic-Hefte und Lore-Romane beschränken.

Die Lektüre „guter Bücher" ist nicht nur wegen ihrer Sprache, sondern noch mehr wegen der Tiefe ihrer Gedanken – sie schärft die Beobachtungskraft des Lesers – unverzichtbare Voraussetzung für jeden, der mehr sagen will, als durch die öffentlichen Verlautbarungsanstalten vorgegeben. Der Redner, der seiner Verantwortung vor dem Publikum gerecht werden will, hat sich selbst die Pflicht aufzuerlegen, seinen Hörern mehr zu bieten, als er ohne Hilfsmittel „an Bord" hat. Das Zitat, richtig eingesetzt, nicht als Herr, sondern als Diener der eigenen Gedanken, kann solch ein Hilfsmittel sein.

Zitate können gut benützt werden, um durch Berufung auf eine Autorität die eigene Gedankenführung zu untermauern. Glanz und Ruhm des fremden Namens werden zur Förderung der eigenen Botschaft eingesetzt:

Die Treue für 30-jährige Mitarbeit soll hervorgehoben werden:

> „Wie viele Menschen gibt es überhaupt noch, die auf eine dreißigjährige Betriebszugehörigkeit je zurückblicken können? In unserer Bäumchen-wechsle-dich-Gesellschaft feiern da viele schon eher – flexibel und dynamisch – den dreißigsten Betrieb, dem sie zugehören. Ein solcher Unstetiger ist Herr Bleibhier gottlob nicht. Schon Goethe wusste: ‚Nicht nur Verdienst, auch Treue wahrt uns die Person.' Von den Verdiensten des Herrn Bleibhier will ich gleich

> sprechen. Was mir jetzt am Herzen liegt, ist, hervorzuheben, dass er allein schon durch die Tatsache seiner dreißigjährigen Treue zur Betriebsgemeinschaft unter Beweis gestellt hat: Er ist ein Mann besonderen Zuschnitts."

Es kann sinn- und reizvoll sein, ein Zitat zu verwenden, das genau das Gegenteil des Selbstgewollten zum Ausdruck bringt. Der Redner gewinnt einen Kontrapunkt, mit dessen Hilfe er seine eigene Position gut verdeutlichen kann:

Rede bei einer Betriebsversammlung, dem Chef kommt es darauf an, die Freude an Wechsel und Dynamik zu erhöhen:

> „Es sind dynamische Mitarbeiter, die wir im Betrieb brauchen. Frauen und Männer, die sich nicht ausruhen auf dem Erreichten. Leute, die immer auf dem Sprung sind. Menschen, die von einer positiven, nach vorne drängenden Unzufriedenheit erfüllt sind. In der Zeit der Postkutsche mögen andere Werte oben angestanden haben. Goethe etwa sagt: ‚Nicht nur Verdienst, auch Treue wahrt uns die Person.' Er setzt die Treue den Verdiensten gleich. Ich aber sage: Nicht auf Beharren kommt es heute an. Nicht darauf, eine Entscheidung, nur weil sie einmal getroffen wurde, bis zur Bewusstlosigkeit zu verfolgen. Nicht auf Sich-Ausruhen auf einmal gewonnenen Erkenntnissen kann es ankommen. Treue als Umschreibung für Schlaftablette und Bewegungsarmut mag in der Ehe noch ihre Berechtigung haben. Im Unternehmen von morgen, in der Informationsgesellschaft der Datenautobahnen mit ihren Computern und Online-Schaltungen hat sie nur noch die Ausstrahlungskraft einer verstaubten Olympia-Schreibmaschine."

Zitate können zur Verdeutlichung eines Gedankens, zur Präzisierung einer Beschreibung eingesetzt werden. Was jeder Redner – mehr oder weniger gut und umständlich – mit seinen Mitteln ausdrücken kann, mag ein Zitat in wenigen Worten eingängiger und klarer zum Ausdruck bringen:

Der Chef will die Eigenschaft eines Mitarbeiters hervorheben, der in mehreren Abteilungen der Firma gearbeitet und überall auch dann positiv gewirkt hat, wenn die Abteilungen anfangs gravierende Probleme hatten:

„Wo immer Kollege Memisch hingestellt wurde, er blieb der Sieger, mochten die Schwierigkeiten anfangs auch noch so groß sein. Er ist kein Julius Cäsar: Ihm fehlt die Glatze, der dicke Bauch, und bei seiner Beliebtheit steht nicht zu erwarten, dass er ermordet wird. Aber eines hat er mit dem großen Imperator gemeinsam, der von sich sagte: ‚Ich kam, sah, siegte.' Und das kann Herr Memisch auch von sich sagen. In der Lohnbuchhaltung, in der Verwaltung, als mein Assistent und jetzt in der Rechnungsprüfung: Überall hat er sich bewährt, sich bei Mitarbeitern beliebt und um die Sache verdient gemacht."

Der Sprungwettbewerb aus drei zusammengesetzten Sprüngen heißt in der Leichtathletik „Dreisprung": die Sprünge hop, step und jump. Der Gebrauch von Zitaten ist ein Dreisprung zum höheren Niveau der Rede.

1. Sprung (hop)

Das richtig angewandte Zitat stellt einen Höhepunkt in der Rede dar. Wird es nicht gut vorbereitet, besteht die Gefahr, dass es der Aufmerksamkeit vieler Hörer entgeht, die Wirkung des Zitats verpufft.

Ein plötzlich vorgebrachter Fremdgedanke wirkt unmotiviert und gekünstelt, zerreißt den Gedanken des Redners, statt ihn zu klären, und verwirrt damit die Hörer. Er muss vorbereitet werden, d. h. der Sprecher führt die Gedanken der Zuhörer langsam an das Zitat heran, etwa indem er ein Kernwort des Zitats einen oder zwei Sätze vorher anspricht (Beispiel 1) oder einen Gedanken formuliert, der in die Richtung des Kerngedankens des Zitats weist (Beispiel 2).

Beispiel 1: „Nachdem ich die Verkaufserfolge des Herrn Soll erwähnt habe, seine Fähigkeit zur Teamarbeit gerühmt und sein kameradschaftliches Verhalten, also seine Verdienste für unsere Versicherung hervorgehoben habe, will ich an einen Gedanken Goethes erinnern: ‚Nicht nur Verdienst, auch Treue wahrt uns die Person.'"

> Beispiel 2: „Jeder von uns spielt viele Rollen. In jeder müssen wir uns bewähren. Für uns im Vordergrund steht die Rolle als Betriebsangehöriger. Aber jeder von uns steht in familiärer Bindung, spielt vielleicht die Rolle von Vater oder Mutter. Spielt mit Sicherheit die Rolle des Konsumenten, des Wählers, des Verkehrsteilnehmers und viele andere mehr. Ausharren, in einer Rolle heimisch werden, auch wenn es nicht immer leicht fällt, ist unser aller Aufgabe. Goethe sagte: ‚Nicht nur Verdienst, auch Treue wahrt uns die Person.'"

2. Sprung (step)

Nach der gedanklichen Vorbereitung des Publikums auf das Zitat wird das Zitat selber gebracht.

Ich empfehle einen souveränen Umgang mit dem Wortlaut des Zitates.

- Eine grammatikalische Anpassung an die eigene Gedankenführung ist unbedenklich.
- Leichte Veränderungen, auch in der Aussage des Zitats, sind erlaubt. Es geht nicht um eine Hommage an den Zitatgeber, sondern um den Transport der Botschaft. Die Grenze: Der Sinn des Zitates darf nicht verwässert oder gar ins Gegenteil umgekehrt werden. Im Germanistenseminar kann das exakte Zitieren im Vordergrund stehen.

3. Sprung (jump)

Nachbereiten des Zitats: Hier liegt die eigentliche geistige Arbeit des Redenschreibers. Das nicht nachbereitete Zitat verhungert, seine Wirkung verpufft. Der Redner muss das Zitat mit dem Reichtum seiner Gedanken füttern. Geflügelte Worte sind oft vieldeutig auslegbar – das begründet ihre Unsterblichkeit und vielseitige Anwendbarkeit. Welche Auslegung für die Illuminierung seines Gedankens richtig ist, muss der Redner seinen Zuhörern sagen, sonst wird er nicht verstanden, macht er sich das Zitat nicht untertan.

Wie viele Facetten hat nicht ein Zitat wie „Manche halten den Unternehmer für einen räudigen Hund, den man totschlagen müsse. Andere halten ihn für eine Kuh, die man ununterbrochen melken könne, und nur wenige wissen: Er ist das Pferd, das die Karre zieht." (Winston Churchill). Welcher Ansicht ist der Redner? Der ersten, der zweiten oder der dritten? Stimmt das nicht ein bisschen mit der Kuh, die es zu melken gilt? Ist ein Pferd besser als eine Kuh? Oder schlechter, weil es keine Milch gibt? Viele Fragen, der Redner muss sie beantworten, indem er sagt, welches Stück aus dem großen Kuchen des Gedankens von Churchill er seinem Hörer servieren will. Andernfalls kann das Zitat seine klärende, verdeutlichende Funktion nicht erfüllen, und der Redner geht mit kleinen Worten im großen Gefäß des Zitats unter.

Indem er die Brücke vom immerjungen Wort zu seinen Gedanken schlägt, die abstrakte zeitlose Aussage in die konkrete Anwendung auf seinen Stoff überträgt, verknüpft der Redner das Zitat mit seiner Rede, macht es ihr dienstbar. Verknüpft es mit seinen Absichten wie die Mutter den Teddybären auf dem Pullover ihres Kindes Stich um Stich mit dem Kleidungsstück fest verbindet: Er bleibt ein Blickfang und doch Teil des Ganzen.

Beispiel 1: (Fortsetzung von Seite 159)
„... Was seine Treue, sein Ausharren bei uns angeht, so hat er auch hier Außergewöhnliches auf seinem Habenkonto zu verbuchen. Dabei lasse ich die Frage offen, ob es die Liebe zu seiner Arbeit oder die Liebe zu uns, seinen Kolleginnen und Kollegen war, die ihn hier so lange gefesselt hat. Doch ich denke, wir können – ohne ihm zu nahe zu treten – sagen, beides hat ihn unserem Unternehmen erhalten. Möglicherweise ist dies die Ursache dafür, dass wir ihn nicht nur als einen kompetenten, leistungsfähigen Mitarbeiter achten, sondern ihn zugleich als kameradschaftlichen, liebenswürdigen, einigen von uns sogar in Freundschaft verbundenen Kollegen schätzen."

Beispiel 2: (Fortsetzung von Seite 160)
„... Ich habe heute nur die Rolle Herrn Tüchtigs hier im Betrieb zu würdigen. Und da hat uns Goethe schon die richtigen Ansatzpunk-

te geliefert. Denn tatsächlich, es ist beides, was sich Herr Tüchtig im Unternehmen erworben hat: die Kraft eines Vorbildes in Sachen Leistung und Verdienst ebenso wie in Treue. Er hat seine Rolle hier großartig gespielt."

Sollte man den Autor eines Zitates nennen? Prinzipiell ja – es entspricht den Regeln der Redlichkeit, sich nicht mit fremden Federn zu schmücken. Zudem kann es äußerst peinlich sein, beim Gedankenklau erwischt zu werden. Vor allem, wenn er zu Zwischenrufen führt.

Achtung: Bei sehr bekannten Zitaten (geflügelten Worten) kann die Nennung des Autors entfallen.

Praxis-Tipp:

Um in jedem Satz verständlich zu sein, soll der Redner diskrete Hörhilfe geben, indem er den Zitierten knapp vorstellt. Dabei ist Fingerspitzengefühl vonnöten, damit nicht der Eindruck von Lehrerhaftigkeit entsteht. Vor Physikern braucht niemand zu sagen: „Wie der englische Mathematiker und Physiker Isaac Newton sagte ..." Vor einem gemischten Kreis dagegen ist es sinnvoll und hilfreich.

Dabei soll niemand sein Publikum überfordern. Nur wenig über 60 Prozent der Deutschen kennen ihren berühmtesten aller Dichter, Johann Wolfgang von Goethe. Viele Ihrer Zuhörer werden dankbar sein, wenn Sie Mark Twain als „amerikanischen Dichter" vorstellen oder als den „Erfinder des Huckleberry Finn, der viele von uns in Kindertagen begeistert hat".

Während den Hörer diese und andere Fragen bewegen, ist der Redner im Text längst weitergeeilt, der Hörer findet vielleicht nie wieder Einstieg in die Rede.

Kennen Sie den Autor selber nicht, sollten Sie das zugeben. Oder Sie anonymisieren ihn, etwa durch eine Formulierung wie: „In der

Zeitung habe ich neulich gelesen..." Das ist überall zu empfehlen, wo es auf den Gedanken, nicht aber auf seinen Autor ankommt: Der Redner gibt die fremde Autorenschaft an, schmückt sich also nicht mit einer fremden Feder.

Mit dem Namen des Autors/der Autorin wird die ganze Aura, der gesamte Ruf dieser Person – im guten wie im schlechten – in das Boot Ihrer Rede geholt. Zitate des griechischen Philosophen Sokrates in einer Karnevalsrede können problematisch sein. Im Seminar hatte ein Teilnehmer ein an sich gescheites und in den Zusammenhang seiner Übungsrede passendes Hitler-Zitat verwendet. In der anschließenden Besprechung ging niemand auf die Gedanken des Redners ein – einzig der Name des Diktators war haften geblieben, seine Ablehnung wurde auf die Rede übertragen. Wer Hitler zitiert, hat Auschwitz in seiner Rede.

Sparsam mit Zitaten umgehen

Das Anhäufen von Zitaten wirkt leicht als bildungsbürgerlicher Protz. Zudem läuft der Redner Gefahr, neben der Frische unsterblicher Zitate selbst alt und welk auszusehen, vor allem, je weniger es ihm gelingt, sich den Gedanken eines Zitates zu Diensten zu machen (vgl. Seite 156 ff.). Deswegen als Faustregel: nicht mehr als zwei oder drei Zitate in einer Rede von zehn bis 15 Minuten Länge. Bei Geschäfts- und amtlichen Reden, in deren Nüchternheit das Flimmerlicht eines Dichterwortes besonders auffällt, weniger, bei Reden im privaten Kreis oder Betriebsreden auf Personen getrost häufiger mit fremder Autorität arbeiten.

Sind schon ein oder zwei Zitate in die Rede eingebaut worden, möchte der Sprecher aber unbedingt noch ein weiteres aufnehmen, kann er es anonymisieren, indem er z. B. den Gedanken dem Feuilleton einer Zeitung „in den Mund" legt. Oder er erfindet eine kleine Geschichte, in der er – ein kleines Glanzstück der Rede – erklärt, wie ihm der Gedanke zu Ohren gekommen ist.

Etwa: Er habe in der Bahn das Gespräch zweier Damen belauscht, obgleich er eigentlich in Ruhe lesen wollte.

Bei der Vorbereitung einer Rede ist der Umgang mit Zitaten ein besonderer Höhepunkt – sie regen die Phantasie an und fordern zur geistigen Auseinandersetzung heraus. Eine Gefahr im Umgang mit Zitatenwerken ist das Blättern und Schmökern: Je faszinierender, spannender und unterhaltsamer die Lektüre ist, desto größer ist die Gefahr, dass der Redenschreiber zwar prachtvolle Stunden verbringt, die Redenvorbereitung aber nicht vorankommt.

Deswegen: Erst wenn er genau weiß, was er will, wenn die Botschaft feststeht, ist der Griff zur Literatur hilfreich. Vor allem, wenn die Vorbereitungszeit knapp ist: Auf keinen noch so interessanten Nebenpfad locken lassen – an dessen Ende stehen neue Verführungen.

Auf der anderen Seite: Der Umgang mit Literatur berührt den Redenschreiber weit über den Nutzen für die konkrete Ansprache hinaus. Auch für den, der viele Zitate und Anregungen wieder vergisst, gilt: semper aliquid haeret – etwas bleibt immer hängen. Das macht ihn für sein ganzes Leben reicher, gibt seiner Persönlichkeit durch Wissen Statur und Profil, macht ihn klüger.

Mit Jahrestagen arbeiten

Der Mensch hat vielfach in die Speichen der Schöpfung eingegriffen, der Zeit – Goethes Prometheus schleudert dem Gott entgegen: „Meine Herrin und *Deine*" – bleibt er unterworfen. Jedes Ereignis hat seine Zeit. Der Redner kann aus dem bloßen Datum Honig für seine Rede ziehen. Sei es der Geburtstag, der Tag des Eintritts eines Jubilars in die Firma, der Tag, an dem die Rede gehalten wird oder ein Ereignis stattfand, das in ihr eine herausgehobene Rolle spielt: Daten sind hochwichtige Knotenpunkte, um das Netz einer Ansprache weit und interessant zu machen.

Historische Fakten, die den Redner anregen, können in Kalendern, eigens dafür konzipierten Nachschlagewerken oder Computerprogrammen gefunden werden. Sprechen Sie nur Ereignisse an, die mit der Botschaft Ihrer Rede in Zusammenhang stehen, sich also aus der Sache ergeben. Andernfalls verwirren Sie die Hörer nur.

Die Redepassage soll mit der Nennung des Datums beginnen – denn daraus fließt zunächst die logische Begründung, überhaupt auf das zurückliegende Ereignis zu sprechen zu kommen. Bei einer Geburtstagsrede etwa: „Heute ist der 27. Mai."

Praxis-Tipp:

Das Ereignis selbst muss präzise und genau beschrieben werden, denn Sie wollen in jedem Teil der Rede verstanden werden. Setzen Sie Kenntnisstand Null beim Publikum voraus: „An diesem Tag wurde Franz Beckenbauer geboren, der Optiker Carl Zeiß und der Philosoph der Frankfurter Schule Theodor Adorno."

Gehen Sie jetzt auf die genannten Ereignisse ein, beschreiben Sie sie. Werfen Sie sie – wie der Jongleur seine bunten Bälle – in die Höhe, damit das Publikum sehen kann, wie Sie mit ihnen spielen: „Beckenbauer hat große Bedeutung für den Sport. Adorno hat Verehrer unter den Denkern. Carl Zeiß sei nachhaltig Dank gesagt für seine Verdienste um unser aller Sehschärfe. Lauter bedeutende Leute, über die wir uns im Konversationslexikon informieren können."

Nun muss die Verbindung zum Thema Ihrer Rede – zum Geburtstagskind – kommen: „Sie alle mögen uns nachsehen, wenn wir ihnen heute außer dieser kurzen Erwähnung keine weitere Aufmerksamkeit schenken. Bedeutung hat für uns heute ein einziger Geburtstag, und das ist der Ihre, lieber Herr Deschholdt."

Vertiefen Sie diesen Gedanken, setzen Sie ihm mit Ihrer Beobachtungsgabe eine Krone auf: „Denn keiner der vorgenannten Herren war unserem Betrieb je auch nur annähernd so verbunden wie Sie. Und keiner hat sich auch nur ein einziges nennenswertes Verdienst um unsere gemeinsame Arbeit erworben..."

Wer gründlich genug nachdenkt und Phantasie walten lässt, kann erstaunliche Funken aus dem Zusammentreffen bloßer Daten schlagen. Diese Methode bietet vorzügliche Ansätze, über den Tellerrand des Themas zu blicken und interessante Verknüpfungen herzustellen.

Beispiel 1:

Situation: Der Chef redet vor der Belegschaft eines Unternehmens, das nach zwei Jahren rückläufiger Entwicklung wieder zu besseren Ufern aufgebrochen ist.

1. Schritt: Einleitung.

„Meine Damen und Herren, es war keine ausgeklügelte, raffinierte Strategie, unsere Jubiläumsfeier auf den heutigen Tag, den 27. Mai, zu legen. Es war bloßer Zufall. Trotzdem: Es fügt sich ausgezeichnet. Denn der 27. Mai ist ein Tag des Erfolges."

2. Schritt: Genaue Beschreibung des Ereignisses.

„Für den größten Fußballer aller Zeiten, für Diego Maradonna, war er ein ungeheuerlicher Erfolgstag. Heute vor X Jahren, am 27. Mai 1982, wechselte er für die damalige Rekordsumme von 18,25 Millionen DM zum FC Barcelona."

3. Schritt: Ausschlachten des Ereignisses für die eigene Gedankenführung.

„Einige von Ihnen wissen vielleicht, ob diese Ablösesumme später übertroffen wurde. Ich weiß es nicht. Aber ich weiß: So wie der Wechsel zum FC Barcelona für Maradonna ein Erfolg war, so waren die letzten Monate für unser Unternehmen erfolgreich."

4. Schritt: Und jetzt präzisieren.

„Ein Rekordergebnis haben wir zwar noch nicht wieder erwirtschaftet. Aber wir schreiben nach zwei düsteren Jahren wieder schwarze Zahlen, sind wieder auf der Sonnenseite. Ich bin sicher: Wenn wir uns alle weiter so anstrengen wie in den letzten Monaten und wenn die Konjunktur weiter anhält – was zu erwarten ist – dann sind wir auf dem Weg zu einem neuen Rekord, zu einem Maradonna-Ergebnis."

Beispiel 2:

Wenn Ihnen Maradonna und der Fußball keinen Spaß machen oder wenn Sie auf andere als Geldwerte hinweisen möchten, finden Sie unter dem 27. Mai auch den Hinweis auf das Hambacher Fest:

1. Schritt: Einleitung.

„Heute auf den Tag genau vor X Jahren fand das berühmte Hambacher Fest statt."

2. Schritt: Genaue Beschreibung des Ereignisses.

„Rund 3000 Liberale aus Süddeutschland forderten damals die Einführung der Farben Schwarz-Rot-Gold als deutsche Fahne, forderten die Einheit Deutschlands als einer föderativen Republik und den Zusammenschluss Europas. Das Hambacher Fest wird als die wichtigste Wiege der Demokratie in Deutschland bewertet."

3. Schritt: Ausschlachten des Ereignisses für den eigenen Gedankengang.

„Der heutige Tag soll rückblickend als der Tag gewertet werden, an dem unser Unternehmen zu besseren Ufern aufgebrochen ist. Die Voraussetzungen dafür sind geschaffen. Unser zweijähriges Tief haben wir durchschritten. Wir sind wieder konsolidiert."

4. Schritt: Und jetzt vertiefen.

„Die Forderungen des Hambacher Festes sind erfüllt: Schwarz-Rot-Gold ist die deutsche Fahne, Deutschland ist eine föderative Demokratie, Europa ist auf dem Wege der Einigung. Auch die Forderungen des heutigen Tages sollen in Erfüllung gehen – allerdings nicht erst in

166, sondern schon in zwei Jahren. Dann wollen wir sagen: Wir haben erstens die Folgen des vergangenen Tiefs vollständig überwunden. Zweitens haben wir unsere Position unter den europäischen Räderproduzenten von Platz 4 auf Platz 3 verbessert, und drittens sind wir unterwegs, das beste Betriebsergebnis aller Zeiten einzufahren... "

Die Fakten müssen stimmen!

Die verrücktesten Geschichten schreibt das Leben. „Gold beim Schrotthändler", „Hai im Hallenbad", „Dieb über Beute entsetzt", „Hund stoppt Flugzeug" sind einige davon. Die Zeitungen berichten fast täglich über erstaunliche Dinge und Ereignisse, deren Ausgefallenheit kein Dichter erzählen kann. Doch gerade im Seltsamen kann das Typische deutlich werden.

Praxis-Tipp:

Notieren Sie sich kuriose Geschichten, schneiden Sie sich Extraordinäres aus der Zeitung aus – Sie werden einzigartige Würze für Ihre Rede gewinnen. Greifen Sie zu Anekdotensammlungen, Erzählungen, Begebenheiten aus Ihrer Umgebung.

Aus allen können Sie Licht und Klarheit für Ihre Rede gewinnen, wenn Sie Schritt für Schritt vorgehen:

- Hinführen auf das Ereignis
- Erzählen des Ereignisses
- Auswerten des Ereignisses

Beispiel 1:

Der Gastgeber eines feierlichen Abendessens spricht.

1. Schritt: Hinführen auf das Ereignis.

„Wir haben uns bemüht, ein Menü der goldenen Mitte zusammenzustellen. Auf der einen Seite soll es Rücksicht nehmen auf die Tatsache, dass wir viel zu oft und viel zu gut essen und dass es vernünftig ist, sich am Abend mit schwerem Essen zurückzuhalten. Auf der anderen Seite ist es kein Pierre-Barberoux-Mahl" (die Neugierde, der Spaß am Zuhören ist erzeugt).

2. Schritt: Nennen des Ereignisses.

„Pierre Barberoux – das haben außer mir vielleicht noch einige von Ihnen gestern in der Zeitung gelesen – heißt der Segler, der vor einigen Wochen von einer deutschen Yacht in der Karibik geborgen wurde. Der 34-jährige Franzose wollte die Welt umsegeln, hatte den Kurs verloren und war fast zwei Monate lang ohne jede Nahrung im Atlantik dahingetrieben. Dabei hatte er 35 Kilogramm Gewicht verloren."

3. Schritt: Auswerten für den eigenen Gedankengang.

„Ein Glück, der Mann ist gerettet. Manche von uns möchten ja vielleicht auch ein paar Kilo verlieren. Aber es müssen ja nicht gleich fünfunddreißig sein. Wir, die wir keine Weltumsegler sind, freuen uns ja schon, wenn am Ende eines guten Essens nicht ein oder zwei Kilo dazugekommen sind. Diese Freude dürfen wir nach Auskunft des Küchenchefs alle haben."

Beispiel 2:

Der Vorsitzende des Vorstandes begrüßt die Vorstandskollegen mit ihren Damen zu einer Jahres-Auftakt-Veranstaltung.

1. Schritt: Hinsteuern auf das Ereignis.

„...und Sie zu langweilen halte ich für die größte Jahresanfangs-Sünde, die mir unterlaufen könnte. Sie würde das zerstören, was ich bei Ihrer aller Anblick empfinde und mit einer kleinen Begebenheit umschreiben möchte, die sich im November vorigen Jahres in Suffolk, Ostengland, zugetragen hat." (Neugierde ist erzeugt.)

2. Schritt: Genaue Beschreibung des Ereignisses.

„Dort hatte ein Farmer, ein kleiner Bauer, seinen Hammer auf dem Felde verloren. Er suchte Stunde um Stunde, konnte ihn aber nicht wiederfinden. Verzweifelt lieh er sich von einem Nachbarn einen Metalldetektor. Damit schritt er seinen Acker ab. Plötzlich zeigte das Gerät an. Was fand der Mann? Keinen Hammer. Sondern einen mehrere Millionen britische Pfund wertvollen Goldfund aus der Römerzeit."

3. Schritt: Auswerten für Ihren Gedankengang.

„Die Meldung von diesem sensationellen Fund ging durch die Zeitung. Sie ist mir haften geblieben. Was hat der Mann gehabt? Er hat enormes Glück gehabt. Ein Hammer gegen einen römischen Goldfund! Nicht Finderglück, aber genau das angenehme Gefühl, das wir viel zu selten haben und dann zu kurz – eben Glück – erfüllt mich beim Anblick unserer vertrauten Runde. Ich weiß, Sie empfinden ähnlich. Das ist ja das Schöne, dass wir uns seit vielen Jahren als einander Zugetane, als Weggefährten, als Freunde begegnen, die beglückt sind, wenn sie sich wiedersehen. Und deshalb reizt es mich, über dieses flüchtige Gut ‚Glück' nachzusinnen."

Handwerkliche Sicherheit bei der Redenvorbereitung

7

Am Anfang steht das Fragen-Stellen

Der Dichter wird geboren, der Redner wird gemacht – für das Konzipieren einer Rede gilt dasselbe. Redenschreiben ist ein Handwerk. Jedes Handwerk kann gelernt werden. Die beste Lernmethode ist das Üben.

Es gibt keine allgemein verbindliche Technik der Redenvorbereitung. Haben Sie bereits hinreichend Erfahrungen gesammelt und dabei einen persönlichen Stil entwickelt, dann machen Sie genauso weiter, wie bisher. Überfliegen Sie allenfalls das Folgende, um hier und da eine Anregung zu finden.

Ich kann Ihnen lediglich aufzeigen, wie ich selbst an die weit über 2000 Reden herangegangen bin, die ich erst für Bundeskanzler Helmut Schmidt und später für Führungskräfte aus Wirtschaft, (www.redenschreiben.de) Verbänden und zu privaten Anlässen geschrieben habe. Es sind die gleichen, die ich in der von mir gegründeten Akademie für RedenSchreiben empfehle.

Welche Aufgabe hat Ihre Rede im Rahmen der Veranstaltung?

Sind Sie selbst der Veranstalter, wird Ihnen die Antwort auf diese Frage keine Probleme bereiten. Sprechen Sie auf einer fremden Veranstaltung und der Redezweck geht aus Vorgesprächen oder der Einladung nicht deutlich hervor, dann rufen Sie den Veranstalter an! Fragen Sie ihn. Klären Sie diese Frage im Gespräch!

Für den Veranstalter hat Ihre Rede einen bestimmten strategischen Zweck. Den müssen Sie herausfinden. Sonst machen Sie sich keine Freunde, sondern ernten bloß Kopfschütteln.

Sind Sie der Hauptredner oder ist nur ein Grußwort gefragt?

Wird ein Grußwort erwartet, dann reden Sie nicht länger als fünf Minuten. Undisziplinierte Grußwortredner, die oft nichts zu sagen haben, dies aber in nicht endender Rede unter Beweis stellen, können den ganzen Tagungskalender über den Haufen werfen.

Wie lange ist Ihre Redezeit?

Reden Sie nicht länger als vorgesehen, wobei Großzügigkeit erlaubt ist – auf drei oder vier Minuten kommt es nur selten an. Aber reden Sie bedenkenlos kürzer, selbst als Ihre Rede im gedruckten Programm ausgewiesen ist. Es kann eine Rede nicht schlecht sein, wenn sie kurz ist (zur Länge der Rede vgl. Seite 192 f.).

Der Veranstalter wird es Ihnen danken, denn die anderen Redner werden überziehen. Sie sind die rühmliche Ausnahme und helfen ihm, das Programm wieder in den Griff zu bekommen. Das Publikum dankt Ihnen am meisten: Wer am kürzesten redet, bleibt am besten in Erinnerung. Grundsätzlich gilt: Je konzentrierter und aussagestärker, also je besser Ihre Rede ist, desto kürzer darf und soll sie sein.

Praxis-Tipp:

Treten Sie als einer von mehreren Rednern auf, ist über den Veranstalter – noch besser mit den Vor- und Nachrednern – zu klären, welche Seite des Themas Sie abdecken sollen. In der Regel ergibt sich das aus Ihrer Funktion.

Erkundigen Sie sich ganz genau! Diktieren Sie nicht ein einziges Wort, bevor Sie nicht völlige Klarheit über die strategische Rolle Ihrer Rede im Gesamtkonzept der Veranstaltung haben. Auch ein Haus wird nicht zu bauen begonnen, bevor der Verwendungszweck feststeht. Sonst geht Ihre Rede „am Thema vorbei".

28 Tipps zur professionellen Redenvorbereitung

1. Die Zuhörer kennen lernen

Bevor Sie einen einzigen Gedanken für die Rede entwickeln: unbedingt Informationen über die Zuhörer einholen. Zu ihnen sprechen Sie. Der gute Redner redet in erster Linie nicht zur Sache, sondern zu Menschen (vgl. Seite 94 ff.). Papst Gregor I. empfiehlt in seiner Predigtlehre, das Auditorium aufzuschlüsseln nach: Frauen/Männer; Ungeduldige/Geduldige; Demütige/Hochmütige; maßlose Fresser/sparsame Esser; solche, die die Schrift nicht verstehen/solche, die sie verstehen. Der Redner kann sein Publikum nicht besser ansprechen, als er es kennt!

Kennen Sie das Publikum, betrachten Sie das Thema aus der Sicht Ihrer Hörer:

- Was erwarten die Zuhörer von Ihrer Rede?
- Wie ist das Eigeninteresse der Zuhörer am Thema?
- Was wissen sie bereits darüber?
- Wie können Sie das Thema so aufbereiten, dass die Hörer es mit ihrer eigenen Erfahrungswelt verbinden können?
- Haben die Hörer schlechte Erfahrungen aus dem Themenbereich, z. B. Steuererhöhungen?
- Gibt es Kontrapositionen, die Sie berücksichtigen müssen?

Scheuen Sie sich nicht, vom Veranstalter eine Gästeliste einzufordern. Studieren Sie diese Liste gründlich. Denken Sie sich hinein in die Erwartungshaltung der Zuhörer.

2. Kenntnisse über den Vortragsraum verschaffen

Bundeskanzler Helmut Schmidt verlangte von seinen Redenschreibern, vor Beginn ihrer Arbeit einen Blick in den Veranstaltungsraum zu werfen. Die Kenntnis des Raums und seiner Atmosphäre erleichtert das Redenschreiben, die Eröffnung des Dialogs mit den Hörern – auch wenn die noch gar nicht im Saal sitzen. Eine solche Visite wird schon aus Zeitgründen nicht immer möglich sein. Doch Zeit für ein Telefongespräch mit dem Veranstalter sollten Sie unbedingt finden.

Fragen zum Vortragsraum

- Stehen Sie an einem Mikrophon? Das verändert Ihre Stimme und schafft Distanz.
- Wo steht das Mikrophon? Ein Gespräch zwischen Redner und Zuhörern ist aus der Entfernung viel schwerer zu führen – etwa in einer Festhalle, in der zehn Meter zwischen dem Mikrophon und der ersten Sitzreihe liegen.
- Wird eine Tischrede erwartet? Dann ist ein lockerer Plauderton angemessen. Reden Sie nicht zu lange. Die Leute wollen lieber miteinander reden, als lange schweigend zuzuhören.
- Müssen die Zuhörer stehen? Nicht zu lange reden! Auf jeden Fall Sorge tragen, dass einige Sitzgelegenheiten für ältere Menschen am Rande des Raumes aufgestellt werden.
- Findet die Rede im Freien statt? Eine kurze Rede ist angezeigt.
- Ist die Rede in einem (Bier-)Zelt? Knappe und kurze Sätze, etwas derbe Pointen sind am Platze.

noch: Fragen zum Vortragsraum

- Reden Sie am offenen Grabe? Sie werden sich um tragende, grundsätzliche Aussagen bemühen müssen. Doch von vielen verstanden werden Sie nur, wenn ein Mikrophon aufgestellt ist.
- Zu welcher Uhrzeit ist Ihre Rede? Der Morgen ist nüchterner als der Abend. Ganz schwierig, wenn Sie kurz nach Mitternacht an der Reihe sind, etwa weil in den Geburtstag hineingefeiert wird: Fassen Sie sich kurz. Fesseln Sie die Aufmerksamkeit der vielleicht schon angeheiterten Gesellschaft durch kurze eckige Sätze, derben Humor und Witz.
- Hängt im Vortragsraum vielleicht ein Bild, auf das Sie Bezug nehmen können?
- Hat dort kürzlich ein Prominenter gesprochen, der mit Ihrem Thema in Zusammenhang gebracht werden kann?
- Ist aus der Historie des Vortragsortes/der Stadt/des Bundeslandes, in dem er liegt, Honig für Ihr Thema zu saugen?

3. Hineindenken in die Redesituation

Nachdem Sie wissen, warum, zu wem und wo Sie sprechen, wenden Sie sich dem Redethema selbst zu. Tauchen Sie Ihr Wissen vom Thema in das Licht dieser konkreten Redesituation.

Sie wollen einen Dialog eröffnen! Packen Sie nicht Ihr gesamtes Wissen aus! Nur was die Hörer interessieren, beeinflussen, motivieren kann, kommt in die Rede! Was sie überfordert und deswegen abschreckt, ist Ballast, sei es aus Ihrer Sicht noch so interessant.

Jede Phase der Vorbereitung Ihrer Rede soll durchdrungen sein von Ihrer Kenntnis des Publikums und des Vortragsorts. Sie müssen den Text Ihrer Rede diktieren, während Sie den Zuhörern von morgen, Ihrem imaginären Publikum, ins Auge schauen.

4. Fakten sammeln

Sie wissen nun, was gerade diesem Publikum zu dieser Zeit bei dieser Gelegenheit einerseits gesagt werden muss, andererseits zugemutet werden kann, damit die Zuhörbereitschaft erhalten bleibt, was Voraussetzung ist, den Informations- oder Motivationszweck Ihrer Rede zu erreichen. Jetzt heißt es, Fakten sammeln (bei wenig vertrauten Themen, in die Einarbeitung noch erforderlich ist) oder Fakten sortieren; aus der Fülle Ihres Wissens die Grundsatz- und Detailtatsachen herausfinden, die zum Transport Ihrer Botschaft unerlässlich sind.

Praxis-Tipp:

Bei Einarbeitung in ein unbekanntes Thema empfiehlt sich zunächst, eine möglichst vollzählige Faktensammlung, also auch solche Tatsachen zu notieren, deren Verwendung in der Rede noch offen ist.

In der Phase der Einarbeitung ist für den Redner nicht immer erkennbar, welche Informationen wichtige Glieder in seiner späteren Argumentationskette werden. Nur noch vage in Erinnerung befindliche Details später nachforschen zu müssen, ist extrem zeitaufwendig. Je mehr Tatsachen parat sind, desto größer die Auswahl, Aussagen mit den überzeugendsten Fakten stützen zu können. Wer mit genug Kleidungsstücken auf die Reise geht, kann sich bei jedem Wetter richtig anziehen.

Achtung: Tragen Sie keine Fakten vor, bloß weil sie gesammelt sind. Nur was die Botschaft zu transportieren hilft, gehört in die Rede. Alles andere verwirrt.

Schreiben Sie alle für die Rede interessanten Fakten auf einen Bogen Papier. Ein Stichwort genügt, bei komplexen Tatsachen machen Sie einen Verweis auf die Quelle, um sich genauer informieren zu können. Ziel dieser Ein-Blatt-Sammlung ist, ein Optimum an Übersichtlichkeit zu gewinnen. Was auf diesem Blatt steht, kann praktisch in der Rede nicht mehr vergessen werden. Spontaneität und Phantasie sollen im Verlauf der Redenvorbereitung voll und ganz zum Zuge kommen. Beide sind jedoch ohne das Fundament von Fakten, Tatsachen und Zahlen in Gefahr, nebulös und unklar zu werden. Erst auf Fakten abgestützt wird die Idee überzeugend!

5. Botschaft festlegen

Bei vertrauten Themen zu vertrauten Anlässen vor vertrautem Publikum wird sich die Botschaft quasi von selbst ergeben.

Für mich ist diese Ausgangslage die Ausnahme. In der Regel habe ich mich als freier Redenschreiber in einen völlig fremden Sachverhalt einzuarbeiten. Dabei gehe ich so vor:

- Ich studiere die Fakten, die in beliebiger Reihenfolge auf einem Blatt – tiré für tiré – gesammelt sind, so lange, bis sie „zu sprechen beginnen". Dieser Vorgang ist nicht leicht zu beschreiben.
- Durch die Komprimierung der Fakten auf einem einzigen Blatt zeichnet sich bei genauem Hinsehen ein Gesamttatbestand mit eigenem Profil ab. So wie sich jedes Lebewesen von seinen Artgenossen unterscheidet, hat jeder Gesamttatbestand eine nur ihm eigene Individualität. Sie zu entdecken setzt Phantasie, Einfühlungsvermögen und die Bereitschaft voraus,

sich gedanklich ganz auf den Einzelfall des Redeanlasses einzulassen. Aus den Charakteristiken des Einzelfalles wird mit Blick auf das Publikum und das Anliegen des Redners die Botschaft entwickelt.

Das klingt zunächst arg kompliziert, ist es aber nicht. Ich will das Gemeinte mit einigen Beispielen verdeutlichen:

Beispiel 1:

Es gilt, eine Rede zum Jubiläum einer Firma zu halten, die mit sieben Mitarbeitern im Jahr 1980 startete, 1986 schon 14 Mitarbeiter hatte, 1991 bereits 20, 1996 30 und 2004 35 Mitarbeiter. Die Besonderheit – erst beim zweiten oder dritten Blick erkennbar: Das Wachstum der Beschäftigten geschieht in Siebener-Schritten: 7-14-21-28-35. Es ist unerheblich, dass der Personalzuwachs nur annähernd der Siebener-Reihe entspricht – Redner und Publikum befinden sich nicht im Mathematik-Seminar. Es bietet sich das Bild der Siebenmeilenstiefel an, das als roter Faden für die Rede herhalten kann.

Die Botschaft: Mit Siebenmeilenstiefeln von Erfolg zu Erfolg.

Beispiel 2:

Die Auseinandersetzung mit einem Kontrahenten wird angestrebt, etwa in einer Wahlkampfrede. In der Ein-Blatt-Faktensammlung finden sich – ganz verstreut – folgende Nachrichten: Der Gegner hat vor sechs Jahren den Fraktionsvorsitz im Stadtrat abgelehnt, seit drei Jahren hat er ihn inne. Er kandidiert auf der Landesliste für den Landtag, aber auf aussichtslos hinterem Platz. Der Rohbau seines Hauses wurde acht Monate lang nicht weitergebaut. Er spricht mit langen Pausen zwischen den Sätzen: Es zeichnet sich das Bild eines Kunktators, eines Zögerers ab, eines Mannes, der sich nicht entscheiden kann.

In einem nächsten Schritt ist zu prüfen, ob noch mehr Munition zur Abrundung dieses Bildes herbeigeschafft werden kann. Die Rede mag dann mit der Botschaft: „Ein Kunktator darf uns zu Beginn des 3. Jahrtausends nicht führen" den Unentschlossenen aufs Korn nehmen und mit der Frage enden: „Und diesem Mann wollen Sie das Schicksal unserer Stadt anvertrauen, wo doch allein Mut zum raschen Entschluss die Chance bietet, durch unruhige Zeiten heil hindurchzukommen?"

Beispiel 3:

Rede zur Einweihung der Stadthalle einer mittelgroßen Gemeinde. Zur Finanzierung haben beigetragen: Der Bund, das Land, die Kommune, die Vereine, die ihren Sitz dort beziehen wollen, Banken und – durch Spenden – Bürger.

Als Botschaft bietet sich an: Ein Haus, das die Mitwirkungsbereitschaft vieler Menschen und Institutionen beflügelt, das zu motivieren versteht.

Neulinge auf dem Feld des Redenvorbereitens sollen die Botschaft gut sichtbar auf einen Zettel schreiben, der am Schreibtisch so angebracht wird, dass der Blick während der Arbeit immer wieder darauf fällt – damit sie nicht vergessen wird.

Praxis-Tipp:

Eine klare Botschaft und deren Beachtung ist das wichtigste Hilfsmittel beim Konzipieren einer Rede. Und das entscheidende Mittel, um die Vorbereitungszeit zu verkürzen.

Wichtig: Wer eine Botschaft hat, der kennt den Weg der Rede. Wer den Weg kennt, findet zügig zum Ziel (siehe Seite 32 ff.).

6. Nachdenken

Haben die „Fakten gesprochen" und ist die Botschaft im Lichte der Zuschauer, der Absicht des Redners und des Zwecks der Veranstaltung festgelegt, dann lassen Sie – wenn es die Zeit erlaubt – die Erkenntnisse auf sich wirken.

Ich rate ab, sich gleich in die Arbeit des Formulierens zu stürzen. Denken Sie nach über die Siebenmeilenstiefel (siehe Seite 179), aus welchem Märchen sind sie? In welchem Zusammenhang werden sie erwähnt? Kann das Bild auf die Entwicklung der Firma übertragen werden? Müssen Schwesterbegriffe wie „Geschwindigkeit", „Eile" berücksichtigt werden? Heißt „Siebenmeilenstiefel" nicht auch „Rücksichtslosigkeit", „flott über alles hinweggehen"?

Überlegen Sie, was ein Zauderer bedeuten kann: Liegt der Unentschlossenheit Angst zugrunde (nicht gut für einen Politiker) oder Vorsicht (gut für jedermann, auch für Politiker)? Wie ist Zaudern abzugrenzen gegen – positive – Handlungsbereitschaft und – negative – Gschaftlhuberei?

Überlegen Sie, wie der Gedanke der Motivation bei der Hauseinweihung eingesetzt werden kann: Können Lebewesen von einem toten Gegenstand motiviert werden? Wie kann die Sache im übertragenen Sinne eingesetzt werden? Was heißt motivieren? Wozu motivieren?

Praxis-Tipp:

Am besten schlafen Sie eine Nacht darüber; oder machen Sie einen Spaziergang; oder führen Sie ein konzentriertes Gespräch über ein ganz anderes Thema. Im Hinterkopf vermischen sich die Erkenntnisse mit Ihrer Phantasie und Ihren Erfahrungen. Wenn Sie wieder am Schreibtisch sitzen, stehen Ihnen plötzlich ganz neue Kombinationsmöglichkeiten und Ausdrucksmittel zur Verfügung.

7. Der Blick in die Literatur

Vom Besonderen des Einzelfalles ist nun der Bogen zum Allgemein-Interessanten zu schlagen. Als Praktiker fällt es mir auch hier schwer, den Vorgang zwingend plausibel zu beschreiben. Bevor ich mich in Beispiele flüchte, ein unvollständiger Versuch:

Jeder Redetatbestand hat etwas nur ihm Eigenes. In jedem einzelnen spiegelt sich das Typische des Universums, die Ordnung der Welt. Ich kenne diese Ordnung der Welt zwar nicht. Aber aus der Chemie weiß ich: Der unendliche Facettenreichtum der Welt ist die Frucht weniger Axiome. Je klarer das Wirken der Axiome im Besonderen des Einzelfalles nachgewiesen wird, desto besser gelingen zweierlei:

- Die Sinnhaftigkeit des konkreten Falles darzulegen und damit das Interesse der unmittelbar von ihm betroffenen Hörer zu gewinnen (im Beispiel 1: die Betriebsangehörigen).
- Das Interesse derer zu gewinnen, die zwar Sympathie für den Einzelfall haben – sonst säßen sie nicht im Publikum – selber jedoch durch das Grundsätzlich-Typische angesprochen werden, in dem sich ihre eigenen Erfahrungen spiegeln (im Beispiel 1: die Lieferanten, Kunden, Vertreter der Öffentlichkeit).

Auch dies klingt abschreckend – verwirrend: also zu den Beispielen:

Beispiel 1:

Nehmen wir das oben genannte Bild der Siebenmeilenstiefel wieder auf. Sieben Meilen mit einem Schritt steht für Dynamik, Energie, Zielstrebigkeit, Durchhaltevermögen, für Tempo und Anstrengung. Angenommen, die übrigen zur Verfügung stehenden Informationen über den Betrieb reichen aus, die Begriffe „Arbeit“ und „Tempo“ zu begründen, so gilt es, sich nun in der Literatur über diese beiden Kernbegriffe zu informieren (vgl. Seite 164 f./262 f.).

Unter dem Stichwort „Arbeit" sind Gedanken von Luther über Voltaire, Rosegger, Erhard, Blank, Ortega y Gasset bis zu Henry Ford zu finden. In 15 Minuten Lektüre finden Sie zu Arbeit positive Ansichten wie: „Der Mensch ist zur Arbeit geboren wie der Vogel zum Fliegen" (Martin Luther), ebenso spöttisch distanzierte: „Arbeit ist das Einzige, was nicht müde macht" (Paul Reynaud) und negative Aspekte: „Arbeiten, um nicht denken zu müssen, ist auch Faulheit" (Erhard Blanck) und „Wo viel Arbeit ist, ist wenig Liebe".

Das Wort „Tempo" ist im Puntsch nicht vorgesehen. Doch unter dem Stichwort „Eile" kann in wenigen Minuten nachgelesen werden, wie facettenreich auch dieser Begriff ist: von Goethes „Was ich einmal für Recht erkenne, möchte ich auch gleich getan sehen. Das Leben ist so kurz, und das Gute wirkt so langsam" bis zum „Wer schnell isst, beißt sich in den Finger" (aus Zaire).

Mit diesen Kenntnissen munitioniert, werden jetzt die Fakten im Lichte der Botschaft und der Interessen der Zuhörer bewertet. Dabei stehen die Aussagen, Schlussfolgerungen, Meinungen und Bewertungen des Redners im Vordergrund. Sie sind die Noten, nach denen das Orchester der Fakten, Tatsachen, Zahlen und Analysen spielt. Auf den stolzen Gedanken-Bogen des Redners kommt es an. Doch ohne die Säulen nüchterner Realität stürzt er ein – in ihnen erst findet er Fundament und Bodenhaftung – krönt sie zugleich, indem er ihre bloße Existenz auf ein Ziel bündelt.

Beispiel 2:

Zu „Kunktator" (vgl. Seite 179) fällt ein: So wurde Fabius Maximus genannt, der nach der Niederlage Roms gegen Hannibal bei Cannae (216 v. Chr.) alle direkten Konfrontationen mit dem Gegner vermied und dafür von dem römischen Dichter Livius den Beinamen „der Zauderer" erhielt. Ist für diese Rede Gewinn daraus zu ziehen?

Den Facettenreichtum des Begriffs „Zaudern" – von blanker Entschlusslosigkeit bis zum klugen Abwägen, zur Vorsicht – lehrt ein Blick in die Literatur. Nun fühle ich mich in der Lage, gedanklich eigenständig mit dem Begriff des Kunktators zu arbeiten.

Beispiel 3:

Das Bild vom motivierenden Haus (siehe Seite 180). Ein Haus kann nicht motivieren, also handeln. Doch eine Mehrzweckhalle ist steingewordenes Zeugnis des wenigstens eine Zeit lang existierenden Willens vieler Gruppen zur Zusammenarbeit. Der Wille mag sich in den nächsten Jahren ändern – das Zeugnis der Gemeinsamkeit bleibt als ihr Denkmal bestehen. Geben die Fakten genug her, um aus dieser Überlegung einen tragenden Gedanken zu machen? Über die Begriffe „Kooperation" und „Motivieren" klärt die Literatur auf.

8. Verwenden Sie eine lebendige, bildhafte Sprache

Der gute Redner macht die Hörer mit den Ohren sehend.

Das ist leichter gesagt als getan. Doch wer weiß, was er sagen will, und ein bisschen nachdenkt, dem wird es gelingen:

- Hüten Sie sich vor abgegriffenen Metaphern (siehe Seite 62 f.).
- Nicht nur mit den Händen schreiben, sondern mit allen fünf Sinnen.
- Übersetzen Sie Zahlen in Bilder (vgl. Seite 70 f.), nicht „Unsere Firma hat in zwanzig Jahren 1000 km Straßen gebaut", sondern „In zwanzig Jahren haben wir Moskau und Paris verbunden".
  Nicht „Unser Grundstück ist 14 000 qm groß", sondern besser: „Unser Grundstück hat die Größe von eineinhalb Fußballplätzen".

- Suchen Sie eigene präzise Wortschöpfungen.
- Suchen Sie nach passenden Bildern.
- Erzählen Sie Geschichten, Anekdoten, Erlebnisse – eigene, von Prominenten oder aus der Literatur (siehe Seite 262).

9. Mut zu eigenen Gedanken

Vertrauen Sie Ihren eigenen Gedanken – aber ohne Selbstverliebtheit. Seien Sie kreativ – ohne die Skepsis gegen eigene Schöpfungen zu verlieren. Der erfolgreiche Redner verbindet den Sockel seiner Kenntnisse über das Thema mit der Krone der Gedanken, die er beim Studium der Literatur gewonnen hat. Beim Zusammenprall von Wissen und Anregung fliegen Funken neuer, eigener Gedankenkombinationen.

Entscheidend für eine gute Rede ist nicht das Zusammentragen von Fakten – so notwendig die sind. Fakten und Tatsachen, angehäuft zu einem Berg von Detailwissen, sind im Ergebnis ohne jede Bedeutung. Entscheidend sind auch nicht die guten Ideen – so wichtig und unverzichtbar sie sind. Die Ideen, die Aussagen, die Meinung des Redners steht im Mittelpunkt der Rede. Doch sie bleiben – bestenfalls – hübsches Geplauder, wenn sie nicht mit Fakten und Tatsachen verbunden werden. Das Dach der Gedanken steht auf dem Fundament der Fakten und Tatsachen. Zusammengenommen ergeben sie erst den Stoff, aus dem überzeugende Reden gemacht werden, Reden, die zum Informieren und Motivieren – also zur Führung – taugen.

Praxis-Tipp:

Der erfolgreiche Redner orientiert sich nicht an den Fakten, denen er Deutung nachschiebt, sondern umgekehrt an seinen Gedanken, die er mit Fakten unterlegt und so plausibel und – weil nachprüfbar – auch glaubwürdig macht.

Vorsicht: Halten Sie Ihre Phantasie im Zaum. Fragen Sie sich selbst immer wieder: „Worauf stütze ich diese Aussage?", und Sie werden die Pferde Ihrer Vorstellungskraft am Zügel Ihrer Vernunft und Fachkenntnisse halten.

10. Aus der Sicht der Hörer argumentieren

Oberstes Ziel des Redners ist nicht, eine Botschaft, eine Information loszuwerden, seinem Publikum vor die Füße zu werfen. Sondern es geht darum, die Hörer für ein zunächst nur den Sprecher bewegendes Thema zu interessieren, dem Publikum das Thema „nahezubringen".

In der Rede gilt wie überall, wo sich Menschen austauschen: Derjenige wird am besten verstanden, der seine Überlegungen so vorbringt, dass sich der Hörer darin wiederfindet. Beispiel: Der egozentrische Redner: „Ich sage Ihnen, der nördlichste Weinanbau in Deutschland findet in Freiberg bei Dresden statt." Der aus Sicht des Hörers argumentierende Redner: „Als Weinkenner interessiert es Sie vielleicht, dass sich in Freiberg bei Dresden die nördlichsten Weinlagen Deutschlands befinden." Die Nachricht ist in beiden Fällen vollständig gleich, unterschiedlich ist allein die Präsentation.

Nicht: „Der saisonbedingte Preisanstieg betrug in den letzten Monaten ...", sondern besser: „Jeder, der einkauft, merkt: der Preisanstieg ist eine schwere Belastung."

Diese Feststellung kann der Hörer leichter mit eigenen Erlebnissen – z. B. seinem letzten Einkauf – in Verbindung bringen, kann besser – persönlich interessiert, weil persönlich betroffen – dazu Stellung nehmen: entweder „finde ich nicht so schlimm" oder „Recht hat der Redner". Die Gefahr eines Abschweifens seiner Gedanken, weil ihn „das Gerede nichts angeht", ist vermindert, die Zu- und Weiterhörbereitschaft gestärkt (siehe auch Seite 177 f.).

11. Die Gedankenführung bestimmt den Aufbau der Rede

Folgen Sie beim Aufbau Ihrer Rede einzig der inneren Logik Ihrer Botschaft, Ihrer Gedanken. Entwickeln Sie eine Aussage aus der anderen. Hände weg von allen Aufbauschemata, so verlockend sie scheinen mögen.

12. Schlichte Sprache wählen

Vermeiden Sie aufgebauschte, von Fremdwörtern triefende Sätze. Sie werden entweder nicht verstanden und langweilen Ihr Publikum. Oder Sie werden als Angeber von den Hörern verlacht. Allerdings: Termini technici sind im Kreise von Insidern angemessen und rangieren als „normale Wörter".

13. Führen Sie mit den Zuhörern einen Dialog

Vermeiden Sie alles Pompös-Offizielle. Schaffen Sie keine Distanz, sondern gedankliche und emotionale Nähe, Wir-Gefühl. Rede ist ein Gespräch mit anderen Mitteln.

14. Keine Angst vor den Vorrednern

Wenn Sie als fünfter oder sechster Redner einer Veranstaltung ans Podium treten, brauchen Sie keine Sorge zu haben, dass die Vorredner Ihnen bereits alles „geklaut" haben. Wie jeder Mensch seinen nur ihm eigenen unverwechselbaren Fingerabdruck hat, hat jeder Redner seine höchstpersönlichen Gedanken und Herangehensweisen an ein Thema. Nur wer auf jede Subjektivität und Originalität verzichtet, läuft Gefahr, sich auf dem Feld der Allgemeinplätze mit dem Blabla eines Vorredners zu treffen (zur Absprache mit Vorrednern siehe Seite 196 f.).

Praxis-Tipp:

Der sicherste Schutz gegen die Angst vor „Gedankenklau" durch den Vorredner ist Originalität, Gedankenreichtum, Einbringen der eigenen Persönlichkeit.

15. Diktieren, nicht schreiben

Wurde Bundeskanzler Helmut Schmidt ein schwerfällig formulierter Redeentwurf vorgelegt, knurrte er: „Das ist keine Rede, das ist Schreibe."

Jeder Mensch hat eine Schreibsprache und eine Redesprache, die sich deutlich voneinander unterscheiden. Lange Schachtelsätze werden leicht geschrieben, aber selten gesprochen. Zungenbrecher sind rasch zu Papier gebracht, kommen aber nur selten über die Lippen. Es bekommt einer Rede gut, wenn sie von vornherein nicht schriftlich, sondern gleich mündlich geboren wird.

Jeder kann die anfängliche Scheu im Umgang mit einem Diktiergerät überwinden: durch Übung. Zum Einstieg empfehle ich, geschriebene Texte nachträglich zu diktieren. Bei der Übertragung von der Schreib- in die Redesprache werden Sie wahrscheinlich jeden zweiten Satz verändern – im Sinne der Rede verbessern.

Wichtig: Rede ist keine Schreibe. Schreibe ist keine Rede.

16. Kleine Kunstgriffe, den Zuhörer bei der Stange zu halten

Den roten Faden immer wieder sichtbar machen, die Kerngedanken der Rede wiederholen.

Im Schulaufsatz waren Wiederholungen nicht gerne gesehen. In der Rede werden sie von den Zuhörern sehr gerne gehört. Es ist angenehm, Bekannte zu treffen!

Schlichte und klare Gliederungselemente
■ erstens, zweitens, drittens ■ a), b), c) ■ zunächst ..., dann aber ... ■ einerseits – andererseits ■ dafür spricht ..., dagegen spricht ... ■ sowohl ... als auch ... ■ so nicht ..., dafür aber ...

Beim Vortrag Blickkontakt mit dem Publikum halten.

Direkte Ansprache: z. B. „Wie Sie wissen ..."; „wie Sie sich denken können"; „... die meisten werden schon gehört haben".

Abwechselnd laut und leise, rasch und langsam sprechen (zur Abwechslung siehe Seite 69 ff.).

17. Fertiges Manuskript überarbeiten

Nach Fertigstellung des Manuskripts: Lassen Sie es liegen, gewinnen Sie Abstand. Je länger, desto besser. Zunächst sind wir alle verliebt in unsere Werke – mit größerem Abstand wächst die Fähigkeit zur kritischen Überarbeitung.

Lesen Sie, bearbeiten Sie das Manuskript aus der Sicht des Zuhörers. Entscheidend ist nicht, was Sie mit der einzelnen Formulierung gemeint haben. Sondern prüfen Sie einzig, was die nun im Konzept stehende Formulierung aussagt: Genau so wird sie auch im Publikum gehört werden.

Wenn es die Zeit zulässt: Die Rede öfter überarbeiten.

Finden Sie einen Kollegen oder Partner, der den Entwurf liest oder sich Ihren Probelauf anhört. Erwägen Sie ernsthaft jede Anregung, die von dieser Seite kommt. Gehen Sie davon aus: Den gleichen Eindruck wie Ihre Vertrauensperson werden auch viele Hörer haben.

Wählen Sie als Vertrauensperson keinen Fachmann – es sei denn, Sie wollen ausschließlich vor Fachleuten reden.

Verlangen Sie von ihr keine Höchstkonzentration – auch die Zuhörer werden Ihrer Rede locker folgen – es sei denn, es gelingt Ihnen, deren hochgradige Neugierde zu wecken.

18. Die Rede allein entwerfen oder im Team?

In den fast 40 Jahren als Redenschreiber sind mir nur ganz wenige Beispiele bekannt geworden, wo mehrere Personen erfolgreich eine Rede verfasst haben. Aber es gibt sie. Obgleich die Gefahr groß ist, dass die Rede als Kompromiss zwischen mehreren Meinungen blass wird.

Nach meiner Erfahrung kann eine Rede gut nur von einem einzigen Autor entworfen werden.

Allerdings ist Gruppenarbeit bestens geeignet, Fakten und Argumentationslinien im Vorfeld einer Rede zusammenzutragen. Brainstorming in einer Runde zwischen zwei bis sechs Personen ist gerade bei Zeitknappheit sehr zu empfehlen. Gemeinschaft belebt. Zwei wissen mehr als einer. Das Spiel mit gedanklichen Bällen fördert die Kraft assoziativen Denkens. Voraussetzung für den Erfolg ist freilich:

- Kleine Gruppe, maximal sechs Menschen. In größerer Runde erhöht sich die Gefahr gruppendynamischer Einflüsse, die vom Thema ablenken können.

- Zeit im Auge behalten. Sie vergeht beim spannenden Brainstorming im Fluge. Deswegen: Zeitrahmen gleich zu Beginn festlegen.

Bereichert durch das Wissen und die Argumentationshilfen mehrerer soll die Rede von einem konzipiert werden.

19. Der Weimarer Vortragsstil

In der Akademie für RedenSchreiben ist ein Vortragsstil entwickelt worden, der die Vorteile des Brainstormings in praktische Rede überträgt. Er eignet sich vorzüglich zur Präsentation komplexer Themen und gewährleistet auch bei knapper Vorbereitungszeit ihre erschöpfende Behandlung.

Mehrere Redner – meine Erfahrungen reichen von drei bis sechs – versammeln sich zum Brainstorming und erarbeiten gemeinsam die ganze Bandbreite eines Redenstoffs, tragen die Fakten, Erwägungen, Erfahrungen, Meinungen und Aussagen zu seiner umfassenden Behandlung zusammen. Zugleich wird die Botschaft festgelegt. Am Schluss der Besprechung werden die einzelnen Themenblöcke unter den Teilnehmern aufgeteilt. Jeder übernimmt deren individuelle Bearbeitung in einer eigenen Rede, in der lediglich die ihm zugewiesenen Schwerpunkte behandelt werden. Beim Gesamt-Vortrag – die Reihenfolge der Sprecher wird vorher festgelegt – entsteht ein außerordentlich lebendiges Bild, das durch die Tiefe und Gründlichkeit der Argumente überrascht, durch Vielfalt fasziniert und in seiner Frische und Abwechslung selbst aus „trockenen" Themen erstaunlichen Blütenhonig saugen kann.

Die Erfahrung lehrt ...

- Der Vortrag einer sechsköpfigen Gruppe nach einstündiger Vorbereitungszeit ist unvergleichlich inhaltsreicher und überzeugender, als der, den ein Einzelner auch mit der dreifachen Vorbereitungszeit leisten kann.
- Da jeder der Redner nur kurz spricht – etwa fünf Minuten – entwickelt sich ein höchst abwechslungsreiches Geschehen, das keine Langeweile aufkommen lässt.
- Weil sich vor den Augen der Zuhörer eine Mehrheit von Personen für ein Thema ausspricht, wächst die Glaubwürdigkeit der vorgetragenen Argumentation. Damit steigt der Rede-Erfolg.
- Der „Sprecher" hat eine hierarchisch stets herausgehobene Position. Es kann vorteilhaft sein, in einer Teamarbeit den Eindruck solcher Hierarchien nicht aufkommen zu lassen und mehrere Team-Mitglieder gleichberechtigt etwa bei der Präsentation eines Produkts zu Wort kommen zu lassen. Der Weimarer Vortrag ermöglicht diese Rücksichtnahme in besonderer Weise.

  Auf einem Kongress für Redenschreiber in Amerika – der erste in Deutschland fand im September 2000 statt – ist deutlich geworden: Die Amerikaner experimentieren als ganz „neuem Hit" mit dem Modell, das hier als „Weimarer Vortrag" vorgestellt wird.

20. Wie lang soll die Rede sein?

So kurz wie möglich und so lang wie nötig. Im Zweifel immer kurz. „Es kann eine Rede nicht schlecht sein, wenn sie kurz ist", sagen die Engländer.

Selbstverständlich: Die Rede darf nicht aufhören, bevor alles zur Erreichung des Redezweckes – Informieren und Motivieren – gesagt ist. Gut ist die Rede, die Vollständigkeit mit Kürze verbindet. Das heißt: Die kurze Rede darf nichts weglassen, sondern muss komprimieren.

Konzentrieren, komprimieren Sie Ihre Rede, verdichten Sie Ihre Gedanken und den Text. Das ist zwar schwieriger, als Gedanken ungeordnet und ohne Zeit-Zügel vorzutragen. Es erhöht aber Ihren Erfolg, weil die Zuhörer weniger Wort-Spreu aussortieren müssen, um den Weizen der Botschaft erkennen zu können.

> „Rede über alles, aber nicht über 20 Minuten."
> *Martin Luther*

Der amerikanische Präsident Ronald Reagan – Kommunikationstalent Nr. 1 seiner Epoche – kam aufgrund soziologischer Untersuchungen zum gleichen Ergebnis: Selbst ein akademisch gebildeter Amerikaner ist in der Regel nicht in der Lage, einer Rede länger als 20 Minuten zu folgen. Ob die Deutschen, Österreicher, Schweizer wohl hörfähiger sind?

21. Verwendung technischer Hilfsmittel

Die Verwendung von Powerpoint, Beamer, Charts und anderen Visualisierungs-Hilfen: Wirklich hilfreich sind sie nach meiner Erfahrung nur bei Vorträgen, Berichten und Präsentationen. Da also, wo Wissenstransfer und bloße Bekanntgabe von Tatbeständen im Vordergrund stehen. Kontraproduktiv sind sie in der Rede, dort also, wo es primär um die Willensbeeinflussung der Zuhörer, um Führung geht (zum Unterschied zwischen Rede und Vortrag vgl. Seite 14).

Denn technische Hilfsmittel lenken vom Redner ab. Überzeugung, Führung geht nicht von Fachkenntnis und Detailwissen aus, sondern von Menschen mit Fachkenntnis und Detailwissen.

Überzeugung und Motivation gehen nicht von Programmen und Ideen, sondern von Personen mit Ideen aus. Führung ist nicht so sehr eine Frage des Wissens als vor allem eine Frage des Wollens. Der Dialogcharakter, das Zwiegespräch zwischen Redner und Publikum wird durch technische Hilfsmittel gestört, also die Wirkung seiner Person gemindert. Das ist am deutlichsten zu beobachten, wenn der Redner – in einem abgedunkelten Raum – im wahrsten Sinne „profillos" und nicht als ganzer Mensch, sondern nur als Stimme präsent, Charts oder andere Bilder kommentiert, auf denen sich die Blicke des Publikums sammeln, wodurch er zur Nebenfigur, zum bloßen „Lautsprecher" wird.

22. Einprägen des Redetextes

Jeder Mensch hat seine eigene Art, sich einen Text einzuprägen: Wer damit Erfolg hat, soll bei seiner Methode bleiben.

Wichtig ist: Lernen Sie den Text Ihrer Rede nicht auswendig. Zu groß ist die Gefahr, ihn – immer in der Sorge, den Einstieg zum nächsten Satz zu verpassen – wie ein Schulgedicht herunterzuleiern. Wer auswendig hersagt, ist zur Spontaneität unfähig. Wer sich fest in einem vorgegebenen Schema bewegt, kann schwer auf Anregungen aus dem Publikum eingehen oder eigenen, plötzlich auftauchenden Eingebungen folgen.

Andererseits: Es ist gefährlich, mit einem wenig vertrauten Manuskript ans Pult zu treten, das der Redner, weil er den Inhalt zu wenig kennt, nur vorlesen kann. Sich eng an einen vorgegebenen Text zu halten und trotzdem eine gute Figur zu machen, gelingt nur den ganz großen Könnern. Die anderen wirken unbeholfen, weil scheinbar fremdgesteuert, wenig überzeugend und – weil sie ins Manuskript statt ins Publikum schauen – dialogunfähig, also langweilig und führungsunbegabt.

Praxis-Tipp:

Machen Sie sich mit Ihrem Text vertraut, ohne ihn auswendig zu lernen.

Lesen Sie den Text – stehend, wenn Sie stehend reden – drei-, viermal laut und legen ihn dann zur Seite. Am nächsten Tag wiederholen Sie diesen Vorgang. Dabei werden Sie feststellen: Bestimmte Wörter – mal Substantive, an anderer Stelle Verben – fungieren als Schlüssel der Erinnerung zur folgenden Textpassage. Unterstreichen Sie diese „sinnführenden" Wörter. Am dritten Tag orientieren Sie sich nur noch an ihnen, d. h. Sie üben den Text allein mit Blick auf die unterstrichenen Wörter – es wird schon recht flüssig gehen. Üben Sie die Rede nie häufiger als drei-, viermal pro Tag – Sie laufen sonst Gefahr, sie am Vortragstag nicht mehr hören zu können, was Ihre Vortragslust mindert.

Schreiben Sie die „sinnführenden" Wörter auf einen Zettel und fügen Sie die Kerngedanken hinzu – mit diesem Blatt treten Sie ans Pult. Nur für den Notfall – Fadenriss, Blackout – nehmen Sie den ausgeschriebenen Redetext in der Jackentasche mit – als Dienst am seelischen Komfort, als Netz für den Fall des Absturzes.

23. Die Gestaltung des Manuskripts

Haben Sie keine Zeit, sich mit dem Text vertraut zu machen, oder ist Ihnen die beschriebene Methode zu heikel, kommt als alternative Methode in Betracht: Schreiben Sie den vollen Wortlaut der Rede auf die eine Hälfte des Blattes, auf die andere Hälfte kommen die dazugehörenden „sinnführenden Wörter". Orientieren Sie sich während der Rede an den letzteren, in der Gewissheit, jederzeit in den Text überwechseln zu können.

Worauf es beim Vortrag ankommt: Spontan und neu formulieren, was mühelos gelingen kann, wenn Sie den fachlichen Stoff der Rede fest im Kopf haben.

Eine weitere Methode: Schreiben Sie jede wichtige Aussage der Rede auf eine Seminarkarte (Format etwa 10 x 20 cm). Am Ende der Vorbereitung werden Sie einen ganzen Stapel dieser Karten haben, auf denen der wesentliche Gehalt der Rede konzentriert ist. Tragen Sie vor dem Publikum eine Karte nach der anderen ab und verbinden Sie die Kernaussagen mit Bemerkungen, Kommentaren und Schlussfolgerungen. Diese Methode ist beliebt und empfehlenswert, weil sie einen flexiblen, der Situation angemessenen Auftritt des Redners erleichtert.

24. Absprache mit den Vorrednern

Auch wer weit unten auf der Rednerliste steht: Keine Angst, Ihre guten Gedanken werden nicht vom Vorredner geklaut (siehe Seite 187 f.). Trotzdem ist es ratsam, die Schwerpunkte unter den Rednern abzugrenzen. In der Regel werden sie sich zwar aus der Position der Redner ergeben. Beim Jubiläum einer Stadt z. B. wird der Bürgermeister die Geschichte der gesamten Stadt, der Bankdirektor im Wesentlichen den Beitrag des Geldwesens zur Entwicklung der Stadt und der Ministerpräsident den Beitrag des Landes zu ihrem Gedeihen im Auge haben. Im Zweifel jedoch: Die Vorredner oder den Veranstalter anrufen, die Claims abstecken.

25. Anschluss an die Ausführungen des Vorredners

Wer nach einem Vorredner das Wort ergreift, hat es zunächst schwerer, je besser der Eindruck war, den dieser hinterlassen hat. Das vorgefertigte Konzept einfach abzuarbeiten, ist nur die zweitbeste Lösung. Besser: Die eigene Argumentation mit einem

Gedanken des Vorredners einleiten, Bezug auf seine Ausführungen nehmen. Voraussetzung: Der Nachredner muss zugehört haben. Und er muss einen Pfeiler in der gerade verklungenen Rede finden, um von dort eine Brücke zu seiner eigenen zu schlagen. Am einfachsten geschieht das in der Form der Negation:

> „Herr Vormann hat eben sehr eindrucksvoll ausgeführt, dass wir zur dauernden Sicherung unseres Erfolges verstärkt Investitionen im Ausland vornehmen müssen. Niemand wird sagen, dass seine Ausführungen ohne Hand und Fuß sind. Aber ich füge dem hinzu: Die Qualität deutscher Arbeit ist ihren höheren Preis wert. Auf Dauer fahren wir besser, wenn wir uns am Standort Deutschland entwickeln ..." (nun folgen die geplanten Ausführungen des Redners).

26. Zusatzfragen einkalkulieren

Viele Redner neigen dazu, Zusatzfragen aus dem Publikum während der Rede als Zeichen der Opposition zu werten. Hilfreicher ist, sie als Beweis des Interesses positiv zu deuten. Wer in der Sache sattelfest ist, braucht sich vor überraschenden Fragen nicht zu fürchten. Selbst wer sich nicht im allerkleinsten Detail auskennt, wird als Fachmann mehr wissen als ein Laienpublikum.

Den Frager stets zuvorkommend und ihn ernstnehmend behandeln: Viele Hörer identifizieren und solidarisieren sich mit ihm gegen den Redner, wenn sie unfaires „Abblitzen" seiner Frage spüren.

Politische Redner oder Sprecher bei Jahreshauptversammlungen großer Kapitalgesellschaften gehen mehr und mehr dazu über, sich die Antworten auf fiktive Fragen aus dem Publikum vorbereiten zu lassen. Der positivste Effekt: Die Erwartungshaltung des Publikums wird auf der Suche nach den denkbaren Fragen gründlich studiert, was der Vorbereitung der Rede zugute kommt, weil dadurch die hörerorientierte Argumentation erleichtert wird.

27. Die Zuhörer animieren, den Redner zu unterbrechen?

Ich halte dieses Angebot für ein gutes Mittel, den Dialog-Charakter einer Rede zu unterstreichen. Es ist also überall da hilfreich, wo das Wir-Gefühl verstärkt werden soll. Weil es darüber hinaus den Zuhörern signalisiert: Der Redner ist sich seiner Sache sicher, kann es auch bei kontroversen Veranstaltungen hilfreich sein, vor allem, wenn sowieso mit Zwischenrufen zu rechnen ist.

28. Die Erfolgskontrolle einer Rede

Der Erfolg einer Rede ist an zwei Kriterien zu messen: Ist die Botschaft verstanden worden – das ist das Wichtigste. Ist die Rede freundlich aufgenommen worden – das bringt dem Redner Sympathie ein, festigt seinen Ruf, dient also dem Prestige.

Die Botschafts-Probe

Der Redner oder seine Mitarbeiter bitten einige Zuhörer nach der Rede, in einem Satz auszudrücken, was sie verstanden haben. Liegt ein hoher Prozentsatz der Antworten in der Nähe der vom Redner beabsichtigten Botschaft, ist er verstanden worden. Seine Rede war ein Erfolg. Haben viele etwas anderes verstanden, als der Redner sagen wollte, und variieren die Angaben der Zuhörer untereinander stark, ist bewiesen: Die Rede war unscharf, unklar und diffus: das nächste Mal besser machen.

Das Klatschogramm

Das Klatschogramm habe ich während der Wahlkampf-Tournee von Bundeskanzler Helmut Schmidt 1980 entwickelt. Es dient der Aufzeichnung von Beifallsstellen als eines sicheren Zeichens des Einverständnisses der Hörer.

In einem Koordinatenkreuz wird die Horizontale in Zeitabschnitte eingeteilt – ich habe bei Helmut Schmidts jubelumtoster Wahlkampfrede die 5-Minuten-Einheit gewählt. In der Vertikalen werden die Beifallsäußerungen innerhalb dieses Zeitmaßes gezählt und eingetragen. Die Eintragungen werden zu einer Kurve verbunden, die objektive Kriterien für das Echo einer Rede liefert.

Werden die einzelnen Redepassagen mit den registrierten Beifallsstellen in Verbindung gebracht, kann ein Redner, der seine Ausführungen häufig wiederholt, nach einer Kette von Auftritten die Beliebtheit der einzelnen Sachthemen beim Publikum über den subjektiven Eindruck hinaus gut nachweisen. Das Klatschogramm ist einfach herzustellen und eine der wenigen greifbaren Erfolgskontrollen einer Rede.

Die wichtigsten Redetypen

8

Motivationsrede

Nicht alle Reden sind gleich wichtig. Die Totenrede etwa ist würdig – doch bei den meisten Beerdigungen spricht außer dem Pfarrer niemand. Die Geburtstagsrede ist sympathisch – doch der Festtag kann auch ohne Laudatio freudig verlaufen. In Lebenslagen jedoch, in denen die Mannschaft Führung und Orientierung vom Kapitän verlangt, wird die Rede als Mittel der Gegenwartsorganisation um die Zukunft zu gestalten unverzichtbar, zum Instrument der Menschenführung (vgl. Seite 107, Wahrhaftigkeit, Rede Friedrichs des Großen). Je wichtiger die Rede, desto mehr ist sie Motivationsrede – deswegen: Die Motivationsrede ist der wichtigste Redetyp.

Der Politiker sucht Unterstützung für seine Vorstellung der Zukunftsgestaltung. Der Chef eines Unternehmens wirbt bei seinen Mitarbeitern um Förderung der Unternehmensziele. Der Pfarrer wirbt für seinen Glauben. Der Umweltschützer möchte das Verhalten der Menschen ändern, um die Natur zu retten. Und der Verkäufer wirbt für sein Produkt, damit es gekauft wird.

Wichtig: Der Motivationsredner sucht stets die Bereitschaft seines Publikums, an von ihm vorgegebenen Zielen mitzuwirken, er will also – geradeheraus gesagt – andere für seine Zwecke einspannen. Das wird ihm nur gelingen, wenn er die eigene und die Zielsetzung der anderen in eine gemeinsame Richtung harmonisiert, fremdes Wollen dem eigenen anpasst. Wer andere zu einer Handlung bewegen will, muss ihre Bereitschaft erzeugen, muss sie motivieren.

Was ist Motivation?

Laut Brockhaus: „Die Gesamtheit der in einer Handlung wirksamen Motive, die das individuelle Verhalten aktivieren, richten oder regulieren." Motivation ist der Appell an die Motive eines Menschen. Motive sind – nach Lexikon – „Beweggründe, Antrieb oder Leitgedanke für ein Verhalten, das als anregende, richtunggebende und antreibende Zielvorstellung bewusst oder unbewusst wirken kann."

Wir brauchen nicht Sigmund Freud gelesen zu haben, um zu wissen: Der Mensch hat viele und widerstrebende zentrale Beweggründe. In jedem tobt ein wildes Motivknäuel von Hass und Liebe, von Egoismus und Altruismus, von Gier und Überdruss, von der Bereitschaft, sich zu verschenken und zu raffen, von Sicherheitsstreben und Wagemut, von Lebensbejahung und Todessehnsucht. Selbstverwirklichung bildet die Zielvorstellung, der menschliches Verhalten folgt. Welche Beweggründe, Motive also, im Einzelfall wirksam werden und damit die Handlung bestimmen, hängt von ihrer Stärke, von ihrer Vereinbarkeit mit anderen Motiven innerhalb des Motivknäuels und von der Aussicht ab, inwieweit das damit angestrebte Ziel erreicht werden kann.

Der Motivationsredner muss die Motivlage seiner Zuhörer kennen, damit er deren Zielvorstellung mit der seinen in Einklang bringen kann. Die genaue Kenntnis des Publikums ist immer für den Erfolg der Rede wichtig. Doch ist sie nie so unverzichtbar wie bei der Motivationsrede.

In der Praxis der Redenvorbereitung ist es meist nicht möglich, die Motivstruktur jedes Zuhörers zu ergründen. Erfahrung lehrt jedoch: Von der Lebenssituation eines Menschen kann auf seine Interessen rückgeschlossen werden und von diesen auf seine Motive.

Ein hungerndes Publikum – etwa in Krisengebieten oder in der Dritten Welt – kann durch Aussicht auf Nahrung bewegt werden. Ein ängstliches Publikum – etwa wegen zunehmender Kriminalität – kann mit Angeboten der Verbrechensbekämpfung zu Handlungen veranlasst werden. Ein Publikum mit sozialen Motiven – etwa die Vereinsamung in der von Individualismus geprägten Gesellschaft – kann durch Aussicht auf Wir-Gefühl und Geborgenheit zu Taten ermuntert werden. Ein nach Selbstverwirklichung hungerndes Publikum kann mit der Aussicht auf Macht- und Einflusszunahme in seinem Verhalten beeinflusst werden.

Motivation soll ...
■ aktivieren: Emotion in Bewegung setzen; ■ richten: Die Stoß- und Zielrichtung der Emotion bestimmen; ■ regulieren: Maß, Kraft und Ausmaß der Emotion bestimmen.

Emotionen aktivieren heißt: Sie kennen und ihre Erfüllung in Aussicht stellen. Dabei hat sich der Redner zu konzentrieren, darf nur ein oder zwei Motive ansprechen, um Handlungsbereitschaft auszulösen. Völlig kontraproduktiv ist die Aktivierung einander widersprechender Motive. Wer das Haben-Wollen-Motiv stimuliert und zugleich an die Barmherzigkeit appelliert, wird sein Publikum führungs- und orientierungslos, also ziellos entlassen und zu nichts motiviert haben.

Wichtig: Die Motivpaare – etwa das Paar „Liebe" und „Hass" – bewegen sich auf kreisförmigen Schienen, beide können rasch ins Gegenteil umschlagen. Liebe kann in Hass umschlagen, aus ekstatischer Lebensbejahung kann Todessehnsucht erwachsen. Deswegen: Emotionalisierung nicht übertreiben. Wer z. B. einen Störer zu sehr demütigt, läuft Gefahr, dass die anfängliche Schadenfreude des Publikums in Mitleid mit ihm umschlägt und sich gegen den Redner wendet.

Motivation – im Kopf oder im Herzen?

Motivieren ist das Beeinflussen fremder Motive mit dem Ziel, den anderen zu einer Handlung zu bewegen. Wo aber ist der Mensch zu motivieren – über den Kopf oder über das Herz? Darüber muss sich im Klaren sein, wer eine Motivationsrede konzipieren will – noch bevor er einen Gedanken auf die Rede selbst richtet.

Die Frage ist unentschieden. Auf der Grundlage von Erfahrungen und Beobachtungen steht für mich fest: In der Gegend zwischen Bauch und Herz wird der Mensch motiviert. Dabei weiß ich mich mit den Klassikern einig: Für die Rhetoren und Philosophen Griechenlands war das Zwerchfell der Sitz der Seele. Und damit weiß ich mich mit der modernen Werbewirtschaft einig: Werbung – das Motivieren zum Kauf bestimmter Produkte – arbeitet selten mit Argumenten, sondern fast ausschließlich mit Appellen an Wünsche: Rührung und Reiz, Freude und Freiheit, Geldhunger, Geltungsbedürfnis und Großmannssucht, Liebe, Lust und Lachbereitschaft.

Der Mensch handelt zwar über den Verstand: Alles – bewusste – Handeln findet zuerst als Wille im Kopf statt. Doch was der Kopf wollen soll, die Richtung des Wollens gibt zuvor das Zwerchfell als Wunsch auf. Vordergründig sehen wir den Willen des Menschen. Es bedarf eines zweiten, eines gründlichen Blickes, um zu erkennen: hinter dem Wollen steht der Wunsch. Motive können – in Extremfällen – stärker als jede Vernunft, aller Verstand sein und zum Amoklauf, Selbstmord oder Heldentum führen.

Offen bleibt die Frage, ob Bedürfnisse, Motive eines Menschen künstlich erzeugt werden können, wo eigentlich gar keine sind. Einerseits wusste Goethe: „Jeder Mensch ist im Grunde zu allem fähig, zum Höchsten wie zum Niedrigsten." Otto von Bismarck sagte als Student von sich, er werde entweder ein großer Verbrecher oder ein großer Staatsmann werden. Andererseits kann durch eine Rede nur angeregt werden, was vorhanden ist. Selbst wenn der Mensch – als Kind – zu allem angelegt ist, verkümmern viele Motive, und nur die entwickeln sich, die Nahrung in seinem Wesen finden. Auch der begabte Redner kann bestenfalls verschüttete Motive bloßlegen und erlahmte ermutigen. Wo aber keine sind, können keine angesprochen werden.

Anders die demagogische Manipulation, die an latente Primitivismen appelliert. Diese Appelle sind jedoch in der Regel nur kurz wirksam – als Rausch, als Wahn – weil sie keine reale „Geschäftsgrundlage“ haben.

Praxis-Tipp:

- Der Motivationsredner muss sich fragen: Was wollen die Leute? Mehr Geld? Mehr Ruhm? Mehr Sicherheit? Mehr Ansehen? Mehr Behaglichkeit? Wo sind sie zu packen?
- Niemand kann in die Herzen der Menschen schauen. Doch wer ihre soziale Situation, ihr Milieu, ihre Interessen kennt, kann leicht Rückschlüsse auf ihre Wünsche und Motive ziehen.

Wichtig: Das Studium der Hörer ist mühsam, fordert Phantasie, Sensibilität und innere Zuwendung. Doch es ist für den Erfolg der Rede unverzichtbar. Sonst geht sie über die Köpfe des Publikums hinweg, verfehlt ihr Ziel.

Sechs-Stufen-Plan der Motivationsrede

1. **Sympathie erwecken**

   Sprechen Sie Gemeinsamkeiten an. Der Zuhörer muss spüren: Er wird vom Redner respektiert, er wird in seiner Person, seiner Leistung, seiner Lage vom Redner geachtet und geschätzt. Der Redner muss jedem Zuhörer vermitteln: Ich interessiere mich für dich.

2. **Interessenlage der Hörer ansprechen**

   Finden Sie zuerst heraus: Was interessiert die Zuhörer, wo sind sie zu packen? Auf dieser Grundlage entscheiden, ob Motivation auf materieller, auf ideeller oder auf der Basis einer Mischung von beiden angebracht ist. Wobei die Wirkung materieller Angebote nicht über- und die immaterieller nicht unterschätzt werden darf.

noch: Sechs-Stufen-Plan der Motivationsrede

„Der Mensch ist ein beharrlicher Sinn-Sucher" (Nietzsche). Befragungen von Führungskräften der Wirtschaft nach den Motiven für ihren Wechsel in eine andere Firma – ebenso für das Ausschlagen von neuen Angeboten – haben ergeben, dass „höheres Einkommen" erst an fünfter von neun Stellen genannt wurde. Wichtiger waren „eigene Handlungsmöglichkeiten", „Entscheidungs- und Gestaltungskompetenz", „Aufstiegs- und Karrierechancen", „neue Herausforderungen" und „Image bzw. Größe des neuen Unternehmens".

3. Überzeugen Sie Ihre Zuhörer, dass eine Motivbefriedigung durch Sie möglich ist

Das ist ohne Glaubwürdigkeit des Redners unmöglich (zur Bedeutung der Glaubwürdigkeit siehe Seite 106 ff.). Ohne sie sind Motivation und Menschenführung nicht zu schaffen. Niemand lässt sich von jemandem, dem er misstraut, „aus der Reserve locken", also in Richtung auf ein vorgegebenes Ziel motivieren. Schaffen Sie durch wahrheitsgemäße und detaillierte Auskunft Vertrauen in Ihre Pläne und in die Fähigkeit, sie umzusetzen.

Treten Sie offensiv und zupackend in der Sache auf. Strahlen Sie Zuversicht und Siegesgewissheit aus. Nur wer an seine Sache glaubt, dem werden die anderen folgen.

4. Konkretes Ziel nennen und Begeisterung dafür wecken

Begeisterung verleiht Flügel und stärkt das Selbstvertrauen. Machen Sie den Hörern deutlich, wo deren Nutzen liegt, wenn sie Ihren Zielen folgen. Die Zuhörer müssen sich in ihren Interessen, ihren Motiven und ihren Plänen in der Rede wiederfinden.

5. Einwände und Kritik würdigen

Nehmen Sie die Gegenargumente Andersdenkender in Ihre Argumentation auf und entkräften Sie sie – aber nur die allerwichtigsten, sonst wird die Rede defensiv.

6. Klarer Appell

Sprechen Sie deutlich aus, wozu Sie motivieren wollen. Die Handlungsziele klar und unmissverständlich nennen.

Beispiel einer Motivationsrede

Der Chef einer Versicherung möchte seine Mitarbeiter zu höheren Leistungen anstacheln. Er spricht auf einer Vertreterkonferenz in Hamburg, der Rahmen ist gesellig.

Motivationsrede	Redeziele
„Liebe Mitarbeiterinnen und Mitarbeiter, in den Polizeiakten wird Edgar Hrugalla als der begabteste Gemäldefälscher der deutschen Nachkriegsgeschichte geführt. Im vergangenen Herbst wurde er zu zwei Jahren Haft verurteilt. Allerdings auf Bewährung. Denn er hatte der Polizei Fälschungen mit einem Marktwert von 20 Mio. EUR gestanden und der Kripo bislang unbekannte Falsifikate in Museen bekannt gemacht. Nach der Urteilsverkündung kam die Reue. Hrugalla sagte: ‚Ich habe vieles falsch gemacht in meinem Leben. Vor allem Bilder.'	Zu Anfang Neugierde erregen. Amüsement auslösen und damit Sympathie wecken.
Wir haben nichts falsch gemacht. Wir haben es richtig gemacht, uns hier in Hamburg zu treffen, in diesem ‚Tor zur Welt', in der Stadt, in der 1676 die erste Feuerversicherung der Welt gegründet wurde, hier in Hamburg, wo Baustil und Lebensweise so gut sind wie in wenigen anderen Städten Deutschlands. Ich begrüße Sie alle sehr herzlich, und ich freue mich auf die gemeinsamen Stunden mit Ihnen.	Wir-Gefühl wecken.
Wir wollen nicht untersuchen, wie Bilder-Fälschungen versicherungstechnisch zu behandeln sind. Schließlich wollen wir heute nicht arbeiten, sondern uns amüsieren. Zum Beispiel über die Versicherungsgesellschaft mit dem Zigarren-Vertrag ...	

Motivationsrede	Redeziele
Ich lasse offen, in welchem Land das passiert ist. Also: Ein Mann versicherte eine Kiste Zigarren gegen Brand, rauchte die Havannas und forderte Ersatz. Die Versicherung weigerte sich, der Mann klagte und gewann. Pech für den Versicherer. Pech aber auch für den Raucher: Er wurde wegen fortgesetzter Brandstiftung verurteilt. Am Ende hatten beide verloren.	
Die Kollegen hatten also einen Vertrag zum gegenseitigen Nicht-Nutzen abgeschlossen. Wir schließen mit unseren Kunden lieber Verträge zum gegenseitigen Nutzen ab.	Interessenlage der gut verdienenden Hörer ist: Anerkennung finden, um dadurch vom Gros unterschieden zu werden. Dem wird durch das Kompliment: „Wir machen es richtig" Rechnung getragen. Zugleich wird das Wir-Gefühl verstärkt.
Solche Verträge gelingen aber nicht allen. Sondern nur Leuten wie Ihnen – eben guten Leuten. Sie, meine Damen und Herren, brechen zu immer neuen Ufern der Leistung auf. In unserer Mannschaft gibt es wenige, eigentlich gar keine, mit der Mentalität von Zöllnern. Zöllner sind Leute, die ihre Grenzen kennen. Sondern Sie, meine sehr verehrten Damen und Herren, sind Mitarbeiter, die die Grenzen Ihrer Leistungsfähigkeit immer weiter hinausschieben, auf immer größere und bessere Erfolge abonniert sind.	Die Leistungen und damit die Leistungsfähigkeit der Mitarbeiter anerkennen. Methode wie im Absatz zuvor: eine humorige Geschichte oder Beobachtung, die inhaltlich in die entgegengesetzte Richtung führt, von der sich der Redner absetzt und so seiner Aussage Plausibilität verleiht.
Deswegen steht unser Unternehmen bei den Kunden in gutem Ruf. Das kann man nicht von allen Versicherungsgesellschaften der Welt sagen. Aber eines gilt für alle gleichermaßen: Versicherungsgesellschaften sind niemals schadenfroh. Wir wissen alle, es gibt hier und da Leute, die uns Versicherern viele Untugenden nachsagen. Doch dass wir schadenfroh wären, hat noch niemand behauptet.	

Motivationsrede	Redeziele
Ein Treffen wie das heutige hat den Sinn, unsere Team-Fähigkeit weiter zu verbessern, damit wir noch besser in den Kollegen den Menschen erkennen können. Dabei stellen wir oft genug fest: Viele Menschen, mit denen wir täglich zusammenarbeiten, haben zwei Gesichter.	Sinn der Veranstaltung herausstellen. Zugleich durch „Individualisierung" der Hörer deren Wunsch nach Hervorhebung weiter entgegenkommen.
Der eine zum Beispiel ist im Dienst fidel und lustig. Aber außerhalb des Büros ist er nachdenklich und vorsichtig. Den anderen mögen wir als einen verschlossenen Gesellen kennen. Doch kaum fällt die dienstliche Verantwortung von ihm ab, wird er munter. Wer von uns welchem Typ zuneigt, werden wir im Laufe des Tages feststellen können.	Direkte Ansprache der Zuhörer suchen.
Keinen Probelauf brauchen wir, um unsere Liebe zu unserer Arbeit unter Beweis zu stellen. Wir haben eine interessante, schöne, persönliche Befriedigung verschaffende Arbeit. Und Sie haben Ihre Arbeit in den vergangenen Monaten wieder gut gemacht. Dafür sage ich Ihnen meinen allerbesten Dank.	
Weil wir unsere Arbeit gerne machen, sind wir für sie begeistert. Es gibt Menschen ohne Begeisterungsfähigkeit, Hänger, schlappe Leute. Aber die sitzen nicht in diesem Raum, sind nicht unter unseren Mitarbeitern. Für Leute wie wir, Leute, die am Erfolg geschnuppert haben, für die Boris Beckers, für Erfolgsträger, hat eine Herausforderung nichts Abschreckendes oder Entmutigendes. Im Gegenteil, wir sind froh, dass wir ein Ziel haben, für das wir uns einsetzen können, für das zu kämpfen sich lohnt.	Der Nachweis der Sinnhaftigkeit der Arbeit appelliert an das Motiv des Herausgehoben-werden-Wollens der Hörer. Zugleich wird vom Redner eine wichtige Führungsaufgabe erfüllt: Er gibt Sinn und Orientierung, befriedigt die in ihnen schlummernde „Der-Mensch-ist-ein-beharrlicher-Sinnsuchender"-Hoffnung.

Motivationsrede	Redeziele
Ich bin zutiefst überzeugt, unsere Arbeit lohnt sich. Es gibt viele Menschen, die glauben, man müsse die Arbeit nur so einrichten, dass sie möglichst viel Erfolg abwirft. Das ist nur die eine Hälfte. Dazu kommt: Wir müssen die Arbeit so einrichten, dass sie die Menschen befriedigt, glücklich macht. Und dazu ist unsere Tätigkeit wie wenige andere geeignet. Ich will das mit zwei Argumenten begründen:	
Erstens arbeiten wir selbstständig. Eine ganze Reihe von Ihnen war vorher in abhängiger Beschäftigung tätig. Da saßen wir sicherer und wärmer – das stimmt. Aber war es nicht schrecklich, von fremdem Willen abhängig zu sein? Auf Launen eines Vorgesetzten reagieren zu müssen? Die Gesamtheit einer Unternehmensstrategie nicht mitbestimmen, sondern nur einen Teil ausführen zu können?	Erstes Beispiel
Für mich gilt: Erst in der Freiheit kann sich eine Persönlichkeit voll entfalten. Erst wer die Ziele seines Handelns selbst bestimmt, wer selbstständig über die Methoden zu ihrer Erreichung entscheidet, der kann sich als freier und ungebundener Mensch glücklich preisen.	
Über die Beamten habe ich neulich bei Franz Werfel gelesen: ‚Sie haben nichts, aber das haben sie sicher.' Wir haben nichts sicher – es sei denn, wir erarbeiten es uns. Aber was dabei herauskommt, ist deutlich mehr als ein Nichts. Und das gibt uns ein gutes Gefühl der Familie gegenüber, den Freunden gegenüber – gibt uns Selbstvertrauen.	

Motivationsrede	Redeziele
Die Selbstständigkeit ist also das eine, was uns Zufriedenheit und Glücksgefühl geben kann. Das andere ist: Wir verkaufen unseren Kunden nicht eines der hunderttausend Produkte unserer Konsumgesellschaft, auf die sie auch ohne weiteres verzichten könnten. Ob ich nun einen Schimmel- oder einen Brie-Käse kaufe, macht die Welt nicht aus. Ob ich ein Toilettenwasser der Firma X oder der Firma Y habe, macht die Welt nicht rund. Ob die Karos eines Stoffes etwas größer oder kleiner sind oder ein Schuh etwas mehr rötlich oder bräunlich gefärbt ist, kann nicht entscheidend sein. Das ist letztlich völlig schnuppe, ganz beliebig. Wir verkaufen nichts Beliebiges, sondern etwas, das die Menschen für ihr Wohlgefühl dringender als fast alles andere brauchen: Wir verkaufen Sicherheit. Sicherheit ist zu aller Zeit für die Menschen wichtig gewesen. Aber sie wird mit wachsendem Wohlstand immer wichtiger. Wer unter der Brücke schlafen muss, hat um sein Eigentum wenig Sorge. Wer aber in jedem Zimmer einen Dalí oder einen Miró hängen hat, der traut sich aus Angst vor Dieben auch tagsüber kaum noch aus dem Haus.	Zweites Beispiel
Und das erst recht in einer Zeit, an deren Horizont sich wie dunkle Wolken Umbrüche und Veränderungen abzeichnen. Ich denke zum Beispiel daran, dass trotz anspringender Konjunktur die Arbeitslosigkeit nicht zurückgeht, die Sockelarbeitslosigkeit also größer wird. Es ist ein Unsicherheitsfaktor ersten Grades, wie sich die Menschen der Arbeitsgesellschaft verhalten werden, wenn ihr die Arbeit ausgeht.	Erhöhen der Sinnhaftigkeit der eigenen Arbeit durch Verknüpfen mit übergeordneten gesamtgesellschaftlichen Entwicklungen.

Motivationsrede	Redeziele
Ein anderes Beispiel: Das zusammenwachsende Europa ist gut. Doch die Grenzöffnungen durch das Schengener Abkommen bieten dem internationalen Verbrechen neue Chancen in Deutschland. Diese Entwicklungen und viele mehr beunruhigen die Menschen. Um diese wachsende Unruhe zu bekämpfen, wird Sicherheit angestrebt. Die Leute wissen: Sie können oft nichts gegen das drohende Unheil selbst unternehmen, seine Folgen aber kalkulierbar machen – eben durch Versicherungsschutz.	
Wir können also glücklich und zufrieden mit unserer Arbeit sein, sie ist selbstständig und sinnvoll! Ich finde, Besseres kann niemand von seinem Leben sagen, als dass es selbstständig und sinnvoll ist. Es lohnt sich also, alle Kräfte einzusetzen, um die Chancen dieses Lebens voll auszunutzen. Und weil der Einsatz der Kräfte Spaß macht, deswegen haben wir Freude an unserer Arbeit.	Den Hörern wird suggeriert: In meinem Betrieb habt ihr die Gewissheit, zunehmend und auf Dauer sinnvoll zu arbeiten, euch selbst zu verwirklichen.
Doch Freude an der Arbeit heißt nicht, dass ihre Unterbrechung nicht auch großen Spaß machen kann. Heute wollen wir uns diesen Spaß genehmigen. Wir wollen einen Tag mit aufregenden, schönen und lang in Erinnerung bleibenden Ereignissen haben. Es muss ja nicht gleich ein Heinz-Auth-Erlebnis werden:	
Flugkapitän Heinz Auth war viele Jahre lang Jumbo-Pilot bei der Lufthansa. Nach seiner Pensionierung sprach er auf Seminaren über die Sicherheit beim Fliegen. Eines Tages fragte ihn ein skeptischer Seminarist: ‚Und wie ist es, wenn man aus Versehen gegen einen Berg fliegt?' – ‚Das ist', so der kenntnisreiche Kapitän, ‚ein einmaliges Erlebnis.'	Humor zur Entspannung nach der „idealistischen" Passage gibt zugleich Gelegenheit, das eben Gehörte ins Bewusstsein eindringen zu lassen.

Motivationsrede	Redeziele
Großartige, schöne Erlebnisse wollen wir heute auch haben. Aber wir wollen keinen Absturz. Sondern wir wollen einen Aufstieg. Heute soll die Stimmung zu ganz neuen Höhen aufsteigen. Und im Laufe des Jahres sollen unsere Abschlüsse zu neuen Höhen aufsteigen. Damit der Kassenstand unseres Einkommens neue Höhen erreicht.	Ziel nennen. Nutzen für den Hörer deutlich machen.
Wir müssen dahin kommen, dass jeder von uns pro Tag wenigstens drei Kundenbesuche macht. Und wir müssen weitere Mitarbeiter gewinnen. Wenn wir uns im nächsten Jahr wieder treffen, soll die Zahl unserer Mitarbeiter doppelt so groß sein wie heute. Sie halten das für nicht erreichbar?	Motivationsziel präzisieren.
Es ist erreichbar! Wenn jeder von uns auch nur einen einzigen Mitarbeiter anwirbt, haben wir das Ziel erreicht.	Gegeneinwände würdigen. Klare Zielbenennung.
Das ist natürlich leichter gesagt als getan – ich weiß. Das Ziel ist ehrgeizig – das stimmt. Aber ist das nicht gut? Macht das nicht Spaß? Leuten wie Ihnen ein mickriges Ziel vorzulegen, wäre eine Versündigung an Ihnen. Boris Becker wurde ja auch nicht in der Kreisliga verheizt, sondern im Davis-Cup eingesetzt. Sie haben doch im letzten Jahr gezeigt, welche Klasse in Ihnen steckt. Es wäre gelacht, wenn uns der Beweis für die Zukunft nicht ebenfalls gelänge. Wir sind die Boris Beckers, die Elite der Versicherungswirtschaft. Ich bin sicher: Wir werden im kommenden Jahr Davis-Cup spielen, also die Mitarbeiterzahl verdoppelt haben.	An Idealismus und Selbstwertgefühl appellieren. Appell an das Motiv: Ich bin gut, ich kann noch mehr leisten.

Motivationsrede	Redeziele
Meine sehr verehrten Damen und Herren, für dieses Ziel möchte ich Sie begeistern, möchte ich, dass Sie sich selbst begeistern. Ohne Begeisterung schlafen die besten Kräfte in uns ein. Ich denke, es gibt im Menschen einen Zunder, ein Gasgemisch, das auf den Funken wartet. Das Ziel: Im nächsten Jahr doppelte Mitarbeiterzahl und doppelter Umsatz soll der Funke sein, der unseren Ehrgeiz, unseren Handlungswillen beflügelt.	Begeisterung vertiefen und mit dem Signal verbinden: „Ich gebe euch den Schwung, mit mir gemeinsam könnt ihr das Ziel erreichen."
Wenn wir dies tun, werden wir mehr Freude an uns selbst, an unserem Leben haben. Und wer mehr Freude hat, hat nicht nur selbst mehr vom Leben, sondern ist auch für andere, seine Familie, seine Freunde, seine Geschäftspartner eine größere Freude, ein angenehmerer, ein besserer Partner.	Durch Aufzeigen des Nutzens für die Zuhörer Begeisterungsfähigkeit vertiefen. Zugleich Ansprache an die, die mehr materialistisch gestimmt sind.
Wenn wir ganz durchdrungen sind von dem Gefühl, dass wir auf der Sonnenseite des Lebens stehen, dass wir Kraft und Muskeln haben für den Weg nach oben, dann werden wir unser Ziel erreichen. Edgar Hrugalla sagt, er habe vieles falsch gemacht in seinem Leben. Wir wollen im nächsten Jahr sagen: ‚Wir haben es richtig gemacht.' Deswegen: Jeder von uns wirbt in den nächsten Monaten einen Mitarbeiter."	Schluss: Ziel noch einmal klar nennen und mit Appell verbinden.

Laudatio

Die Laudatio ist die Würdigung einer oder mehrerer Personen zu besonderen Anlässen. Im Familienverband markiert sie in der Regel einen Höhepunkt des Zusammenlebens: Konfirmation/Firmung, Geburtstag und Hochzeit. Im betrieblichen Umfeld wird sie oft als lästige Pflicht „abgearbeitet“, bei Jubiläum, Abschied in den Ruhestand, Beförderung, Ordensverleihung. Tatsächlich ist die Laudatio eine der besten Instrumente der Menschenführung.

In der Praxis wird diese eminente Bedeutung häufig verkannt: Der Chef lässt sich auf dem Wege zum Festraum vom Abteilungsleiter die Personalakte des Laudaten geben und verblüfft wenig später den im feierlichen Gewand erwartungsvoll Lauschenden mit so überraschenden Daten wie seinem Geburtstag, seinem Eintritt in die Firma und wann er Prokura erhielt.

Eine Laudatio, die kaum anderes als die Fakten aus dem Leben des Laudaten berichtet, kann die Grundforderung an eine gute Rede – interessant und informativ zu sein – nicht erfüllen und hat damit ihr Ziel verfehlt: Der Laudat kennt seine Lebensdaten besser, und die übrigen Zuhörer interessieren sich für solch trockenes Gebäck nur sehr am Rande.

Praxis-Tipp:

Die gute Laudatio wählt aus, wertet, urteilt und setzt in die Zukunft gerichtete Schwerpunkte. Denn die brauchbare Rede dient der Gestaltung des Morgen.

Wenn der Laudator hierarchisch über dem Laudaten steht

Wenige Chefs haben jeden Tag alle oder auch nur einen großen Teil ihrer Mitarbeiter um sich – das ergibt sich nur zu besonderen

Anlässen. Diese Anlässe muss er nutzen, um ihnen Führung und Orientierung zu geben, ihnen zu sagen, worauf es in dieser Stunde ankommt, welche Leistungen er fordert, welche Anforderungen er stellt. Die Laudatio ist solch ein Anlass. Wer diese Gelegenheit nicht zur Führung nutzt, hat – wenigstens für den Zeitraum seiner Rede – als Chef versagt.

Wirkungsvolle Menschenführung durch Laudatio passiert nicht durch plakative, direkte Anweisungen: „Wie Herr Kalhoff müssen Sie ...", sondern professionelles Führen geschieht durch Hervorheben und Pflege der Tugenden, die zur Erreichung des gewünschten Zieles erforderlich sind. Wer etwa den Umsatz seines Betriebes erhöhen will, muss den Fleiß des Laudaten loben.

Wer die Flexibilität seiner Mannschaft erhöhen will, muss aus dem Leben des Laudaten nachweisen: Innovation und Wandlungsfähigkeit lohnen sich. Wer die Zahl der Krankmeldungen im Betrieb senken will, wird nicht sagen: „Ihr sollt nicht so viel blaumachen", sondern wird die Tugenden der Ehrlichkeit und Rechtschaffenheit preisen – den Anlass dazu bietet der Lebenslauf des Gefeierten.

Die Lobrede in Anwesenheit aller Mitarbeiter ist eine unauffällige, glaubwürdige und unschätzbare Gelegenheit für den Chef, die Tugenden zu fördern, die ihm wichtig sind, und damit Führung und Orientierung zu geben. Richtig handelt der Lobredner, der aus der Fülle der Lebensdaten des Geehrten die herausholt, die geeignet sind, seine Botschaft zu transportieren. Durch seine lobende Erwähnung werden sie zum Vorbild, zu Zielen für die Hörer (zu Lob und Tadel als Instrumenten der Führung siehe Seite 223 ff.).

Der Laudator soll die wichtigsten Daten des Laudaten erwähnen – er erwartet das. Entscheidend für den Redner ist deren Bewertung und Würdigung. Die Mitarbeiter erwarten vom führungsstarken Chef nicht, dass er 42 Lebensdaten des Laudaten fehlerfrei und ohne zu stocken herunterbetet. Sondern sie wollen wissen, wie er das Werk, das Wirken des Laudaten bewertet, was er für sie aus dem Leben des Geehrten beispielhaft herausstellt.

Achtung: Die Verdienste des Laudaten nur mit zwei oder drei Sätzen zu streifen und im Übrigen – losgelöst vom aktuellen Anlass – völlig andere Themen zu behandeln, ist für den Laudaten unangemessen und kränkend.

Auszug aus der „Süddeutschen Zeitung" über eine Verabschiedung in den Ruhestand:

> „Als Lehrling begonnen, unermüdlich hochgearbeitet, Mitglied des Vorstandes, seit 1989 schließlich Vorstandsvorsitzender – Werner Niefer war ‚Mr. Mercedes'. Eine 100-Stunden-Woche gehörte für ihn zur Normalität, und verheiratet war er gleich zweimal – mit Vera, seiner Frau, und mit Mercedes, seiner Firma. Werner Niefer, 65, feierte im Mercedes-Museum in Stuttgart seinen Abschied. Der Vorstandssprecher einer großen deutschen Bank dankte Werner Niefer mit einer Rede. Er dankte? Werner Niefer? Nun ja, das Wort ‚Danke' kam in der Rede nicht vor. Und Werner Niefer wurde nur ganz zu Anfang und eher beiläufig erwähnt. Der Redner sprach fast eine Stunde lang über die politischen Forderungen und die wirtschaftlichen Chancen in Osteuropa. Die Gäste im Saal gähnten verstohlen, viele nickten zwischendurch ein. Alle langweilten sich, manche waren empört. Aber niemand wehrte sich gegen diesen Mann, der den Abschied zur Selbstdarstellung missbrauchte. Statt dessen klatschte man höflich Beifall. In dieser endlos langen Stunde wurde irgendwie klar, weshalb die deutsche Wirtschaft so träge dümpelt und aus der Krise nicht herauskommt."

Ich weiß nicht, ob die „Süddeutsche Zeitung" die Rede des Bankers richtig beurteilt hat. Ich habe sie nicht gehört. Doch das, was die Zeitung beschreibt, passiert hundertfach in Deutschland: Den Laudaten lediglich zu „missbrauchen", um ein Podium für eine völlig andere Rede zu finden, ist ebenso verfehlt, wie sich im bloßen Repetieren der Lebensdaten des Laudaten zu erschöpfen.

Über die Gäste der Niefer-Verabschiedung schreibt die Süddeutsche Zeitung: „An die tausend Gäste männlichen Geschlechts, darunter drei oder vier Frauen, waren geladen – Manager, Ministerpräsidenten, Bürgermeister, Funktionäre, Spitzenbeamte: Leute mit lichten Häuptern und in dunklen Jacketts, unter denen sich der Wohlstandsbauch wölbte." Hätte der Bankchef die Gelegenheit nutzen wollen, um vor diesem Spitzenpublikum der deutschen Wirtschaft seinen Beitrag zu leisten gegen die Verkrustung in Staat und Industrie und für die Bereitschaft, zu neuen Ufern aufzubrechen, hätte das Leben von Werner Niefer dazu die besten Beispiele geliefert:

Dieser Mann, der – parallel zur deutschen Nachkriegswirtschaft – den Weg von ganz unten nach ganz oben fand, der trotz größter Erfolge weder durch Dienstwagen noch Wohlstand ruhig zu stellen war, sondern seinen Visionen folgte, ist ein vom Himmel gefallenes Beispiel für jemanden, der die Tugenden der Bescheidung, der Erneuerung und Verantwortung und die seelische Kraft zur Abwehr von Behäbigkeitsspeck predigen will. Dies war die Aufgabe eines Mannes, der seinerseits Visionen hat: glaubhaft aus dem Leben Werner Niefers begründet und intelligent auf die Erfordernisse Deutschlands angewandt einen Anstoß zu geben, um aus der larmoyanten Selbstbemitleidung herauszuführen.

Wenn Laudator und Laudat hierarchisch auf gleicher Ebene stehen

Stehen Laudator und Laudat nicht in einem Über-/Unterordnungs-, sondern in einem Verhältnis der Gleichberechtigung, tritt die Führungsfunktion der Laudatio zurück. In den Vordergrund tritt – etwa bei der Laudatio im Freundes- oder Familienkreis – Sympathiewerbung und der Wunsch, dem Gefeierten eine persönliche Freude zu machen. Auch hier: Es kommt nicht auf Vollständigkeit von Daten und Fakten an, sondern darauf, die kollegialen, menschlich-sympathischen Seiten herauszustreichen, Gemeinsamkeiten zu betonen, Wir-Gefühl zu stärken, dem Gefeierten Wir-Gewissheit zu vermitteln: Wir mögen dich. Unbedingt persönlich sein. Der Redner darf sich nicht hinter den Marmortafeln knallharter Fakten verstecken. Urteilen. Werten. Humor.

Wenn der Laudator dem Gefeierten hierarchisch unterstellt ist

Ist der Laudator dem Laudaten unterstellt, steht etwa der Chef im Mittelpunkt der Rede eines Mitarbeiters, tritt der Führungscharakter der Laudatio wieder in den Vordergrund. Doch diesmal als Führung von unten. Vom Chef heißt es: Er ist ein ganz normaler Mensch, weiß das aber nicht. Der gescheite Mitarbeiter weiß: Der Chef ist eitel wie alle anderen. Er reagiert auf Lob und – geschickt verpackten – Tadel wie jeder andere. Die Seiten, welche die Mitarbeiter am Chef besonders lieben, werden herausgestellt und gerühmt. Die Verbindung mit künftigen Erwartungen allerdings vorsichtig handhaben, um nicht den Eindruck der Anmaßung zu machen.

Besonderheiten der Laudatio

Die Anrede

Wenn Sie Ihren Freund Otto Pogwitz immer mit „Otto" ansprechen, sollten Sie auch in der „offiziellen" Runde nicht „Herr Pogwitz" zu ihm sagen. Reden Sie ihn an wie gehabt, sonst haben Sie das Steif-Offizielle selber in Ihre Rede eingeführt, statt einen Ton sympathischer Unterhaltung zu finden. Außerdem: Es wirkt auf alle lächerlich, die das Verhältnis zwischen Ihnen und Otto kennen.

Maßhalten

Übertreibungen schaffen Glaubwürdigkeitsprobleme (vgl. Seite 115). Finden Sie die Arbeit des Laudaten gut, sagen Sie nicht

noch: Besonderheiten der Laudatio

„sehr gut". Finden Sie seine Leistungen ordentlich, dann sagen Sie es. Und vermeiden Sie Worte wie „großartig", „phantastisch", „außergewöhnlich". Bei aller guten und richtigen Absicht, dem Gefeierten eine Freude machen zu wollen: Der Führungsanspruch der Laudatio verbietet eine reine Gefälligkeits- und Schmeichelrede.

Jede Wertung gut begründen

Die gute Laudatio bewertet und beurteilt Fakten, transportiert als Meinung. Um nachvollziehbar und damit glaubwürdig zu sein, muss Meinung gut begründet werden. Fragen Sie sich selbst: Wie wirkt dieses Faktum auf mich? Warum folgere ich daraus dieses Urteil? Suchen Sie die Gründe für Ihr eigenes Urteil, und sagen Sie sie Ihrem Publikum.

Keine Allgemeinplätze

Es genügt nicht, den „Erfolg" des Laudaten zu behaupten – Sie müssen beschreiben, worin er besteht. Es genügt nicht, eine „Leistung" des Laudaten zu würdigen – es muss aufgezeigt werden, worin sie besteht. Es genügt nicht, dem Laudaten „Dank" zu sagen – es muss gedanklich herausgearbeitet werden, worin die besondere, des Dankes würdige Handlung besteht (vgl. auch Seite 148).

Tadel in der Laudatio

Die Laudatio ist eine Lobrede. Darf deswegen nur Lobendes gesagt werden? Nein: Vernünftige Kritik als das notwendige Gegengewicht zur Behäbigkeit und Selbstgefälligkeit muss überall zulässig sein, auch in der Laudatio.

Kluges Tadeln ist schwer und setzt Mut voraus. Mut wird vom Publikum anerkannt – auch vom Laudaten. Zudem gewinnt das Helle des Lobes durch das Dunkel des Tadels an Glaubwürdigkeit und Strahlkraft – die Gesamtpersönlichkeit des Gefeierten an Relieftiefe.

Selbstverständlich gilt: Die Laudatio ist kein Anlass zur lange ersehnten Generalabrechnung mit dem Geehrten (vgl. im Einzelnen unten: „Umgang mit Lob und Tadel" Seite 223 ff.).

noch: Besonderheiten der Laudatio

Nicht zu persönlich werden

Die Laudatio ist eine persönliche Ansprache. Ihren besonderen Charakter gewinnt sie aus der Bewertung der Lebensdaten des Laudaten durch den Redner. Werten ist immer ein persönlicher Vorgang. Es kann häufig beobachtet werden: In der Absicht, freundlich zu sein, reißt der Redner die Grenzen zwischenmenschlicher Distanz ein. Aus Freundlichkeit kann rasch Herablassung werden, aus Warmherzigkeit Schmierigkeit, aus guter Absicht Anmaßung und aus der Bereitschaft zum Urteil lehrerhafte Zeugnis-Manie. Halten Sie den Abstand fairer Kameradschaft. Im Zweifel: Distanz im Persönlichen, Prägnanz im Sachlichen.

Deswegen: Ehegeschichten sollten nie in der Laudatio angesprochen werden, Familiengeschichten mit äußerster Zurückhaltung und fast nur, wenn sie heiter sind. Bei Krankheiten größte Zurückhaltung. Alles, was nach Zeugnis aussieht – auch im Positiven – nie. Vorsicht vor Kränkungen oder einseitigen Festlegungen.

Über die Person des zu Feiernden kann nichts gesagt werden?

Manches Geburtstagskind, mancher, der in den Ruhestand verabschiedet werden soll, scheint auf den ersten Blick für eine Laudatio nichts herzugeben: keine besonderen Ereignisse, keine Hobbys – ein Arbeitstier. Das mag es im Einzelfall geben – die Schöpfung Gottes ist unendlich. Meistens handelt es sich jedoch um einen Informationsmangel des Redners: Das Leben eines im Alter fortgeschrittenen Menschen ist fast immer bunt, unerschöpflich, vielseitig und aufregend. Schwierig ist es nur, die richtigen Informationen zu bekommen. Deswegen: Sprechen Sie mit dem Laudaten und Menschen seiner Umgebung (Ehefrau, Kinder, Eltern, Sekretariat). Forschen Sie nach seinen Hobbys – von dort sind Rückschlüsse auf Vorlieben und Charakter zulässig. Hat der Laudat vielleicht etwas veröffentlicht? Beschaffen Sie sich die Texte, lesen Sie sie – auch wenn sie schon alt sind. Sind Bonmots von ihm/ihr im Umlauf?

noch: Besonderheiten der Laudatio

Machen Sie sich ein Bild vom Charakter des Laudaten, z. B.: ist er fleißig/anpassungsfähig/fair/streng? Arbeiten Sie diese Begriffe mit Hilfe der Literatur auf und belegen Sie Ihre Meinung und Ansicht mit Fakten, Leistungen und Eigenschaften des Laudaten.

Wichtig: Jedes Leben ist eine unerschöpfliche Quelle – aber Wasser zu finden ist oft mühsam.

Umgang mit Lob und Tadel

Lob und Tadel sind hervorragende Führungsinstrumente. Wer gelobt wird, möchte noch einmal gelobt werden – wird also die eben gelobten Eigenschaften kultivieren. Wer hört, ein anderer wird gelobt, möchte seinerseits gelobt werden und bemüht sich, die eben als des Lobes würdigen Eigenschaften seinerseits bei sich zu verfeinern.

Tadel tut weh. Wer getadelt wird, wird sich anstrengen, die Wiederholung des Schmerzes zu vermeiden.

Achtung: Ein Tadel – vor allem ein öffentlicher – ist zehnmal schmerzhafter als fünfzehn Lobe angenehm sind. Also: Vor allem im Tadel maßhalten.

„Die meisten Menschen wollen lieber durch Lob ruiniert als durch Kritik gerettet werden." Mark Twain schrieb, von einem guten Kompliment könne er zwei Monate lang prächtig leben. Shakespeare: „Glücklich sind diejenigen, die erfahren, was man an ihnen aussetzt, und sich danach bessern können."

Lob

Lob ist ein zuverlässiges Steuerungsinstrument für Menschen. Es macht Freude und stiftet zur Nachahmung an. Ist allerdings leere Phrase, wenn es nicht sinnvoll begründet wird. Der Wert, die Kraft des Lobes steigt nicht mit überschwenglichen Worten, sondern mit der Qualität seiner Begründung.

> „Es gibt nur einen richtigen Weg für jedes Lob,
> nämlich darzulegen, welcher Art der ist,
> von dem die Rede ist,
> und welche Wirkung von ihm ausgeht."
> *Platon*

Deshalb nicht nur in der Laudatio genau herausarbeiten, worin das des Dankens Würdige der Handlungen oder Eigenschaften einer Person liegt, das nämlich, was sich vom Normalen abhebt, das keinen besonderen Dank verdient. Ruhen Sie nicht eher, bis Sie wenigstens einen klugen und neuen Gedanken gefunden haben, mit dem Sie Ihr Lob begründen können.

Tadel

Ein Tadel wiegt schwerer als zehn Lobeshymnen. Trotzdem: Wo Tadel angebracht ist, ihn nicht verschweigen.

Anfang der neunziger Jahre wurde das Vorstandsmitglied einer Bank in einer Feierstunde mit allen Angestellten verabschiedet, von dem stadtbekannt war: Er hatte in die Kasse gegriffen und war gefeuert worden. Der Vorstandsvorsitzende erwähnte in seiner Laudatio kein Wort davon, im Gegenteil: der Erwischte wurde mit Lob überschüttet. Wie steht solch ein Chef vor seiner Mannschaft? Wie sollen die Mitarbeiter Respekt vor ihm bewahren?

Ein Redner, dem der Mut zum Tadel fehlt, verspielt Achtung und Respekt: Er signalisiert entweder Feigheit oder mangelnde Erkenntniskraft. Kaum jemand wird motiviert sein, einem Chef mit solchen Mängeln zu folgen: Er wird verachtet. Besonders unverständlich ist solches Verhalten beim Abschied: Der Laudat geht, der Chef muss mit denen weiter zusammenarbeiten, bei denen er seine Autorität untergraben hat.

Tadel präzisieren

Nur keine Bausch- und Bogen-Verurteilungen! Sie schmerzen besonders und sind – weil sie keine genaue Orientierung geben – in ihrer „Erziehungswirkung“ unbrauchbar, sind also destruktiv.

Wer die Unpünktlichkeit eines Mitarbeiters tadeln will, sage nicht: „Herr Gellner ist ein liederlicher Kerl“ oder gebe ähnliche Pauschalurteile ab. Sondern machen Sie Tadel erträglich, indem Sie ihn kantenscharf auf den kritischen Punkt konzentrieren – in unserem Fall auf die Eigenschaft der Unpünktlichkeit.

Nicht isoliert kritisieren

Verbinden Sie die kritische Anmerkung mit einer positiven – sie steht dann nicht alleine und wird besser „verdaulich“, ohne an Klarheit einzubüßen: „Herr Gellner hat einen Strauß vielfältiger Eigenschaften: Er ist fleißig. Er ist zuverlässig. Er ist ein angenehmer Mitarbeiter. Eine Menge positiver Eigenschaften also, die sich jemand wie ich von einem Mitarbeiter wünscht. Aber keiner wird ihm nachsagen, er sei einer, nach dessen Dienstantritt die Uhr gestellt werden könne.“

Tadel mit einem Zitat oder einem Gag verbinden

Nehmen Sie dem Tadel die Schärfe, indem Sie ihn mit einem fremden Gedanken verbinden. „Wo ich irgendeine Missbilligung, einen Tadel aussprechen soll, nehme ich nicht gerne die Initiative; ich suche mir eine Autorität, bei welcher ich mich beruhigen kann, indem ich finde, dass mir ein anderer zur Seite steht. Loben tue ich ohne Bedenken", sagte Goethe.

> „Wir wissen, dem Glücklichen schlägt keine Stunde. In diesem Sinne ist Herr Gellner ein Glücklicher. Bei seinen vielen guten Eigenschaften nehmen wir Rücksicht auf seinen morgendlichen Kampf mit dem Wecker. Und es sollte mich nicht wundern: Jemand von seinem Eifer, einer, der insgesamt ein erfreulicher Mitarbeiter ist, mag diesen Kampf gegen die Uhr eines Tages sogar gewinnen."

Praxis-Tipp:

- Je besser die Zuhörer den Angesprochenen kennen, desto zurückhaltender und vorsichtiger kann der Tadel formuliert werden: Die Leute verstehen genau, was gemeint ist.
- Fällt er zu scharf aus, kann sich das Publikum mit dem Getadelten gegen den Redner solidarisieren. Der zu scharfe Tadel wird in öffentlicher Rede als unangemessen empfunden, die Feierstunde gestört: Der Redner kann keine Zustimmung gewinnen.

Jubiläumsrede

Das Lexikon weist aus: „Jubiläum" kommt vom hebräischen „Jobel", heißt „Freudenschall". Wenn die Widderhörner ertönten, „alle Jobeljahre", freuten sich die Menschen. Im dritten Buch Mose steht, warum sie sich freuen durften: Nach sieben Sabbatjahren (49 Jahre) wurde das 50. Jahr feierlich begangen. Damit verbunden waren Schuldenerlass, Freilassung der Sklaven und Rückgabe von streitbefangenem Boden.

In der katholischen Kirche dient das Heilige Jahr (Jubiläums- oder Jubeljahr) der inneren Erneuerung der Gläubigen. Es wird seit 1475 alle 25 Jahre gefeiert.

Heute wird vielfach schon das zehnte oder 20. Jahr der Gründung zum Anlass für eine Jubiläumsfeier genommen. Tradition hat, eines Ereignisses nach einer Zahl von Jahren zu gedenken, die durch 25 teilbar ist. Dabei kommt den runden Zahlen eine besondere Bedeutung zu. Letztlich ist es eine Frage der Nützlichkeit, wann Jubiläum gefeiert wird: Jubiläumsfeiern dienen heute vor allem den Public Relations.

Im katholischen Heiligen Jahr kommt der Sinn des Jubiläums klar zum Ausdruck: Es dient der Erneuerung des Glaubens. Jubiläum ist also nicht nur Rückschau, sondern zukunftsorientiert. Der Rückgriff auf Ereignisse und Ergebnisse der Vergangenheit dient als Podest, um fest und klar in die Zukunft zu schauen.

Wichtig: Der Jubilar sei noch so ehrwürdig – sei es eine Person oder ein Verein, eine Firma oder ein Gebäude, eine Gebietskörperschaft oder Institution – es kommt beim Blick zurück nicht auf historische Vollständigkeit an. Ein Geschichtsvortrag am Jubiläumstag ist eine Schlaftablette, die durch die Ohren verabreicht wird, und sollte vom Professor, nicht aber von einer Führungskraft gehalten werden.

Wie in der Laudatio dient auch in der Jubiläumsrede die Vergangenheit als Steinbruch, um Pflastersteine zu gewinnen, mit denen der Weg nach vorne befestigt werden kann.

Der häufigste Fehler bei Jubiläumsreden: Der Redner zeichnet 80 Prozent seiner Redezeit mit großer Akribie den Werdegang des Jubilars nach. Ganz am Ende, unverhofft, wirft er noch einen scheuen Blick in die Zukunft, setzt dem dicken langweiligen Korpus eines Schneemanns einen kleinen, nur lose verbundenen Kopf auf.

Richtig ist: Die Vergangenheit wird nur erwähnt, um dort Argument, Kraft und Anstoß zur Zukunftsgestaltung zu gewinnen. Darin besteht die Führungsfunktion der Jubiläumsrede. Ihren

Unterhaltungswert gewinnt sie aus dem immer neu zu schlagenden Bogen von der Vergangenheit in die Zukunft:

> „Am 13. April 1944 wurde die Haupthalle unseres Unternehmens von Bomben zerstört. Fast alle Produktionsanlagen fielen aus. Aber wir haben uns nicht entmutigen lassen. Wir haben die Halle wieder aufgebaut. Wir haben bewiesen: Rückschläge können uns nicht entmutigen. Deswegen bin ich absolut sicher: Wir werden auch mit den Herausforderungen der Globalisierung fertig werden. Andere mögen daran scheitern – wir werden nicht nur die gegenwärtige Wirtschaftskrise überstehen, der gewiss nach neuen Hochs weitere folgen werden. Wir werden sie alle meistern und den Weg nach oben weiter fortsetzen."

Ein weiteres Redebeispiel:

> „Vor 100 Jahren hat mein Großvater das Unternehmen mit zwei Mitarbeitern begründet. 20 Jahre später waren es bereits 100. Die höchste Mitarbeiterzahl haben wir mit 512 im Jahre 1971 erreicht. Seitdem sinkt die Zahl der Beschäftigten von Jahrzehnt zu Jahrzehnt. Aber die Produktivität, die Leistung pro Mitarbeiter, steigt kontinuierlich. Wir schaffen heute mit 300 Mitarbeitern mehr als doppelt so viele Werte wie 1971 mit über 500. Entsprechend steigen auch unsere Löhne. Ich will an unserem Jubiläumstag nicht die schwarze Unke spielen. Doch ich vermute: Wir werden auch in den nächsten Jahren noch einige – ganz wenige – Mitarbeiter verlieren. Niemand wird entlassen, das ist heute schon abzusehen. Aber die Produktivität steigt weiter. Wir werden uns als Unternehmen insgesamt fit machen für den Kampf auf einem immer größeren Markt."

Hilmar Kopper zum 125. Jubiläum der Deutschen Bank:

> „Vor 125 Jahren waren die deutschen Fürstentümer klein geworden. Zu klein, um die erste industrielle Revolution zu bewältigen. Heute können weder Großbritannien noch Frankreich noch Deutschland aus eigener Kraft eigenen Wohlstand wahren und mehren. Die technologische Umwälzung unserer Tage hat den nationalen Rahmen gesprengt. Die Frage ist nicht mehr, ob Deutschland sich in der Welt behauptet. Die Frage ist, ob Europa es tut. Wir wollen helfen, dass der alte Kontinent zu neuer Dynamik findet. Unser Empfinden

ist europäisch und bleibt deutsch. Je weiter einer ausgreift in die Welt, desto mehr muss er die heimischen Wurzeln pflegen. Expansion lohnt sich so lange, wie die Mitte nicht verloren geht."

Besonderheiten der Jubiläumsrede

Einstieg

Schon der Einstieg soll den Bogen von der Vergangenheit in die Zukunft schlagen. Der österreichische Bundespräsident Thomas Klistill im April 1995 vor der österreichischen Bundesversammlung über „50 Jahre Zweite Republik":

„Hohe Festversammlung! Die Geschichte des menschlichen Denkens kennt drei Grundfragen: Wer sind wir? Woher kommen wir? Wohin gehen wir? Die Suche nach Antworten darauf begleitet jeden von uns. Genau aus denselben Grundfragen erklärt sich auch die besondere Faszination aller Gedenktage, aller Jubiläen. Über ihnen liegt die Hoffnung, mehr zu erfahren, wie wir das wurden, was wir heute sind. Und was morgen kommen könnte. Wenn wir aufhören zu werden, dann hören wir auf zu sein."

Nicht geschichteln

Kommt es ausnahmsweise darauf an, die Geschichte des Jubilars penibel aufzuzeigen, sollte ein Fachmann damit beauftragt werden. Geschichtsvorträge sind keine Führungsaufgabe.

Wir-Gefühl stärken

An Teamgeist appellieren. Schaut her, das haben wir auf die Beine gestellt! Stolz und Zufriedenheit mit den Leistungen der Vergangenheit wecken, um Kraft für die Zukunft zu finden.

Namen nennen

Namen, Fakten und Zahlen der ersten Stunde und ihre Gegenüberstellung zur heutigen Lage verfehlen selten ihre Wirkung. Wenn möglich, Männer und Frauen der ersten Stunde oder weit zurückliegender Zeit zur Feier einladen und in der Rede direkt ansprechen.

noch: Besonderheiten der Jubiläumsrede

Historische Parallelen nachzeichnen

Im 10- oder 25-Jahre-Rhythmus die Geschichte des Landes und des Unternehmens parallel in Erinnerung rufen. Vorsicht: Zurückhaltung ist angebracht. Das wird häufig praktiziert, ist damit schon ziemlich ausgelutscht.

Dank aussprechen und unbedingt begründen

Dank an Mitarbeiter, jetzige und ehemalige, Kunden, Lieferanten, Geschäftsfreunde, eventuell die Gründergeneration; etwa Eltern oder Großeltern des Firmeninhabers. Wenn angebracht, Dank auch an Banken, Behörden, Bürgermeister, Landesregierung.

Der Schluss

Der Jubiläumsredner ist zukunftszugewandt und handlungsorientiert. Motto: Die Kräfte, die uns bis hierher getragen haben, werden uns auch in Zukunft tragen.

Trauerrede

Die Trauerrede ist eine Personalrede. Sie ist einfach zu konzipieren: Der Redner hält Abstand von den großen leeren Worten und konzentriert sich ganz auf die Person des oder der Toten.

Auch bei der Totenrede keine vollständige Aufzählung aller Lebensdaten und -stationen. Auf prägende Charakteristika und typische Vorkommnisse und Handlungen konzentrieren. Sie zeichnen die Silhouette eines lieben Toten, die in Erinnerung bleiben soll.

Praxis-Tipp:

Werten Sie, urteilen Sie, beten Sie keine Zahlen und Daten herunter. Was der Redner in dieser Abschiedsstunde über den Toten denkt – das interessiert die Trauergemeinde. Das macht den Toten in der Phantasie der Zuhörer für Minuten wieder lebendig. Das schafft die Voraussetzung, in aufrechter Trauer Abschied nehmen zu können.

Akribische Vollständigkeit verbietet sich schon, weil die Rede – besonders am offenen Grab – keinesfalls länger als zehn Minuten sein sollte.

Grundsatz der Trauerrede ist: de mortibus nihil nisi bene – über die Toten nichts als nur Gutes. Das heißt nicht Bewunderung und kritikloses Einverständnis mit allem, was erwähnt wird: Das Bild der oder des Toten muss realistisch sein. Die Grundsätze der Wahrhaftigkeit gelten auch hier – doch gibt es keinen anderen Redetyp, bei dem sie so leichten Herzens vernachlässigt werden darf. Vor allem: Seien Sie persönlich:

> „Es fehlt nicht nur ihr Singen, ihre Stimme, verstummt sind ihre Geschichten von früher, es fehlt die Großmutter, die Mutter, Schwester, Freundin. Und es fehlt die eitle, selbstbewusste Frau, die nur schwer annehmen konnte, dass sie an ihre Grenzen kam, dass sie nicht gesund war, nicht gehen konnte."

Die Trauerrede soll Trauer nicht unterdrücken, sondern ausdrücken. Wo keine Trauer, da auch keine Liebe. Vor allem bei Trauerfällen im Familienkreis: Tränen sind nicht unwürdig, sondern heilsam und gut. Allerdings: Der Redner muss bemüht sein, Tränen zu unterdrücken.

Besonderheiten der Trauerrede

Einstieg

Anrede: Namen des Ehepartners, der Kinder oder Eltern des oder der Toten nennen:

Liebe Bärbel (Ehefrau),
liebe Inge, lieber Karl (Kinder),
liebe Trauergemeinde.

Stellen Sie Ihre zentrale Wertung der oder des Toten an den Anfang der Rede – so wie das Thema die Variationen konzertanter Musik einleitet:

„Tante Elisabeths Gabe war, Menschen zusammenzuführen, zu den Festtagen des Jahres, zu Geburtstagen: Andere Familien mochten auseinanderdriften, Tante Elisabeth hielt Hof und achtete darauf, dass keiner fehlte. Auch heute fehlt kaum einer. Dieser Abschiedstag ist ein Elisabeth-Tag. Wenn im Einzelnen auch lästig war, ihrem Wunsch immer wieder nachzugeben: Im Grunde sind wir ihr alle dankbar, dass sie die große Familie zusammengehalten hat."

Oder:

„Einer, der unermüdlich für den Verband der freien Wohlfahrtspflege gewirkt hat, hat nun seine Ruhe gefunden. Niemand ist unersetzlich. Doch er hat Schuhe hinterlassen, in die hineinzuwachsen andere sich anstrengen müssen. Der Ruhelose hat nun Frieden gefunden. Wir nehmen von einem Menschen Abschied, der unseren Respekt verdient hat ..."

Typisches herausarbeiten

Typisches, Persönliches, dem Toten Eigenes herausarbeiten und ganz in den Mittelpunkt der Rede stellen. Werten, urteilen, subjektiv sein.

Literatur nutzen

In der Literatur (vgl. Literaturhinweise ab Seite 261 ff.) finden Sie kluge, umfassende Gedanken zum Tode, von tief christlichem Glauben bis zu Platons: „Niemand weiß, was der Tod ist, ob er

noch: Besonderheiten der Trauerrede

nicht für den Menschen das größte ist unter allen Gütern. Sie fürchten ihn aber, als wüssten sie gewiss, dass er das größte Übel ist." Lassen Sie sich anregen zu eigenen Gedanken. Und lassen Sie sich einstimmen, um in der Tageshektik die innere Ruhe zur Vorbereitung einer guten Trauerrede zu finden.

Fassen Sie sich kurz

Das gilt insbesondere bei Traueransprachen am offenen Grabe. Dort stehen die Leute, was insbesondere für ältere Menschen problematisch ist. Außerdem wird der Redner bei großen Trauergemeinden nur von den nahe Umstehenden gehört. Eine Lautsprecheranlage am offenen Grabe – auch dies gibt es – ist eine heikle Stilfrage.

Humor

Leise dosierter Humor ist auch in der Trauerrede durchaus am Platze. Er ermöglicht auf besonders liebenswürdige Art, die Person des oder der Toten menschlich-sympathisch zu zeichnen. Schenkelklatschendes Gelächter erzeugen zu wollen, verbietet sich von selbst.

Beileidstelegramme

Anregungen für Beileidstelegramme enthält das Bulletin der Bundesregierung (siehe Literaturliste im Anhang), in dem die Trauerbekundungen des Bundespräsidenten und des Bundeskanzlers für Prominente abgedruckt sind.

Guter Stil

Im Prinzip ist die Trauerrede eine Laudatio, die dort (Seite 216 ff.) ausgeführten Grundsätze gelten auch hier mit der Einschränkung: Die Totenrede ist nicht zukunftsorientiert. Es ist eine Frage guten Stils, das Leben eines Verstorbenen nicht etwa für Verkaufsstrategien von Strümpfen zu instrumentalisieren. Im Mittelpunkt von Feier und Rede stehen die Trauer und der Abschied.

noch: Besonderheiten der Trauerrede

Schluss

Am Schluss der Trauerrede steht der Abschied. Entweder im Blick auf den Verstorbenen, etwa „Friede seiner Seele".

Oder im Blick auf die Trauergemeinde, etwa „Wir werden sein Andenken ehren".

Reden im Familienkreis

Bei allen Reden im Familienkreis: Weg vom „staatstragenden" hohen Pathos, hin zu persönlichen, individuellen Details, zum Schlicht-Menschlichen. Die großen abstrakten Begriffe wirken hier besonders deplaziert und albern. Im familiär-freundschaftlichen Kreis ist es unendlich viel amüsanter, sich etwa über die Art auszulassen, wie ein Geburtstagskind seine Schuhbänder bindet – vorausgesetzt, sie ist eigen – als die Stationen seiner Karriere nachzuzeichnen.

Das Alltäglich-Menschlich-Kleine im Freundes- und Familienkreis aufleuchten zu lassen, macht den Charme und die herzwärmende Besonderheit dieser Reden aus. Der Redner muss genau hinschauen, muss werten, urteilen und herausfinden, worin das Amüsante, das Ernste, das Besondere einer Person liegt. Aus dem Nachdenken, dem Sich-Hinwenden zur Person des oder der Gefeierten erwächst die Glaubwürdigkeit und Überzeugungskraft der persönlichen Rede. In ihr wird die Zuneigung und Freundschaft spürbar – nicht in den vokabelreichen Freundschaftsbehauptungen selbst. Aus der liebevollen Überlegung erwächst der liebevolle Redner.

Die Taufrede

Die Taufrede wird – wenn überhaupt – von einem Paten, den Eltern oder einem anderen Familienmitglied des Täuflings oder, selten, von engen Freunden der Eltern gehalten. Sie richtet sich an die Eltern und Familienmitglieder.

Im Mittelpunkt der Rede steht die Bedeutung des Taufgelübdes. Es ist das wichtigste der sieben Sakramente. Mit der Taufe erfolgt die Aufnahme und Eingliederung des Täuflings in die Kirche Christi.

Redezeit auf fünf bis sieben Minuten begrenzen. Lieber weniger als mehr.

Redeort: Eventuell am Taufbecken. Am besten beim Taufschmaus im Familienkreis.

Die Kommunionrede

Bei der Erstkommunion begegnet das Kind zum ersten Mal dem gewandelten Christus. Gefeiert wird die erstmalige Vereinigung mit Christus und seiner Kirche. Die Kommunion ist als Sakrament ein Gnadenakt, der die Verpflichtung zu einem Leben in Christo umfasst. Die Erstkommunion gibt die Gewissheit, an dem in Christus erschienenen Leben und an der Gemeinschaft derer, die Christus angehören, vollen Anteil zu haben. Sie begründet darüber hinaus eine besondere Bindung an die Lehre und Ordnung der katholischen Kirche.

Im Mittelpunkt der Rede steht das Kommunionkind. Es ist in der Regel acht Jahre alt und nicht leicht zu interessieren. Zumal die Unsitte maßloser Überhäufung mit Geschenken das Gottzugewandte der Handlung überdeckt. Der Redner soll daher das Kommunionkind in knappen klaren Sätzen mit einfachen, kindgerechten Gedanken direkt ansprechen.

Wichtig: Kinder im Kommunionalter sind aufnahmefähiger, als die meisten Erwachsenen ihnen zutrauen!

Als Themen bieten sich an: Das Verhältnis des Redners, der Familie zu Gott. Das Wirken Gottes in der Erziehung, im Leben eines jeden Menschen. Die Bereitschaft, sich in die Obhut Gottes zu begeben, setzt einerseits Vertrauen, also Kraft und Mut voraus, entbindet andererseits nicht davon, sein Leben – eben im Gottvertrauen – selbst zu gestalten.

Als Redner kommen in allererster Linie die Paten infrage. Pate (lateinisch: Vater) und Patin haben als mündige Vertreter des noch unmündigen Täuflings Mitverantwortung für die christliche Erziehung des Patenkindes übernommen. Sie sind insoweit „Erfüllungsgehilfen" des elterlichen Erziehungsauftrags.

Ort der Kommunionrede ist die festliche Familientafel nach Vollzug der heiligen Handlung.

Die Rede zur Konfirmation oder Firmung

Konfirmation (Befestigung, Bestärkung) ist die Aufnahme eines jungen Christen als Mitglied der Gemeinde mit allen Rechten und Pflichten. Sie öffnet das Tor zur Beteiligung am Abendmahl und zu kirchlichen Rechten, etwa dem, selbst Pate zu werden oder die Nottaufe vorzunehmen. Die evangelische Konfirmation hat sich aus der katholischen Firmung entwickelt.

Firmung (Stärkung im Glauben) ergänzt und vollendet die Taufe und gliedert den Firmling vollkommen in die katholische Kirche ein. Sie stattet ihn mit der besonderen Kraft des Heiligen Geistes aus, die ihn befähigt, seinen Glauben in Wort und Tat zu bekennen und zu verteidigen.

Als Redner für Konfirmation oder Firmung kommen Paten, Eltern, Großeltern oder Freunde in Betracht. Der ideale Redeort ist die feierliche Familientafel.

Im Mittelpunkt steht das Kind, dem durch die heilige Handlung Rechte und Pflichten zugewiesen wurden.

Beispiel einer Konfirmationsrede; es spricht der Patenonkel:

„Lieber Richard, es gibt nicht viele religiöse Feiern in unserem Leben. Die Konfirmation ist eine der wichtigsten. Der heutige Tag hat in deinem Leben eine herausragende Bedeutung. Deswegen hat sich deine Familie, haben sich deine Paten und viele Verwandte versammelt. Deswegen tragen wir alle festliche Kleider und essen an einem besonders schön gedeckten Tisch.

Du hast heute den Bund der heiligen Taufe bewusst und aus eigener Entscheidung wiederholt. Ab heute bist du ein mündiges Mitglied deiner Kirchengemeinde. Du hast Rechte erworben, bist zum Beispiel zum Abendmahl zugelassen. Ab heute kannst du selbst Pate werden und die Nottaufe vornehmen.

Lieber Richard, du hast die Prüfung am Ende des Konfirmationsunterrichts gut bestanden. Über die religiöse Bedeutung dieses Tages brauche ich dich also nicht aufzuklären. Einen Gedanken möchte ich jedoch hinzufügen, der vielleicht theologisch nicht wasserdicht ist, für mich aber große Bedeutung hat:

Unsere Religion erscheint mir wie ein Prisma, von dessen sieben Farben sich jeder Gläubige seine Lieblingsfarbe auswählen darf. Ob du Liebe, Hingabe, Opferbereitschaft, Bescheidenheit oder den Eifer des Messias auswählst – das ist die Freiheit, die uns unser evangelischer Glaube lässt.

Für mich ist es diese Freiheit, die unserer Religion eine besondere Anziehungskraft gibt. Außerdem: Je nach Lebensalter wird mal die eine, mal die andere Farbe des Prismas für dich im Vordergrund stehen. Ich denke, das geht uns allen so. Doch eines Tages merken wir, dass sie alle von einem Sonnenstrahl – eben von Gott – herrühren.

Es ist kein Zufall, dass die jungen Menschen im Alter von 14 Jahren konfirmiert werden. In früheren Jahrhunderten wurde mit diesem Lebensalter das Ende der Kindheit markiert. Mit 14 endete die Schulzeit, und für den überwiegenden Teil der Schulabgänger begann die Lehre in einem Handwerksbetrieb. Die Lehrlinge von damals wohnten oft in der Familie des Meisters, mit dem Antritt der

Lehre verließen sie also das Elternhaus. Sie taten den ersten Schritt in ein selbstständiges Leben, hinein in die Welt der Erwachsenen. Das 14. Lebensjahr war also ein sehr einschneidendes.

Heute sind die Verhältnisse nicht mehr ganz so krass. Du wirst am Montag wie in den vergangenen Tagen deinen Weg in die Schule antreten, nachmittags nach Hause kommen und den Tag so verbringen, wie du es in den Wochen vorher getan hast. Trotzdem wird sich allmählich vieles ändern. Eine Entwicklung setzt ein, die man als ‚flügge werden' bezeichnet.

Das, was nun vor dir liegt, möchte ich mit der Fahrt eines Schiffes vergleichen, das bisher vom Hafen durch einen großen Fjord dem offenen Meer entgegenfuhr. Zuerst verläuft die Fahrt im Schutze der nahen Ufer und Berge ruhig, abgeschirmt von Stürmen und Seegang. Doch dann öffnet sich der Fjord dem Meer zu, und du, jenes Schiff, erreichst den Atlantik des Lebens. Im freien, offenen Meer wirst du in ruhigen und sonnigen Zeiten segeln oder in stürmischen Tagen Frost und Unwetter standhalten müssen. Du gehst also, lieber Richard, den Weg, den wir alle vor dir gegangen sind.

Allmählich, Jahr für Jahr, wirst du reifer. Deine Rechte werden sich mehren, ebenso deine Pflichten. So rückst du Jahr für Jahr vom Leichtmatrosen zum Kapitän deines Lebensschiffes auf.

Die Konfirmation ist also kein Ziel, sondern ein Start. Mit Gottes Hilfe wirst du in ein Leben starten, das – soweit man es heute beurteilen kann – für andere nützlich und für dich schön sein wird. Lieber Richard, du hast einige Charaktereigenschaften als Proviant an Bord deines Schiffes, die zu großen Hoffnungen Anlass geben (diese aufzählen).

Zwei Gedanken möchte ich dir in dieser feierlichen Stunde auf den Weg geben, die Klügere als ich formuliert haben.

Der eine: ‚Glaube an dich selbst, glaube an den inneren Sinn deines Lebens, so glaubst du an Gott und an die Unsterblichkeit.' Das hat Pestalozzi gesagt. Ich sehe darin die Aufforderung, dem eigenen Charakter, den eigenen Werten – auch der eigenen Religion – treu zu bleiben. Pestalozzi fordert uns auf, den Rattenfängern zu widerstehen, egal ob sie im Gewande einer Mode, einer Ideologie oder eines bequemen, verantwortungsfreien Lebens daherkommen. Pestalozzi rät dir, lieber Richard, zu bleiben, wie du bist: ordentlich, aufrecht, geradeaus, nicht besser als alle anderen, aber einer von den ganz Guten.

Der andere Gedanke stammt von Martin Luther. Er hat ihn kurz formuliert: ‚Glaube ohne Liebe ist nichts wert.' Es ist ja häufig die Lieblosigkeit, getarnt als Sachzwang oder als Perfektionismus, als Routine, die gerade in Menschen deines Alters Zweifel an unserer Zeit und ihren Werten weckt. Liebe in dem Sinne, wie sie Luther anspricht, versteht sich als Hinwendung zum Menschen in Geduld, mit Nachsicht und mit Einfühlungsvermögen. Ich weiß, dass jemand wie du, der über beachtliche Tugenden und einen guten Charakter verfügt, sehr wohl erkennt, was damit gemeint ist: nämlich Respekt vor dem Detail, Achtung vor den kleinen Dingen des täglichen Lebens, während die angeblich großen Ideale oft leer und hohl bleiben.

Lieber Richard, du stehst heute ganz im Mittelpunkt dieses Tages. Genieße das und freue dich daran in der Gewissheit, auch morgen keine Randfigur deiner Familie zu sein. Ich erhebe mein Glas und trinke auf dein Wohl."

Die Hochzeitsrede

Jeder kann zur Hochzeit eines Verwandten, eines Freundes oder einer Freundin sprechen. Vorrang haben jedoch die engen Verwandten, vor allem Eltern, Großeltern, Paten und vertraute Freunde. Bei aller Freude an Tischreden: Eine Hochzeit mit zehn Reden ist ein Unding.

Begrenzung auf drei oder vier Reden ist angemessen. Tischreden werden nach dem Abräumen des Geschirrs und vor dem Auftragen des nächsten Ganges gehalten. Mit Kellnern absprechen! Sorge tragen: Während der Rede darf das Personal nicht an den Tischen arbeiten: das Klappern mit Tellern und Bestecken stört, lenkt Redner und Zuhörer ab und beeinträchtigt die Wirkung der Rede.

In deren Mittelpunkt steht die ganz persönliche Ansprache der Brautleute durch den Redner. Keine großen, offiziösen Worte! Sie müssen nicht gleich für Braut und Bräutigam abgemessen sein, es ist verständlich, wenn dem Vater zu seiner Tochter mehr in den Sinn kommt als zum Schwiegersohn.

Praxis-Tipp:

Tragen Sie Anekdoten aus der Kindheit, vom Kennenlernen der beiden oder der Verlobungszeit zusammen. Das ist mühsam, gibt aber Ihrer Rede den notwendigen persönlichen Bezug. Arbeiten Sie das für den Bräutigam, für die Braut Charakteristische aus diesen Erzählungen heraus und tragen Sie es vor.

Vorsicht vor abgegriffenen Vergleichen, Formulierungen, Gedankengängen. Bedienen Sie sich der Literatur (siehe Literaturhinweise ab Seite 261 ff.). Dort finden Sie unter den Stichwörtern Ehe, Liebe, Gemeinsamkeit, Zukunft kluge Gedanken vom kaltschnoddrigen wie: „Die Ehe ist der untaugliche Versuch, zu zweit wenigstens halb so glücklich zu sein, wie man alleine gewesen ist" bis zu tief anrührenden Gedanken wie: „Soweit die Erde Himmel sein kann, soweit ist sie es in einer glücklichen Ehe." (Ebner-Eschenbach)

Eltern sollen das „Schwiegerkind" als eigenes in die Familie aufnehmen. Einen freundlichen Gedanken auch an die Eltern des Schwiegerkindes vortragen, denen die Brauteltern von nun an zwar nicht verwandtschaftlich, aber doch sehr eng verbunden sind. Ernst und Humor geben der Hochzeitsrede den würdig-heiteren Charakter, der das Fest krönt und die Erinnerung aller Teilnehmer prägt. Angemessene Redezeit ist ca. zehn Minuten.

Die Rede zur Silber-/Goldhochzeit

Als Redner treten in der Regel einer der Jubilare, die Kinder oder Freunde des Jubelpaares auf, meist mit einer Tischrede. Feiern im pompösen Rahmen sind wegen des privaten Charakters der Silber-/Goldhochzeit nicht zu empfehlen, kommen aber vor.

Tenor der Rede: Dank an Ehepartner, Kinder, Verwandte, Freunde, die den Weg des Lebens mit dem Jubelpaar gemeinsam gegangen sind und zum Glück des heutigen Tages beigetragen haben.

Es ist völlig in Ordnung, die Rolle einzelner besonders hervorzuheben. Aber Vorsicht: Je mehr der Anwesenden namentlich genannt werden, desto mehr fragen sich: „Warum ich nicht?" (vgl. Anrede Seite 124 ff.).

Kritische Anmerkungen selbst an den Ehepartner – vor allem in Humor verpackt – sind durchaus zulässig (vgl. Laudatio, Umgang mit Lob und Tadel Seite 216 ff., 223 ff.). Der Tenor der Rede ist jedoch zuversichtlich und positiv.

Versuchen Sie, Ihre Gedanken in Bilder zu übertragen. Ein Beispiel, der Ehepartner spricht:

> „Es klingt ziemlich banal, dir von dieser Stelle aus für 25 Jahre gute Kameradschaft, großartige Wegbegleitung zu danken. Ich möchte lieber einen Vergleich ziehen. Von Zeit zu Zeit lesen wir in den Zeitungen von großen Rallyes, die durch das unwegsame Gelände ganzer Kontinente führen. Eine von ihnen heißt, wenn ich es richtig weiß, Rallye Monte Carlo. Andere gibt es in Südamerika.
>
> Sie führen durch Urwälder, durch Steppen, durch Wüsten und kaum befestigte Straßen, vorbei an Schluchten und Felsen. Die Fahrt geht durch glühende Hitze, durch Kälte, durch Schnee und Eis ebenso wie durch Auen, friedliche Täler, an lieblichen Seen vorbei und durch wunderschönste Landschaften.
>
> Mit solch einer Rallye möchte ich die Ehe vergleichen; rasante, gefahrvolle Fahrten durch unwegsames Gelände. Abwechslungen und Überraschungen in kurzen Abständen. Herrliche Landschaften ebenso wie bedrohliche Natur.
>
> Rallyes solcher Art kann nur gewinnen, wer in einem guten Team fährt. Auch in einem Rallye-Auto sitzen ja immer zwei Personen. Sie wechseln sich am Steuer ab. Wenn der eine fährt, liest der andere die Karte. Wenn der eine etwas übersieht, macht ihn der andere darauf aufmerksam. Beide beraten sich, wo der beste Weg langführt. Beide wissen und wollen: Nur gemeinsam können wir siegen.

> Ich meine, wir haben auf unserer 25-Jahre-Rallye schon eine Menge erlebt. Wir haben Gutes erlebt, sehr Gutes sogar. Die sonnigen und freundlichen Strecken haben überwogen. Wir haben hart gearbeitet und unseren Betrieb vorangebracht. Wir haben uns vertrauensvoll aufeinander verlassen können. Wir haben Hand in Hand gewirkt. Ich denke, wir haben es ganz gut gemacht. Wir haben zusammengehalten. Das Team steht."

Einzelne Erlebnisse, Gefahrenmomente – positiv wie negativ – anfügen. Dank an die Teamkameraden, die Freunde, ohne die der beste Rallye-Wagen nicht fahren kann.

Die Rede zum Geburtstag/Namenstag

Der Geburtstag lädt zum Spiel mit Daten ein. Das kann außerordentlich reizvoll sein, wenn es dem Redner gelingt, den Bogen vom prominenten Ereignis des Tages zum Geburtstagskind und zum Redeanlass zu schlagen. Ansätze sind:

- Prominente der Gegenwart und Vergangenheit, die am gleichen Tag oder im gleichen Monat geboren wurden (siehe Reden-Berater, Literaturliste).
- Das Sternbild des Geburtstagskindes. Vorsicht: Mit Sternbildern wird häufig gearbeitet, sie sind ausgelutscht und nur bei wirklich originellen Einfällen zu empfehlen.
- Ausweichmöglichkeit: Das chinesische Horoskop (siehe Literaturliste) ist in Deutschland weitgehend unbekannt.
- Prominente, die unter dem gleichen Sternzeichen geboren wurden.
- Herausragende Ereignisse, die zehn, 15 oder 20 Jahre vor dem Geburtstag stattgefunden haben (siehe Tageschronik, Literaturliste).

- Zahlensymbolik, Entstehungsgeschichte und Bedeutung von Monatsnamen (siehe Literaturliste).
- Hinweis auf Lebenslage Prominenter im gleichen Alter, in dem sich heute das Geburtstagskind befindet (siehe Gerhard Prause, Literaturliste im Anhang).
- Keine Chronologie der Lebensdaten des Geburtstagskindes aufzählen, sondern das aus der Sicht des Redners für das Geburtstagskind Typische herausarbeiten, persönlich sein, werten (vgl. Laudatio Seite 216 ff.).
- Zehn Minuten Redezeit nur im „Notfall" überschreiten. Je kürzer, desto besser. Vor allem, wenn viele Reden geplant sind. Reihenfolge der Redner mit dem Veranstalter der Feier absprechen, auch wenn er das Geburtstagskind ist.

Wiederholte Reden zum gleichen Thema

Gleiche Rede vor neuem Publikum

Viele, die öffentlich auftreten, haben eine Standardrede, die wieder und wieder gehalten wird, etwa Politiker, deren Wahlkampfrede während einer Kampagne – wo immer sie sprechen – gleich ist. Mancher gefeierte Festredner brilliert monate-, manchmal jahrelang mit einem weitgehend unveränderten Feuerwerk der Rhetorik; ganz zu schweigen von Präsentationen und ähnlichen Äußerungen, die vom sachlichen Inhalt auf gleichlautenden Text festgelegt sind. Gegen derlei Kontinuität ist nichts einzuwenden: Für das jeweilige Publikum ist die Rede neu und damit interessant – und darauf kommt es an.

Allerdings ist zu empfehlen, die dem Publikum besonders zugewandten Passagen von Mal zu Mal anzupassen, besonders den

Einstieg. Die Wahlkampfrede von Bundeskanzler Helmut Schmidt wurde 1980 etwa 50-mal vorgetragen. Der Bundeskanzler hatte als Unterlage 25 DIN-A5-große Blätter mit Stichworten, Kennzahlen und Haupt-Gedanken. Für jedes Publikum mischte er dieses „Skatblatt" in eine auf diese Zuhörer abgestimmte Reihenfolge und arbeitete die im Prinzip gleiche Rede in wechselnder Reihenfolge ihrer Teilelemente ab. Er legte aber größten Wert auf einen penibel recherchierten und im vollen Wortlaut ausformulierten Einstieg, der auf das jeweilige Publikum genauestens zugeschnitten zu sein hatte.

Gleichartige Rede vor gleichem Publikum

In vielen Betrieben wird jährlich eine Personalversammlung durchgeführt, andere veranstalten regelmäßig Weihnachtsfeiern oder Jahresauftakttreffen; die Jahreshauptversammlung läuft nach immer gleichem Ritual ab. Vor jeder dieser Veranstaltungen die Sorge des Redners: Wie kann ich mich von der vorjährigen Rede abheben? Eine pauschale Beantwortung dieser Frage verbietet sich, Hinweise können trotzdem gegeben werden:

- Die Botschaft der Rede ändern (zur Botschaft siehe Seite 32 ff.).
- Bleibt die Botschaft gleich – etwa bei Weihnachtsfeiern – neue Begründung suchen, z. B. warum die Mitarbeiter Grund haben, auch mit diesem nun zu Ende gehenden Jahr einverstanden zu sein, etwa weil alle – oder fast alle – wieder gut gearbeitet haben oder die Teamarbeit besonders gut geklappt hat oder Innovationsfähigkeit bewiesen wurde oder die Konjunktur stabil war.

Diese Begründung zum Hauptthema der Rede machen und den Zusammenhang zur Betriebsentwicklung herausstellen. Literatur zu Hilfe nehmen (Literaturliste Seite 261 ff.).

Für Weihnachtsansprachen: Jedes Jahr eine andere Weihnachtsgeschichte in den Mittelpunkt stellen und betriebsbezogen interpretieren. Es gibt zahllose Bücher voller Weihnachtsgeschichten. Vorsicht: Die meisten Erzählungen und Gedichte sind fade, kitschig, artifiziell oder geschmacklos. Gute zu finden ist schwer (siehe Literaturliste im Anhang).

Praxis-Tipp:

Für jede neue Rede ein neues Motto finden, ähnlich den Strategen, die für jeden Parteitag eine neue Losung finden und für das Fernsehpublikum an die Stirnwand der Tagungshalle heften.

Reden zu verbrauchten und ausgelaugten Themen

Vielen Themen ist seit Jahrzehnten kein neues Argument hinzugefügt worden. In der Mediengesellschaft ist es an der Tagesordnung: Das Thema von gestern wird durch das Thema von heute erschlagen. Trotzdem sterben einige Themen, die Evergreens der öffentlichen Debatte, nicht aus, obgleich ihnen kaum jemals ein neues Argument hinzugefügt wird: Alles ist schon gesagt, nicht nur einmal, sondern seit Jahrzehnten hundertmal.

Trotzdem bleiben diese Themen aktuell, z. B. Geschwindigkeitsbegrenzung auf Autobahnen, ja oder nein. Wer berufen ist, diese Dauerbrenner mit dem Flämmchen seiner Rhetorik am Leben erhalten zu helfen, steht vor dem Dilemma: Was kann ein Redner tun, um aus dem Gefängnis unendlich oft vorgetragener Argumentation herauszukommen? Die Menschen haben sich entschieden – etwa für oder gegen eine Geschwindigkeitsbegrenzung –, und keines der alten Argumente wird sie darin irre machen.

Wie kann der Zweck einer Rede – Meinung zu beeinflussen, um zu führen – erreicht werden, obgleich der zum Zitat gewordene stereotype Austausch von Zahlen, Behauptungen und Fakten keine Meinungsbewegung mehr verspricht? Solche auf Pawlowsche Reflexe abzielenden Äußerungen, die nur noch Zustimmung oder Ablehnung, nicht aber mehr Nachdenklichkeit auslösen, können bestenfalls die Anhänger der eigenen Meinung, die Fans, bei der Stange halten, sind aber ungeeignet, Bewegung in das Lagerdenken des Publikums zu bringen. Woher also Neues nehmen, um dem Altbekannten den Glanz des Interessanten zu geben? (zu informativ und interessant siehe Seite 39 ff.)

Der Kaiser und Philosoph Marc Aurel forderte seine römischen Mitbürger auf: „Betrachte einmal die Dinge von einer anderen Seite, als Du sie bisher sahst, denn das heißt, ein neues Leben beginnen." Was also ist neu an einem alten Schlauch? Ich empfehle das gedankliche „Hoch-Zonen" eines Themas aus der vordergründig-konkreten Tatsachenwelt in die mit dieser Tatsachengestaltung zum Ausdruck gebrachte – abstrakte – Motivwelt. Dort können ungewohnte Verbindungen geknüpft werden, die neuen Wein in die alten Schläuche füllen – nicht um das Publikum zu berauschen, sondern gedanklich neu zu beflügeln. Hoch-Zonen selbst ist nichts Neues, doch weil es nicht einfach ist und die Bereitschaft zu grundsätzlichem Denken erfordert, wird es selten praktiziert. Das ist Ihre Chance.

Es ist schwer zu beweisen, doch ich bin fest überzeugt: Wir haben zwar hundertfache Gaumenfreuden, aber nur Nerven (Papillen) für vier Geschmackstypen: sauer, salzig, süß und bitter. Die hunderterlei Farben, die unser Auge wahrnimmt, sind eine immer neue Mischung der sieben Spektralfarben des Regenbogens. Meine These: Genauso werden die hundertfachen Einzelentscheidungen des Tages von einer Mixtur ganz weniger Grundentscheidungen – Charakterzüge – bestimmt, die sich im frühen Kindesalter herausbilden.

Menschliches Handeln wird also von wenigen Grundmotiven gesteuert (vgl. Seite 202 ff.). Jede bewusste – konkrete – Handlung oder Entscheidung ist Ausdruck der durch einen Motiv-Mix geprägten – inneren abstrakten – Haltung. Wer z. B. einem Kind zärtlich den Kopf streichelt, folgt seinem Wunsch nach Liebe. Wer einem Bettler eine Mark in den Hut wirft, folgt seiner Lust auf Großzügigkeit.

> Es kam ein Lump mir in die Quer
> und hielt mir seinen Felbel her.
> Obgleich er noch recht jung und stark,
> warf ich ihm dennoch eine Mark
> recht freundlich in den Hut hinein.
> Der Kerl schien Philosoph zu sein.
> Er sprach mit ernstem Bocksgesicht:
> „Sie sehn, mein Herr, ich danke nicht.
> Ich bin das Danken nicht gewohnt.
> Doch nehm ich an, Sie sind gescheit
> und fühlen sich genug belohnt
> durch Ihre Eitelkeit.
>
> *Wilhelm Busch*

Auch die Entscheidung für oder gegen eine Geschwindigkeitsbegrenzung ist Ausdruck einer inneren Haltung. Gelingt es dem Redner, sie bei seinen Hörern – oder bei einigen von ihnen – herauszufinden, kann er mit seinen Worten neue Entscheidungen herbeiführen (über Motivkenntnis des Publikums siehe Motivationsrede, Seite 202 ff.).

Die wirklichen, tief-eigenen Wünsche ihrer Hörer zu kennen und anzusprechen macht die großen Redner groß.

Das Hoch-Zonen setzt ein Publikum mit der prinzipiellen Bereitschaft voraus, abstrakten Gedankengängen zu folgen, ist also nicht überall und immer am Platze. Es kann und soll kein Ersatz für die konkreten „ausgelutschten" Argumente sein – die ja durch häufigen Gebrauch nicht falsch, sondern nur zahnlos werden. Sie sind unverzichtbar, um den Redner vor dem Verdacht weltabgewandter Verfehlung seines Themas zu bewahren und ihn als sattelfest in Thematik und Argumentation auszuweisen. Nur wer seine Sache versteht, vermag andere zu neuen Ufern zu führen. Die hochgezonten Gedanken kommen nur als Ergänzung des Vertrauten in Betracht, wobei die Dosierung und Präsentation von der vermuteten Interessenlage der Hörer abhängt.

Beispiel:

Geschwindigkeitsbegrenzung auf deutschen Autobahnen. Die Argumente dafür und dagegen sind seit 40 Jahren ausgetauscht; die Lager der Befürworter und der Gegner stehen geschlossen. Ein Redner, der zu diesem Thema sprechen will, kann keine – konkreten – Argumente präsentieren, deren Wirkung nicht längst durch Wiederholung verbraucht ist. Als Motive für eine freiwillige Tempobeschränkung kommen in Frage: Rücksicht oder Vernunft, Verantwortungsgefühl, Sinn für Mäßigung, Bescheidenheit. Der Redner hat sich mit Blick auf sein Publikum für das Motiv „Sinn für Mäßigung" entschieden. Die hochgezonte Passage seiner Rede:

> „Wer hätte nicht Spaß, auf freier Straße kräftig Gas zu geben? Ich finde es verständlich, wenn jemand gerne schnell fährt, das Rauschen des Fahrtwindes um sein Auto gerne hört – dem Geschwindigkeitsrausch erliegt. Doch wenn wir wissen, von schnellem Fahren geht Gefahr aus – Gefahr für die Umwelt, Gefahr für die geräuschbelästigten Anwohner, Gefahr auch für die eigene Sicherheit – ist es da nicht vernünftig, sich zu beherrschen?

Die Beherrschung, das Maßhalten galt schon bei den Griechen als eine der vier großen Tugenden. Schon sie wussten: Wünsche zu haben ist normal – ihnen grenzenlos nachzugeben ist schädlich. Und spüren wir nicht selber, dass sie Recht hatten?

Ehrgeiz ist etwas Gutes – für den Einzelnen ebenso wie für die Gesellschaft, die vom Einsatz der Einzelperson profitiert. Doch maßloser Ehrgeiz ist abstoßend und grässlich. Fleiß und Arbeitswille sind etwas Großartiges – sie geben dem Leben Sinn und Halt. Doch einen, der nur arbeiten kann, einen Workaholic, einen, der außer der Arbeit nichts kennt, keine Freundschaft, keine Muße, den verachten wir zu Recht.

Selbst Liebe wird ohne Beherrschung zur Aufdringlichkeit, zum Laster. Von dem Philosophen Immanuel Kant stammt das nachdenkenswert-spöttische Wort: „Man sollte es kaum für möglich halten, aber auch die Tugenden müssen ihre Grenzen haben."

Wenn das stimmt, wenn schon die reinen Tugenden ohne Begrenzung unerträglich sind, in welch hohem Maße trifft das dann auf unsere Wünsche zu. Ich denke, die meisten von Ihnen werden mir zustimmen: Unsere Neigungen, unsere Wünsche brauchen Begrenzung, um nicht uferlos zu werden und die berechtigten Belange anderer zu verletzen. Begrenzung kann von außen kommen – durch Befehl, Gesetz, also durch Zwang. Aber sie kann auch – in der edelsten Form – von innen kommen: durch Beherrschung, durch Selbstbeschränkung.

Selbstbeherrschung ist kein dominanter Wert unserer Tage – das stimmt. Unsere Gesellschaft leistet sich den Luxus, sich die meisten ihrer Wünsche oft schrankenlos zu erfüllen. Ich nenne nur die Stichworte: Ressourcenverschwendung und Staatsverschuldung zu Lasten der kommenden Generation. Aber ich denke, wir spüren alle von Jahr zu Jahr deutlicher, was schon die Griechen wussten: Maßlosigkeit, unterlassene Beschränkung führt ins Verderben. Nicht nur ins Verderben des anderen, sondern letztlich ins eigene.

Ich weiß, es drängt sich nicht auf den ersten Blick auf, die Beschränkung einer technisch möglichen Geschwindigkeit auf der Autobahn als Ausdruck der Mäßigung zu werten. Trotzdem sage ich: Ist das Autofahren, ist das, was die meisten von uns jeden Tag tun, nicht ein erstes Übungsfeld, um uns im Maßhalten, in der Selbstbeherrschung zu trainieren? Der Umwelt zuliebe, den Anwohnern am Rande der Straßen zuliebe, aber auch uns selbst zuliebe: Einmal für unsere persönliche Sicherheit und zum anderen, damit der Sinn für eine alte Tugend – eben das Maßhalten – wieder geschärft wird, den wir überall im Leben brauchen, damit aus Konflikt nicht Hass, aus Konkurrenz nicht Feindschaft und aus nationalen Konflikten nicht Krieg wird?"

Ad-hoc-Minutenrede

Die Ad-hoc-Minutenrede ist eine Rede, auf die sich der Redner nicht vorbereiten kann, die ad hoc fällig wird und deswegen keinesfalls lange dauern sollte, höchstens eine Minute.

Niemand kann sicher sein, sich nicht ganz überraschend vor anderen äußern zu müssen. Sei es, weil er als Kinobesitzer seinem Publikum den Zusammenbruch seiner einzigen Filmvorführmaschine verkünden muss. Sei es, weil er gebeten wird, im Namen aller Anwesenden ein Dankwort zu sprechen. Oder sei es, weil er seinen Vorstandskollegen den Erwerb der Aktienmehrheit des Unternehmens durch einen Konkurrenten mitzuteilen hat. Was tun in der Not, ohne langweilig wie ein Herold oder ungenau wie ein Schwätzer zu sein?

Vier Grundregeln

- Kühlen Kopf bewahren.
- Einige Minuten Überlegungszeit gewinnen, um die Gedanken zu ordnen.
- Konzentrieren Sie sich ganz und gar auf die Kernaussage. Vermeiden Sie jede Weitschweifigkeit. Haben Sie den Mut, nach fünf oder sieben Sätzen aufzuhören.
- Suchen Sie nach einem Zitat, einem Witz, einer Anekdote, einem – nach Möglichkeit vielen Zuhörern bekannten – Ereignis aus Zeitung, Film oder Theater und verbinden es mit der Botschaft Ihrer „Klein"-Ansprache.

Beispiel 1:

Sie besuchen eine befreundete Firma und platzen in die Jubiläumsfeier eines leitenden Angestellten hinein. Der Chef bittet Sie, ein Wort an die Versammelten zu richten. Alle Augen sind plötzlich auf Sie gerichtet:

> „Ich denke, mein Glückwunsch sollte kurz und knapp und herzlich sein. Ein britischer Konservativer hat in diesen Tagen für sein Land ausgerechnet, dass in Großbritannien durch Grußworte mehr Zeit verloren geht als durch Streiks. Wir wollen es ihm nicht nachtun. Glückauf!" (Johannes Rau)

Beispiel 2:

Sie sind Gast einer Party, zu der etwa 100 Personen geladen sind. Die Uhr schlägt zwölf. Der Gastgeber gibt bekannt, Frau Lenzer, eine der Gäste, habe heute ihren 50. Geburtstag. Sie sollen als Geübter einen Toast ausbringen:

„Liebe Frau Lenzer, ziemlich genau hundert Leute haben sich versammelt, um heute gemeinsam mit Ihnen Geburtstag zu feiern. Für jede Ihrer ganz besonders herausragenden Eigenschaften fünfzig: 50 für Ihre Klugheit und 50 für Ihre Energie. Für jedes Ihrer Lebensjahre sind zwei Menschen hier versammelt. Deswegen unser doppelter Wunsch: Gesundheit und Erfolg."

Beispiel 3:

Sie tragen Verantwortung für die Organisation eines Kongresses, der um 9 Uhr beginnen soll. Der Hauptredner fehlt um 9.30 Uhr immer noch. Sie kommen nicht darum herum, eine Programmänderung anzukündigen:

„Meine sehr verehrten Damen und Herren, soeben erreicht mich der Anruf, dass Professor Hartoff, der heute das Hauptreferat halten soll, etwa 10 km von hier im Stau steht. Der Stau ist die bekannteste, aber nicht die einzige mögliche Art, mit einem Auto zu spät zu kommen. Es kann einem auch ergehen wie Bundesminister Bötsch. Bei seinem jüngsten Besuch in Polen – so stand es in der Zeitung – ist sein Fahrer einem falschen Blaulicht gefolgt, das ihn nicht zum Empfang des polnischen Ministerpräsidenten, sondern zum Polizeipräsidium führte. Wir können für Professor Hartoff leider kein Blaulicht organisieren. Doch ich bin sicher, in einer halben Stunde wird er hier sein. Ich bitte deshalb um Ihr Verständnis, die Tagesordnung umzustellen und zuerst Senator Flachs zu hören."

Nachrede für die Redenschreiber von morgen

Liebe Kolleginnen und Kollegen,

Sokrates lebte von 470–399 v. Chr. in Athen. Er war einer der ältesten und berühmtesten Redenschreiber. Sie sehen: Der Beruf des Redenschreibers hat die Besten gefesselt, hat ehrwürdigste Tradition. Ich weissage diesem Beruf eine blühende Zukunft: Zurzeit gibt es in Deutschland etwa 50 000 – zumeist angestellte – Redenschreiber. 100 000 weitere werden gebraucht. Doch es gibt sie nicht. Redenschreiber: Ein Wachstumsmarkt wie im Bilderbuch! Etwas für Sie und Ihre Zukunft?

In der Vorrede habe ich mich an alle Leser dieses Buches gewandt. Die Nachrede soll sich an die richten, die mit dem Gedanken spielen, als Redenschreiber zu arbeiten, sei es selbstständig oder als Angestellte in einem Unternehmen, Verband oder einer Behörde. Als einer, der in vier Jahrzehnten weit über 2000 Reden für Wirtschaftler, Politiker und zu privaten Anlässen geschrieben hat, möchte ich Sie mit meiner Freude an dieser Tätigkeit anstecken: Denjenigen, die genügend Sensibilität, Phantasie und geistige Beweglichkeit und zugleich Freude an Sprache haben, will ich Mut machen, sich in diesem spannenden und kreativen Beruf zu versuchen. Denn Reden schreiben hat nicht nur Zukunft, sondern macht auch Spaß.

Um Ihnen Appetit zu machen, ein Einblick in den Alltag eines Redenschreibers:

Das Telefon klingelt. Fabian kommt mir zuvor und hat zuerst den Hörer am Ohr. Die Neugierde schwindet aus seiner Stimme. Enttäuscht reicht er mir den Hörer: „Papi, für dich!"

Ich schaue nach dem großen Notizblock. Er liegt an der gewohnten Stelle nahe dem Telefon. Doch der Stift ist weg. Trotz meiner intensiven Bitten: Bei vier Kindern ist der Stift immer weg.

Ich winke Fabian, mir einen neuen zu besorgen. Er versteht sofort. Am Apparat eine ruhige, sachliche Stimme. Ich merke auf Anhieb: Dieser Mann ist gewohnt zu befehlen.

Ich schätze ihn auf 50 Jahre. Seine Sprache ist klar; er kommt sofort auf den Punkt: Als Vorstandsvorsitzender möchte er die Abschiedsrede auf ein Mitglied seines Vorstands vorbereitet haben. Ich mache Notizen.

Nach 20 Minuten kenne ich den Lebenslauf, die wichtigsten Charaktereigenschaften, den Typ des Ausscheidenden, seine Hobbys, Vorlieben und Schwächen. Mein Gesprächspartner redet mit Respekt und Anerkennung von den Leistungen des Mannes. Auf die Frage, wie er persönlich zu ihm stehe, zählt er weitere Verdienste auf. Ich merke: Hier ist etwas im Busch. Da muss ich nachfassen.

Ich frage noch einmal: Wie denken Sie über ihn als Mensch? – er weicht wieder aus. Ich bleibe am Ball – er macht wieder Ausflüchte. Doch dann ist es so weit, er platzt heraus: „Ich halte ihn für ein riesengroßes Rindvieh!" Nun endlich kenne ich die Tonlage, in der die Rede gehalten werden muss: distanziert, kühl, voller Anerkennung. Vier Wochen später kommt sein Anruf: „Die Rede ist gut angekommen!"

Das Telefon klingelt. Eine feste, tiefe Frauenstimme, in der eine kleine Unsicherheit schwingt. Sie ist Äbtissin eines Klosters. Ganz überraschend, sagt sie, habe sich der Bischof angemeldet. Sie möchte ihm eine Begrüßungsrede halten.

Das Telefon klingelt. Die Frauenstimme klingt hoch, aufgeregt, gekränkt. Die erfolgreiche Geschäftsfrau möchte ihr neu gebautes Haus der Familie ihres Mannes vorstellen. Bei Kaffee und Kuchen will sie die Verwandtschaft überzeugen: Ich bin viel sympathischer und netter, als ihr wisst. Sie leidet unter der Nachrede der anderen: „Die hängen mir immer was an. Mein Bräunungsstudio ist aber kein Puff."

Ich spüre: eine besonders knifflige Rede. Ich muss das ganze Leben dieser Frau kennen. Sie hat ihren Mann mit großer Entschlossenheit aus seiner ersten Ehe herausgelöst. Sie hat ihn jahrelang mit Geld unterstützt; sein geschäftliches Aus abgewendet. „Ich liebe nächtliche Feiern und brauche wenig Schlaf." Da ist eine Löwin eingebrochen in eine Schafherde bürgerlicher Behaglichkeit.

Ich schicke einen ersten Entwurf und sage ihr: „Daran muss gründlich weitergearbeitet werden, um alle Nuancen richtig zu treffen." Doch sie rührt sich nicht. Ich fasse nach. Nichts ist von ihr zu hören. Ich rufe eins ums andere Mal im „Bräunungsstudio" an, und schließlich erfahre ich von einer verschüchterten Mädchenstimme: „Die Chefin war lange nicht mehr da und wird auch in nächster Zeit verhindert sein." Allmählich dämmert mir: Sie sitzt im Gefängnis.

Das Telefon klingelt. Der Buchbinder spricht eine vokabelarme Sprache, hat aber Schwung in der Stimme. Auf einem internationalen Fachkongress möchte er das Ergebnis seiner Forschungsarbeit präsentieren: Nach vier Jahren ist es ihm gelungen, Bücher mit Polyurethan zu kleben. Er hat zehn Minuten Redezeit, möchte keinen wichtigen Entwicklungsschritt auslassen und die Leute nicht langweilen.

Er schickt seinen viel zu langen Entwurf. Ich arbeite acht Stunden daran, dann hat die Rede die richtige Länge: Ich habe nichts weggelassen, aber noch vieles hinzugefügt. Der erste Satz heißt: „Das Buch, das die meisten von uns am liebsten haben, wird überhaupt nicht gebunden – das Scheckbuch." Nachher erzählt er, er war der einzige des Reden-Marathons, der Zwischenapplaus erhielt und seine Zuhörer zum Lachen gebracht hat.

Das Telefon klingelt. Eine überschwengliche Stimme nennt einen Namen, der mir nichts sagt: „Sie haben mir vor zwei Jahren eine Rede geschrieben, mit der ich die Lustlosigkeit meiner Mitarbeiter überwinden wollte." Es dämmert mir:

Versicherungsbranche. „Das war ein großer Erfolg. Die Ergebnisse sind tatsächlich besser geworden. In drei Wochen heiratet meine Tochter. Könnten Sie mir noch eine ..."

Das Telefon klingelt. Der Vorstandsvorsitzende braucht eine Rede zum Jubiläum seines Unternehmens. Der Bundeswirtschaftsminister wird kommen, der Ministerpräsident und sein halbes Kabinett. Den Mitarbeitern soll gedankt werden. Zugleich sollen sie für künftige Aufgaben motiviert werden – die Aussichten der Branche sind schlecht, Entlassungen drohen. Kunden aus Deutschland, der EG und der ganzen Welt soll für Treue gedankt werden. Den Behörden und Bankenvertretern für Kooperation in der Vergangenheit mit Blick auf die Zukunft. Die Rede darf nicht zu lang sein – es stehen noch sechs weitere Redner auf dem Programm.

Um die Nachfolge von Bundespräsident Richard von Weizsäcker hatten sich offiziell Ministerpräsident Johannes Rau, der Präsident des Bundesverfassungsgerichts Roman Herzog, die FDP-Politikerin Hildegard Hamm-Brücher und der parteilose DDR-Bürgerrechtler Jens Reich beworben. Weniger bekannt ist die informelle Bewerbung der Berliner Journalistin Barbara Dyrschka. Sie hat sich über das von den Parteien geklüngelte Auswahlverfahren geärgert und – halb im Scherz – ihre eigene Kandidatur als Protestaktion von Volkes Stimme bekannt gegeben.

Am 4. November 1993 schwebt sie in einem Luftballon auf die Rheinwiesen vor dem Bundeshaus in Bonn. Gemessen entsteigt die untersetzte Frau dem Korb des Ballons. Sie trägt eine Pelzmütze und einen weiten Fell-Überhang über einer rotleuchtenden Bluse. Würdevoll tritt sie ans Mikrophon und hält vor Schaulustigen und wartenden Journalisten ihre kurze Bewerbungsrede voller Anspielungen und Witz.

Frau Dyrschka ist nicht Bundespräsidentin geworden. Doch vielen Bundestagsabgeordneten habe ich die Bewerbungsrede als Kandidat der Wahlkreiskonferenz geschrieben. Ob Richtfest oder internationale Beziehung, ob Denkmaleinweihung oder Eröffnung einer Vernissage, ob Musik oder Philosophie – es gibt kaum ein Thema, über das ich im Laufe von vier Jahrzehnten nicht geschrieben hätte. Über Orden und Mäzenatentum, über Dank und Zeit, Lehrlings-Freisprechung, Karneval und Städtepartnerschaft genauso wie zu Taufe, Silberhochzeit, Balleröffnung und Beerdigungen. Kurze und lange Reden für Männer und Frauen, für Industrielle und Politiker, aus privatem oder aus geschäftlichem Anlass. Insgesamt eine faszinierende Tätigkeit, abwechslungsreich, fordernd, Einblick in viele Lebensumstände, die zusammengenommen ein lebendiges Bild der deutschen Gesellschaft ergeben. Ein kreatives Tun, das – zu immer neuem Lernen anstachelt, nicht trostlos-eintönig ist, sondern frisch und lebendig macht. Das Richtige für Sie? Prüfen Sie sich.

Wie jede ernsthafte und verantwortungsvolle Beschäftigung hat auch das Redenschreiben ein ihm eigenes Ethos. Es ist in zwei Sätzen gesagt:

- Der gute Redenschreiber hat dem Redner mehr zu bieten, als dieser ohne weiteres selbst leisten kann.
- Er hat dem Auftraggeber darüber hinaus mehr anzubieten, als ihm selbst, dem Redenschreiber, ohne zusätzliche Mühe zum Thema der Rede einfällt.

Der Redenschreiber muss also gründlicher recherchieren, als der Auftraggeber in seiner knapp bemessenen Zeit kann, umfassender nachdenken, länger an Formulierungen feilen. Daraus folgt seine Pflicht, sich auf der Basis des eigenen Wissens zusätzliche Kenntnisse anzueignen, um dem Auftraggeber Ergebnisse zu bieten, die dieser nur mit großen Anstrengungen selbst zuwege bringen kann. So wird er am besten seiner zentralen Aufgabe gerecht, den Auftraggeber zu entlasten.

Redenschreiber brauchen keine Dichter zu sein. Doch wie diese sollen sie sich mühen, ein Maximum an Gedankenfülle mit einem Minimum von Worten in leicht nachvollziehbarer, schlichter Sprache auszudrücken. Kunst ist nicht da vollkommen, wo nichts mehr hinzugefügt werden, sondern da, wo nichts mehr weggenommen werden kann. Dieser Ehrgeiz gehört zum Ethos des Redenschreibers und macht seinen einzigartigen Reiz aus: mit jeder Rede ein kleines Kunstwerk abgeben zu wollen – wohl wissend, dass es nicht immer gelingt.

Das Ethos des Redenschreibers ist das eine. Das andere sind Eigenschaften, die über Sensibilität, Phantasie, geistige Beweglichkeit und Freude an Sprache hinausgehen. Die wichtigste ist Bescheidenheit.

Wirklich nützlicher Dienst kann nur aus der Haltung der Bescheidenheit erbracht werden. Die Bescheidenheit ist für das Verdienst, was die Schatten bei den Gestalten eines Gemäldes: Sie geben ihnen Kraft und Schärfe (Jean de la Bruyère). Wer möchte dieser Weisheit des französischen Moralisten widersprechen? Wer – andererseits – kann ihr genügen? Ich habe begabte Redenschreiber an der Bescheidenheit scheitern sehen:

Eine Journalistin schied aus dem Kreis der Redenschreiber für Helmut Schmidt, weil sie darunter litt, dass ihre durchweg guten Entwürfe veröffentlicht wurden, ohne ihren Namen zu nennen. Der mit Abstand beste unter allen Bonner Redenschreibern, Michael Engelhardt, ein Mann mit ganz ungewöhnlichen Gaben, ein Genie, kündigte seine Zusammenarbeit mit Bundespräsident Richard von Weizsäcker auf: Ihm, der gewohnt war, dass Präsidenten – zum Beispiel Bundespräsident Walter Scheel – seine Reden vortrugen, ohne ein Komma zu verändern, war es unerträglich: Weizsäcker veränderte seine Entwürfe.

Zur Bescheidenheit gehört das nicht von außen erzwungene, sondern innere Einverständnis: Der Auftraggeber muss nicht jede vorgeschlagene Formulierung des Redenschreibers übernehmen.

Reden schreiben für andere heißt nicht, andere manipulieren, sondern heißt, ihnen die Arbeit erleichtern zu wollen. Der Redner trägt die ihm vorbereitete Rede nicht als geistiges Werk des Redenschreibers vor, sondern als eigene Meinungsäußerung, zu der er sich durch Zuarbeit anregen ließ. Er muss mit seiner ganzen Person hinter den Worten stehen, die durch Akzeptieren oder Variieren des Entwurfs zu seinen eigenen werden. Eine Zuarbeit, die dem Redner mit Recherchen, thematischen Verbindungen und einprägsamen Formulierungen dient und ihm so das Ordnen seiner Gedanken erleichtert, ist erfolgreiche Zuarbeit. Redenschreiben ist Kundendienst. Ein Diener, der herrschen will, hat den Beruf verfehlt.

Wer zuarbeitet, muss sich abfinden, dass der Auftraggeber Pointen nicht zu schätzen weiß. Wie es ein Rechtsanwalt zu ertragen hat, wenn ein Klient gutem Rat nicht folgt, so gehört es zu den Schatten der Redenberatung, ansehen zu müssen, wie ein als Unternehmer vielleicht glanzvoller, als Redner aber farbloser Auftraggeber ein gut gemeintes Hilfsangebot nach dem anderen ausschlägt. Umerziehung des „Unverbesserlichen" durch den Berater scheidet aus. Kann dieser sicher sein, wirklich über allen Zweifel erhabene Anregungen gegeben zu haben?

Andererseits: Niemand kann es dem Redenschreiber verargen, für sein geistiges Produkt zu werben, wenn er dabei taktvoll vorgeht: Der oder die in der Regel Jüngere sollte nur mit Respekt und Achtung den Älteren aus einer Bahn zu locken versuchen, die ihm so viel Erfolg beschert hat, dass er sich nun einen Redenschreiber leisten kann.

Bescheidenheit ist also die eine besondere Tugend des guten Redenschreibers. Die andere die Bereitschaft, sich – wie ein Schauspieler – ganz in die Rolle eines anderen hineinzudenken. Ich betone: in die Rolle eines anderen. Nicht in seine Person – das kann immer nur sehr unvollkommen gelingen: Kennen wir uns doch selber nicht genau, wie sollten wir einen anderen in seiner umfassenden Persönlichkeit begreifen, den wir allenfalls in der Facette „berufliches Auftreten" aus eigenem Erleben beurteilen können? Daher mein Rat an die Kolleginnen und Kollegen: Bleiben Sie auch beim Schreiben für einen anderen Sie selbst. Denken Sie sich aber tief ein in die Rolle des Redners.

Viele unterschiedliche Auffassungen zwischen Auftraggeber und Zuarbeiter haben ihre Wurzel nicht in den Wesensunterschieden der beiden, sondern darin: Der Chef hat eine andere Sicht der Dinge als der Zuarbeiter. Die Frage, die sich der Redenschreiber stellen muss, heißt nicht: Was würde der Chef sagen – das führt zu einem Spagat zwischen der eigenen und der fremden Person, der nicht durchzuhalten ist und zur Unklarheit der Rede führen muss. Die richtige Frage heißt: Was würde ich meinem Publikum sagen, wenn ich das Amt des Chefs innehätte? So kann der Schreiber seine Persönlichkeit bewahren und dem Chef zugleich optimal zuarbeiten: Er formuliert aus dessen Sichtweise. Damit kann er das leisten, was er zu leisten vermag. Veränderungen am Text, die sich aus der Person des Chefs ergeben, mag dieser selbst vornehmen.

Der Prozess des Aufeinander-Zugehens von Auftraggeber und Dienstleister wird durch vertrauensvolle Zusammenarbeit gefördert, die im Interesse beider liegen muss. Sie beginnt bei der praktischen Redenvorbereitung mit der Festlegung der Botschaft.

Zu einem kurzen, die Strategie der Rede festlegenden Gespräch muss sich auch ein vielbeschäftigter Chef bereitfinden, dem daran liegen muss, den nicht ganz billigen Redenschreiber in optimaler Weise einzusetzen. Dies setzt sich fort in dem, was neudeutsch „Feedback" heißt: Der Redenschreiber muss sehen, was mit seinem Text passiert, wo der Chef ihn geändert hat, wie er beim Publikum ankommt. Deswegen sollte der Redenschreiber den Vortrag selbst im Publikum sitzend miterleben oder nach dem Auftritt mit dem Auftraggeber sprechen können.

Doch genug der Details. Zweierlei liegt mir am Herzen. Erstens will ich den aktiven Redenschreiberinnen und Redenschreibern aus eigener Erfahrung sagen: Sie haben eine herrliche Tätigkeit. Und zweitens möchte ich diejenigen, die mit dem Gedanken spielen, es zu werden, ermuntern: Versuchen Sie es, Reden schreiben hat Zukunft. Und macht Spaß.

Spaß deswegen, weil diese Tätigkeit den ganzen Mann, die ganze Frau fordert – Sie ganz ausfüllen wird. Während immer mehr Tätigkeiten durch Spezialisierung parzelliert oder durch Maschinensteuerung in vorgefertigten Bahnen ausgeübt werden, ist Reden schreiben die Kunst des eigenständigen Denkens in Zusammenhängen. Wo immer mehr Fachleute von immer weniger immer mehr verstehen, nimmt die Bedeutung dessen zu, der den Überblick behält und damit zum Urteil fähig bleibt.

Wer mit seinem Wissen und seinen Erfahrungen anderen helfen kann – was tut der Arzt oder Rechtsanwalt anderes? –, der beschenkt. Anderen zu nützen, sie einverstanden zu machen mit dem eigenen Text ist hohes Glück. Das wusste auch der berühmteste aller Redenschreiber: Sokrates.

Diese Literatur sollten Sie benutzen!

Der Entschluss, seinem Publikum Interessantes und Informatives bieten zu wollen, ist gerne gefasst und leicht in die Tat umgesetzt, wenn die Rede ein Thema zum Gegenstand hat, in dem sich der Sprecher zu Hause weiß, dessen harte Fakten er im Griff hat. Doch wenn er sie mit anderen Themen verbinden will, wenn er Anregungen zur Gedankenvertiefung sucht, Vergleiche anstellen, historische Parallelen in Erinnerung rufen will – kurz: über den Tellerrand seines Themas in die Weite der Kultur des Geistes, des Humors, der Bildung schauen möchte, wo kann er sich auftanken, sein gegenwärtiges Wissen erweitern?

Der Gebrauch von Literatur – gleich ob Bücher oder Online – ist für den verantwortungsvollen Redner unverzichtbar. Nicht, um unbedingt zu zitieren, sondern um das eigene Wissen zu vermehren und die eigenen Gedanken und damit die Überzeugungskraft der Botschaft zu potenzieren.

Ich schreibe Reden für andere, über deren sachlichen Inhalt mich die Auftraggeber penibel informieren. Sie wären schlecht bedient, wollte ich mich darauf beschränken, ihnen als Redeentwurf anzubieten, was sie mir eben gesagt oder als Material geschickt haben. Sie haben Anspruch auf mehr!

Dazu bin ich auf Literatur angewiesen, ohne die ich weitgehend hilflos wäre und der ich mich zur Vorbereitung jeder Rede bediene.

Das kostet keine, es spart vielmehr Zeit bei der Redenvorbereitung, weil die Interaktion mit fremden Gedanken die eigenen Vorstellungen schneller in klares Licht taucht. Der Umweg über die Bücher – oder Datenbanken – verkürzt also den Weg zum Ziel einer guten Rede.

Einige Hinweise zur Literaturliste. Sie ist nicht vollständig und kann nur einen Anstoß geben, welche Art von Literatur bei der Redenvorbereitung hilfreich ist. Wer sich eine eigene kleine Bibliothek zulegen will, dem sei geraten: Wählen Sie in einer gut sortierten Buchhandlung in der Abteilung „Nachschlagewerke" zwei oder drei Bücher aus, die Ihren persönlichen Geschmack treffen. Werke, die für einen Benutzer hilfreich sind, können für einen anderen völlig unbrauchbar sein.

Lexikon

Die wichtigste aller Informationsquellen ist für mich ein 24-bändiges Lexikon. Lexikonautoren kommen den Interessen von Rednern sehr entgegen: Platzmangel zwingt sie zu konzentrierter Information, zur Beschränkung auf das Wesentliche.

Zitatenhandbuch

Mein zweitwichtigstes Nachschlagewerk ist das „Zitatenhandbuch" von Eberhard Puntsch mit seinen Zitaten aus zwei Jahrtausenden Kulturgeschichte. Tenor: ernst, seriös, staatstragend. Zu jedem der etwa 500 Stichworte werden zwei bis drei Seiten Zitate angeboten. Die Stichworte selbst sind abstrakte Sammelbegriffe – etwa „Freiheit", „Gewalt", „Laster", „Natur" – die in ihrer umfassenden Breite Ausgangsbasis vieler Verknüpfungen und Überlegungen sein können.

Witze, Fabeln, Anekdoten

Von Eberhard Puntsch ist auch der Band „Witze, Fabeln, Anekdoten", geordnet nach den gleichen Stichworten. Das Niveau reicht vom primitiven Schülerwitz bis zu reizenden, oft zauberhaften Kleinst-Erzählungen.

Der Band leistet bei der Vorbereitung sowohl kultiviert-tiefsinniger wie launiger Ansprachen wertvolle Hilfe.

Pointen

Bei Hochzeit, Geburtstag, Betriebsausflug und ähnlichen Anlässen sind ernste Gedanken oft nicht am Platze. Wer würzige, scharfe, manchmal schneidende Pointen sucht, dem sei „Die treffende Pointe" von Markus Ronner empfohlen. „Eine Stecknadel hat genauso viel Kopf wie mancher Autor, aber bedeutend mehr Sinn für Zuspitzung." (George D. Prentice)

Vornamen-Buch

„Das große Buch der Vornamen" von Mackensen gibt Hinweise auf die Entstehung und Bedeutung von Namen sowie auf bekannte Namensträger. Ich schätze das gedankliche Jonglieren mit Namen nicht, für den der Träger weder im guten noch im schlechten belangt werden kann, habe jedoch erlebt, wie mit Stil und sehr apart Funken daraus geschlagen werden können.

Kuriositäten

Rowohlts „Bunte Liste, das unersetzliche Nachschlagewerk für Individualisten" ist ein Buch der Statistik mit vielen Reizen. Es ist nach dem Rekord-System aufgebaut: die „10 beliebtesten Detektivromane", „17 berühmte Opfer der Syphilis", „14 berühmte Liebeserklärungen" und „10 Typen von Fußballfans". Der Band enthält ein umfangreiches Namens- und Sachregister und ist gut geeignet, Stoff zu liefern, der einer Rede Würze und Glanz gibt.

Der „Knigge"

Heiß und innig liebe ich „Über den Umgang mit Menschen" von Adolf Freiherr Knigge, jenes Buch, das von allen, die es nicht kennen, als ein Buch über das gute Benehmen missverstanden wird. Tatsächlich ist es eine Sammlung kluger, einfühlsamer Menschenbeobachtungen, ist klar und packend geschrieben – stellenweise in dem etwas vergilbten Stil des 18. Jahrhunderts, der den Charme des Antiquierten atmet, ohne Verständlichkeit einzubüßen.

Jahreskalender mit Jubiläen ...

Der „Kulturfahrplan" von Werner Stein ist ein wichtiges Hilfsmittel bei Jubiläen, Geburtstagen und solchen Redeanlässen, die einen größeren Zeitraum der Vergangenheit abdecken. Er ist nach Jahren geordnet – anfangend in vorchristlicher Zeit – und zitiert für jedes Jahr herausragende Ereignisse aus Politik, Dichtung und Schauspielkunst, Religion und Philosophie, Bildender Kunst, Architektur, Film, Musik und Tanz, Wissenschaft und Technik sowie Wirtschaft und täglichem Leben.

Chroniken

Bücher wie „Chronik der Menschheit", „Chronik des 20. Jahrhunderts", „Chronik der Technik" geben in journalistisch knapp gefassten Texten und vielen Bildern Einblick in besondere Ereignisse der Vergangenheit. Das Material ist für Geburtstage und Jubiläen gut geeignet.

Guinnessbuch

Das „Guinnessbuch der Rekorde" erscheint jährlich neu. Es ist brauchbar und übersichtlich gegliedert, nennt den Rekordhalter in vielen hundert Disziplinen. Als Kuriositätensammlung bietet es eine hervorragende Palette, um dem Redner mit Farbtupfern für seinen Text zu dienen.

Politische Reden

Das „Bulletin der Bundesregierung" ist unter www.bundesregierung.de zu finden. Dort werden alle Reden des Bundespräsidenten, des Bundeskanzlers und die wichtigen Reden der Bundesminister sowie dreimonatlich ein Personen- und Sachregister veröffentlicht.

Archive, Zeitungen

Hilfreich für den Redner sind schließlich öffentlich zugängliche Archive, wie „Who is who" oder Munzinger, das Zeitungsausschnitte zu allen nur erdenklichen Themen sammelt. Zeitungen sind insgesamt eine interessante Quelle. Die FAZ hat 1995 drei Bände „Die erste Seite" herausgegeben. Sie enthalten alle ersten und zweiten Seiten der FAZ seit 1949 und ergeben – vor allem in den Kommentaren – einen hervorragenden Überblick über die Entwicklung der Bundesrepublik Deutschland.

Praxis-Tipp:

Steht eine Person im Mittelpunkt der Rede, empfehlen sich Gespräche mit deren Ehepartner, Berufskollegen, Nachbarn. Hat er/sie einmal etwas veröffentlicht? Der Text sollte unbedingt herangezogen und daraus zitiert werden.

Nachschlagewerke für den Redenschreiber

Bulletin: Presse- und Informationsamt der Bundesregierung, erhältlich: DVG Deutsche Vertriebsgesellschaft für Publikationen, Postfach 1149, 53333 Meckenheim.

Chi Au Kuei: Chinesisches Horoskop. Rastatt.

Duden: Reden gut und richtig halten. Mannheim.

Ebeling, Peter: Reden ohne Lampenfieber. Regensburg.

Fey, Gudrun: Selbstsicher reden – selbstbewusst handeln. Regensburg.

Fey, Gudrun: Gelassenheit siegt! Regensburg.

Fey, Heinrich/Fey, Gudrun: Redetraining als Persönlichkeitsbildung. Regensburg.

Frey, Ulrich H./Reiner, Sabine: Treffende Anekdoten.

Das neue Guinness Buch der Rekorde. Berlin.

Haefs, Hanswilhelm: Handbuch des nutzlosen Wissens. München.

Knigge, Adolf Freiherr: Über den Umgang mit Menschen. Frankfurt.

Körner, Georg: Wendisches oder slavonisch-deutsches ausführliches Wörterbuch. Köln.

Krüger-Lorenzen, Kurt: Deutsche Redensarten. München.

Mackensen, Lutz: Das große Buch der Vornamen. München.

Prause, Gerhard: Siebziger Geburtstagsbuch. Bergisch-Gladbach. (Auch für Fünfziger, Sechziger)

Puntsch, Eberhard: Zitatenhandbuch. Augsburg.

Puntsch, Eberhard: Witze, Fabeln, Anekdoten. Landsberg.

Der Reden-Berater: Handbuch für erfolgreiche Reden im Betrieb, in der Öffentlichkeit und im Privatleben. Bad Godesberg.

Robertson, Patrick: Was war wann das erste Mal? Bonn.

Ronner, Markus M.: Treffende Pointen ums liebe Geld.

Ronner, Markus M.: Der treffende Geistesblitz.

Ronner, Markus M.: Sieben Wörter sind genug. Landsberg.

Schmidt, Lothar: Schlagfertige Definitionen. Hamburg.

Stein, Werner: Der große Kulturfahrplan. München.

Weisheiten des Fernen Ostens. Budbach.

Internet-Adressen für Redenschreiber

Zitate, Aphorismen, Sprüche

Das Zitateblatt. Zitate und Redewendungen und Gedanken
www.zitate.net

1001 Aphorismen, Zitate und Sprüche
www.zitat.net; www.aphorismen.de

Das große Z. Zitate, Aphorismen, Slogans
www.zdown.de

Welt der Zitate
www.weltzitate.de

Die Wunder-Welt
www.wunder-welt.de

Sachliche Informationen, Lexika, Print-Medien online

Institut der Deutschen Wirtschaft
Argumente zu Unternehmensfragen
Themen z. B.: Wissensmanagement „Wissen ist Macht",
Globalisierung, Arbeitszeitpolitik, Steuerreform,
Mobile Wirtschaft, Qualitäts- und Ideenmanagement
Mit Links von Gesamtmetall bis IHK
www.iw-koeln.de

Statistisches Bundesamt Deutschland
Mit internationalen und nationalen Links
www.destatis.de

Fischer Weltalmanach
www.weltalmanach.de

Philosophisch-theologische Universität St. Georgen Frankfurt, LINKS
übersichtlich, umfassend, weiterführend, gute Seite
www.sankt-georgen.de/verschiedenes/links.html

Namensregister

Schnell nachschlagen